中南财经政法大学学科实力提升项目《人口、资源与环境经济学》成果

U0663179

人口、资源
与环境统计学

陈浩 袁丙兵 ◎ 编著

中国财经出版传媒集团

经济科学出版社
Economic Science Press

·北 京·

图书在版编目（CIP）数据

人口、资源与环境统计学／陈浩，袁丙兵编著．

北京：经济科学出版社，2025.5. -- ISBN 978 -7 -5218 -
6905 -7

Ⅰ. C921；F222.39；X11

中国国家版本馆 CIP 数据核字第 2025LG4487 号

责任编辑：白留杰　凌　敏
责任校对：齐　杰
责任印制：张佳裕

人口、资源与环境统计学
RENKOU、ZIYUAN YU HUANJING TONGJIXUE
陈　浩　袁丙兵　编著

经济科学出版社出版、发行　新华书店经销
社址：北京市海淀区阜成路甲 28 号　邮编：100142
教材分社电话：010 - 88191309　发行部电话：010 - 88191522
网址：www. esp. com. cn
电子邮箱：bailiujie518@ 126. com
天猫网店：经济科学出版社旗舰店
网址：http：//jjkxcbs. tmall. com
北京季蜂印刷有限公司印装
710 × 1000　16 开　22.5 印张　360000 字
2025 年 5 月第 1 版　2025 年 5 月第 1 次印刷
ISBN 978 -7 -5218 -6905 -7　定价：79.00 元

序

作为国务院学位委员会首批批准的人口、资源与环境经济学硕士学位授予单位，以及第二批博士学位授予单位，中南财经政法大学人口、资源与环境经济学学科点出于学科建设和人才培养的需要，于 1999 年组织编撰出版了《人口、资源与环境经济学》，并建立了人口、资源与环境经济学专业研究生教育教学课程体系，开设了专业基础课程《人口、资源与环境统计学》。基于多年来该课程没有专门的教材和参考书，遂着手编写同名教材。当前，人口、资源与环境经济问题已经成为全球目光聚集的焦点和国内外学术界研究的热点之一。从国际趋势来看，人与自然和谐发展是工业文明和可持续发展寻求的交汇点，共同破解全球人口、资源和环境危机都离不开人口、资源与环境经济关系问题的研究；从中国国情来讲，人口、资源与环境经济协调发展是经济社会战略目标和发展模式的聚焦点，是生态文明建设的重要内容，经济社会发展要突破粗放式增长方式制约、实现科学和谐发展，离不开对人口、资源与环境经济相关知识的认知和运用。人口、资源与环境经济协调发展正在演变为中国未来社会经济发展的主流模式，成为社会经济发展过程中促进人口长期均衡发展、解决资源短缺问题和应对环境破坏的重要战略选择。在此背景下，让学生了解和掌握人口、资源与环境经济的统计指标和指标体系及其应用的相关知识，对诸如建立资源节约型社会、环境友好型社会，发展绿色经济、循环经济、低碳经济、生态经济等方面的内容进行分析研究和指导，在理论模型分析和实证量化分析方面都具有基础性的重要意义。

本书编写得到了本学科老师和同学的关心和支持，也参考和引用了很多学者的相关成果，尤其是属于工具书和教科书式的内容，直接引用较多，在这里表示感谢。感谢中南财经政法大学经济学院在学科发展上给予的支持，感谢中南财经政法大学学科实力提升项目给予的经费支持，也感谢白留杰编辑的热情工作。人口、资源与环境经济学专业历年级的研究生为本书编著做了不少基础性工作，林琼、段思洁、李立人、孙安、黄小洪等进行了校对工作，在此一并表示感谢！本书为第一版，难免有不足之处，敬请广大读者指正，谢谢！

陈　浩

2025 年 3 月

于中南财经政法大学

目 录

第一章 绪 论

随着社会经济发展，人口、资源与环境的经济影响愈发突出，矛盾问题也时有出现。人口、资源、环境这些经济要素不仅单一性而且总体性地影响经济发展，直接关系到人与自然的协调发展。统计学作为一门研究数据收集、分析和解释的学科，为我们提供了有效的工具与方法，以便更深入地理解这些复杂的互动关系。本书基于人口、资源与环境经济学学科体系，建立人口、资源与环境统计学的内容框架，介绍人口、资源与环境指标和指标体系及其应用基础知识，支持学科通过科学的数据分析为政策制定和管理提供服务。

第一节 人口、资源与环境统计学的建立和学科定位

人口、资源与环境统计学是人口、资源与环境经济学学科体系的一个重要组成部分，是一门专业基础课程。人口、资源与环境统计学基于经济发展目标，遵循人口、资源与环境发展规律，具体运用人口、资源与环境科学的理论及一般统计原理和方法，从人口、资源、环境及其相互关系发展出发，从数量上研究和描述人口、资源与环境及其相互关系状况、问题和发展趋势。它通过科学的人口、资源与环境统计指标及指标体系，全面地观察和监测人口、资源与环境发展的面貌，为国家制定人口、资源与环境经济发展规划和政策提供基础性服务。

人口、资源与环境经济学学科是我国改革开放后，基于经济发展过程中人口问题、资源问题与环境问题于 1997 年新设立的经济学二级学科。该学科建立

伊始，就开始了其不断发展完善的进程，要建立其学科体系，包括学科基础、学科理论、学科应用等，其中学科基础就包括人口、资源与环境统计学的建立。

人口、资源与环境经济学的内容和研究，因其突出的学科特点，要求具有较好的数量测度和数量分析基础，能够对人口、资源、环境及其总体关系进行数量把握和计量分析。人口、资源与环境是相对独立而又相互联系的事物，对其数量的把握，一方面要分别对人口、资源与环境的数量进行分析；另一方面要根据人口、资源与环境的总体关系进行综合数量分析。

在人口、资源与环境经济学视域里，人口、资源与环境概念本身体现着人与自然的关系。人与自然的关系，最突出的是经济发展与人口、资源、环境的关系。社会发展以经济发展为前提，只有保持健康持续的经济增长，才能增强综合国力，提高人民生活水平。人口，一方面是物质资料的生产者，即生产力中的劳动力；另一方面是物质资料的消费者，这两方面的属性都与经济相联系，人口是经济发展的必要条件。人口、资源与环境经济学中的资源和环境是指自然资源和自然环境。经济发展以自然资源的开发利用为物质能量基础，自然资源概念体现了自然对于人类的直接有用性，随着人口的增长和经济发展，人类对自然资源的巨大需求和大规模的开采消耗已导致资源基础的削弱、退化甚至枯竭，并进而影响到环境和生态的平衡。环境是人类生产、生活于其间的自然条件系统，适宜的环境为人类的生存和发展提供保障，生态的破坏和环境的污染会制约人类的进步，环境质量的好坏是经济发展健康与否的主要标志。处理好经济与人口、资源、环境的关系，是人与自然协调发展的关键，即在经济增长的同时，有效控制人口增长，提高劳动者素质，减少资源消耗，提高资源利用率，减轻环境污染。经济的发展、人口的增长、生产方式与消费方式的建立，都不能超越资源与环境的承载能力。人与自然的协调发展，经济发展与人口、资源、环境关系的分析研究，有赖于人口、资源与环境统计指标和指标体系的描述与评价。

统计是对数据搜集、整理和分析的过程。统计学是通过搜索、整理、分析、描述数据等手段，以达到推断所测对象的本质，甚至预测对象未来的一门综合性科学。统计学用到了大量的数学及其他学科的专业知识，其应用范围几乎覆盖了社会科学和自然科学的各个领域，包括医学、经济学、社会科学、工程学等，几乎所有需要数据分析和决策的领域都可以用到统计学的方法。

统计学对其他学科的发展起到了重要的推动作用。现代统计学渗透到理、工、农、医、经济管理与人文社会科学等领域，并由此产生了许多新的交叉学科。反过来，其他学科的发展也促进了统计学的方法创新与理论发展。作为认识客观世界数量规律的有力工具，统计在社会经济管理、生产经营活动、科学研究和技术开发等方面都得到了非常广泛的应用。对应于人口、资源与环境经济学学科的建立，作为专业统计学的人口、资源与环境统计学也需建立和发展。基础统计学（普通统计学）是数据科学领域中的一门基础学科，它为我们提供了一套系统的理论和方法，用于收集、整理、分析和解释数据。与基础统计学不同，人口、资源与环境统计学的目的不是提供统计理论和统计方法，而是运用基础统计学的理论与方法，基于经济发展选定人口、资源与环境的基础性统计指标，构建人口、资源与环境指标体系，反映人口、资源与环境指标和指标体系的基础性应用，为人口、资源与环境经济学理论和实践研究提供数据控制和运用基础。

随着经济的发展，人与自然的关系呈现为越来越复杂的变动态势，人口问题、资源问题、环境问题凸显，有必要实施人口、资源、环境与经济的综合管理。对应于这种趋势和要求，人口、资源与环境统计显得愈加重要。一方面需要对人口、资源和环境本身及其与经济过程的关系提供详细的分析数据，来描述现实状况和发展进程；另一方面要求依据现在的和历史的数据进行系统分析，以从数量分析中明确人口、资源、环境不同要素之间及其与经济过程之间的关系和规律性。数据的选择、规定、收集、整理即基于统计达成。

针对人口、资源与环境统计的外延控制，涉及两种考虑。一种是人口、资源与环境的单纯特性统计，即基于人口学特征、资源与环境的自然特征和技术特性，确定相应的特征指标和综合指标体系，如人口的性别比、自然资源的种类、矿产资源的品位、环境质量指数等。内容不专门讨论统计学的原理和测算方法，而是根据学科要求，运用统计学原理和测算方法，选择和确定基础性统计指标和指标体系。另一种是完全基于经济角度考察人口、资源与环境的成本和效用特征，选择和确定基础性统计指标及指标体系，如人口收入水平、资源利用率、单位产出能耗、环境治理费用等。内容不体现人口、资源与环境数据采集的技术过程，而只是选择和确定基础性统计指标和指标体系。本书界定的人口、资源与环境统计学综合两种考虑，既反映人口、资源与环境的自身特征，又反映其与经济的关系。人口、资源与环境统计学不讨论统计学原理、数据采集技术方法和过程，也不列举统计数据和进行数据研究。前者由基础统计学介绍和支持，后者则由统计部门和学科研究来落实。人口、资源与环境统计学目的是为人口、资源与环境经济学研究进行数据分析提供可用的基础性统计指标和指标体系，以及经典的指标应用介绍。

　　无论是关于人口增长、资源管理抑或是环境保护的有效性都离不开统计数据的支持。人口、资源与环境统计学主要通过分析和建模人口、资源和环境数据，旨在揭示它们的分布、变化趋势及其相互关系，以支持可持续发展和政策制定。研究内容涉及相关的部门统计学内容：（1）人口统计学：涉及对人口数量、分布、密度、结构（如年龄、性别、婚姻状况等）以及人口变化（如出生、死亡、迁移）的统计分析。研究的对象包括人口普查数据、人口动态以及预测未来的人口趋势。（2）资源统计学：关注自然资源（如土地资源、水资源、矿产资源等）的分布、储量、使用状况及其变化。研究内容包括资源的开采、利用效率、资源储备以及资源开发对环境的影响。（3）环境统计学：研究环境质量和环境变化的统计数据，包括空气质量、水质、土壤污染、生物多样性等方面。分析环境污染源、环境变化趋势以及这些变化对生态系统和人类健康的影响。当前人口统计学发展较为成熟，而资源统计学和环境统计学发展还不够系统成形。人口、资源与环境统计学内容涵盖人口统计学、资源统计学和环境统计学的相关内容，并基于经济统计学进行扩展和综合。与这些部门统计学不同之处在于，人口、资源与环境统计学研究建立基于经济发展的人口、资源与环境综合指标体系，以服务于人口、资源与环境经济学理论与实践研究。

第二节　人口、资源与环境统计学的研究对象

　　人口、资源与环境统计学所涉及的人口、资源与环境应是一个统筹的范畴，

即它是从人口、资源与环境总体关系的角度，遵循人口、资源与环境经济学学科体系的要求，基于经济发展，在数量关系上研究和描述人口、资源与环境的状况、问题和趋势，进行类别和综合的描述与评价。人口、资源与环境统计学通过分析确定科学的人口、资源与环境统计指标及指标体系，服务于人口、资源与环境经济学的理论和实践研究。从统计实践以及统计学科的发展历史来看，经济统计已形成了自己完善的研究领域和成熟的学科体系，人口、资源与环境经济学作统计分析研究设立对应的学科统计学时，可以不将经济专门纳入人口、资源与环境经济统计的研究领域是可行的，是符合统计实践发展之需要的。但这并不等于说，人口、资源与环境统计学的研究领域完全排除经济，在人口、资源与环境统计学中，将"经济"与"人口、资源与环境"分割其本身就是相对的，它们都是人口、资源与环境经济系统的组成部分，人口、资源与环境统计学是基于经济发展来考虑人口、资源与环境的统计研究，它研究的角度和侧重点在于人口、资源与环境。由此，我们明确了人口、资源与环境统计学的研究对象。

人口、资源与环境经济学的研究对象是人口、资源与环境经济系统，这个系统的主体和客体的构成要素都是具体的研究对象。既然人口、资源与环境统计学是服务于人口、资源与环境经济学的基础性学科，广义的研究对象与人口、资源与环境经济学的研究对象是一致的。而人口、资源与环境统计学狭义的研究对象是人口、资源与环境。人口、资源与环境统计是在人与自然通过经济联系起来的关系基础上，以统计学原理和规则对人口、资源与环境的特征特点及其总体状况进行数量描述和分析测定。

经济的主体是人类，人类是自然人和经济人的复合体，人类的群体用人口来表现。经济发展离不开作为生产力的人口，但人口要成为现实的生产力，必须具有两个基本条件：第一，作为生产者的人口，必须具有劳动能力，这在整个人口中只占一部分，即劳动适龄人口，人口中的非劳动人口，并不是现实的生产力，至于儿童，只能是未来的生产力或作为劳动潜力看待；第二，作为生产者的人，必须具有一定的劳动技能、生产经验和科学文化知识，随着科学技术进步和生产力发展，对劳动者劳动素养和技能的要求越来越高。有一定生产经验、劳动技能的人，才是现实的生产力，才能作为经济发展的劳动力条件。

作为劳动力的人口条件，它的数量、密度、性别构成、民族成分、劳动技能和素养等方面，都对经济发展有明显的影响。人口数量多，人口密度大，劳动力充足，一般会为经济发展带来有利影响。相反，人口稀少的地区，劳动力缺乏，一般来说，对经济发展不利。当然，人是可迁移的，劳动力在地区之间是可以调剂的。但是，由于种种原因，劳动力地区之间的调剂往往会有困难，在迁移过程中要增加很多开支，这些必然要反映到生产投资和生产成本上。人口多、人口密度高，一般对经济发展有良好影响。但并不表明人越多，就越有利于该地区的生产发展。因为发展经济生产，主要是依靠劳动生产率的提高，而不单纯是依靠劳动力的增加，甚至不是主要依靠劳动力的增加。作为消费者的人口当然也对经济发展有影响，因为经济发展归根到底是为了人口消费，包括直接消费（生活资料的生产）和间接消费（生产资料的生产）。因此，经济发展必须考虑消费这个条件，特别是生产生活资料的部门和服务性的部门，更需要考虑人口这个条件。作为消费者的人口数量，是影响这些部门经济发展的重要因素。总之，人口条件是经济发展不可缺少的条件，但不是决定性的条件。相反，人口数量、人口密度、人口迁移往往是受经济发展影响的。同样地，人口的劳动素养和科学文化水平一方面影响经济发展；另一方面，经济发展水平更直接影响人口的劳动素养和技能。而劳动技能和素养是历史长期积累的结果，也是历史上经济发展的结果。这就是人口与经济发展的辩证关系。

自然资源开发利用在经济发展中具有十分重要的地位。自然资源开发利用是人类最早从事的生产活动，也是推动现代社会经济发展的重要手段。可以说，经济发展的速度和水平取决于自然资源开发利用的水平。随着人类对自然资源开发深度和广度的提高，经济发展便日益走向成熟，经济发展水平也日益提高。自然资源开发利用能够推动经济发展的根本原因是：自然资源开发利用构成了自然系统与经济系统之间最重要的联系通道。通过开发利用过程，自然资源潜在的经济价值才得以实现。因为，自然资源是以自然状态存在于自然系统之中，必须经过有目的的物质变换过程，才能进入经济系统，成为经济发展的物质基础。离开自然资源开发过程，再丰富的自然资源都不会对经济发展产生直接的现实影响。从这个意义上可以说，尽管自然资源的存在对经济发展具有巨大的潜在影响，但真正对经济发展起决定作用的还是资源的开发，而不是资源的存在。自然资源对经济发展具有多方面的积极作用：（1）自然资源开发是物质资料生产过程中原材料的唯一来源；（2）自然资源开发为现代经济发展提供能源保障；（3）自然资源开发的地域性在一定程度上决定了经济发展的空间格局；（4）自然资源开发创造了更多的就业机会并带动了其他产业的发展；（5）自然资源开发本身就是社会生产的基础产业部门。

　　自然环境是人类不可缺少的生命支持系统，其也为人类提供美学上和精神上的享受，为人类艺术创作提供灵感。从与经济发展关系看，（1）自然环境为人类的生活和生产提供物质基础。自然环境是自然资源的载体、人类的资源库，人们衣食住行的各种原料无一不源自于自然环境，人们所有的经济活动都以来自环境的初始产品为原料或动力。人类对自然环境予取予夺，会影响和损坏自然环境。（2）自然环境为人类提供废物消耗场所。人们的生产和消费活动会产生一些副产品，有些副产品不能被利用，成为废物排入自然环境。自然环境通过各种各样的物理、化学、生物反应，容纳、稀释、分解、转化这些废弃物，使之重新进入自然环境的物质循环当中。自然环境具有的这种能力称为自然环境的自净能力。如果自然环境没有这种自净能力，整个自然界将充斥废弃物。但自然环境的自净能力是有限的，表现为存在一定的环境容量：环境不能分解转化所有的物质，如有些人工合成的物质（塑料、有毒化学品等）无法在环境中自行降解；环境对废物的净化是要花费一定时间的。如果短时间内排入环境的可降解废物过多，废物不能及时得到净化，也会产生环境问题。人类和自然环境是一个复杂的对立统一整体。自然环境创造了人，人又改变了自然环境。人以其社会经济活动影响和改造自然环境。人类不断地与自然环境进行物质、能量、信息交换，以维持其生命过程。人类社会经济活动是一个引起自然环境变化的强有力的因素。当人类的活动与自然环境相协调时，人类的活动就可以促进人类和自然环境的共同优化；反之，人类的活动与外界环境不能协调时，将导致外界环境的恶化，而环境的恶化反过来影响人类的社会经济发展。从某种意义上说，自从有了人类，就有了环境与经济之间的相互作用关系，也就存在环境经济问题。近几十年来，自然环境与经济发展的矛盾日渐加剧、尖锐，这一问题已引起人们的普遍关注，也需要我们进一步深刻认识自然环境与经济发展的关系。

中国古代早有对人口、资源与环境的相关统计，比如《史记》记录了从黄帝时期到汉代的人口、土地和农业生产数据，提供古代社会经济状况的全景视图。班固的《汉书》详细列出了汉代的人口、土地面积和赋税等信息，为统治者提供人口与税收数据，辅助政策制定。司马光的《资治通鉴》不仅是历史记载，还涉及当时的人口变动和自然灾害对经济的影响，分析历史事件对经济的影响，作为治国理政的参考。明代的《大明一统志》则详细记录了各地的人口、农田和水利设施等资源信息，为地方治理提供数据支持；也有农书，比如《齐民要术》和《农政全书》讨论农业技术，同时提供耕地和作物产量的统计，传授农业技术，促进农业生产和资源合理利用。

国外也有经典文献记录了人口、资源与环境的统计。在亚当·斯密的《国富论》中，涉及人口、资源和环境统计学的一些重要观点和案例。亚当·斯密强调了人口增长对经济发展的影响，认为人口的增加能够推动劳动分工和专业化，提高生产效率。书中探讨了农业生产的重要性，斯密认为土地是生产的重要资源，农业的发展对国家财富的积累至关重要，他分析了土地的肥沃程度、气候条件等对农业产出的影响。斯密也提到了国家政策对经济活动的影响，包括如何合理利用自然资源和环境的保护，以避免过度开发和资源枯竭。虽然《国富论》中的案例和分析没有采用现代统计的形式，但其理论框架为后来的经济学研究提供了基础，尤其是在理解人口、资源和环境经济学之间的关系方面。

伴随着科学技术的进步和经济的发展，诸如人口问题、资源紧张、环境污染、生态破坏等一系列社会问题正在越来越严重地威胁人类的生存与发展，这是人类面临的一个无法回避的课题，需要努力寻求一条使人口、资源与环境经济协调发展的道路。人口、资源与环境经济学是一个跨学科的领域，研究人口、资源和环境之间的关系及其经济影响，必然需要运用统计学的度量手段支持该学科发展。

第三节　人口、资源与环境统计学的内容框架

度量事物或现象量与量变的有效手段是建立指标体系，人口、资源与环境

统计学的目的是要基于经济发展目标建立人口、资源与环境指标体系。人口、资源与环境指标体系可分为一般指标体系和具体指标体系。一般指标体系是根据区域人口、资源与环境经济系统的共同特征而建立的，带有普遍性，本质上是一个指标库，可用来指导某个具体区域的指标体系的建立。具体指标体系是在一般指标体系的基础上，根据具体区域的经济发展和人口、资源与环境状况，考虑到数据的可得性等因素，建立用于评价具体区域人口、资源与环境经济系统的指标体系。作为学科量化研究基础的人口、资源与环境统计学侧重于研究建立一般的人口、资源与环境指标体系。

随着经济不断发展，伴随而来的是人口问题、资源问题和环境问题突出。运用人口、资源与环境指标体系，可以评价和监测人口、资源与环境经济发展的状态和程度。建立人口、资源与环境指标体系的重要性主要体现在五个方面：（1）通过建立人口、资源与环境指标体系，构建评估信息系统，对某一区域的人口、资源与环境状况进行评估，为管理决策提供依据。（2）运用指标和指标体系定量评价某一区域人口、资源与环境总体水平，监测和揭示该地区经济发展过程中的人口、资源与环境问题，分析问题产生的原因，及时提供给当地管理部门，以便采取对策，促进区域经济发展。（3）利用指标体系引导当地政府贯彻人口、资源与环境经济发展思想，督促、引导完成其自身的发展规划和经济发展的基本目标。（4）进行国际、地区间和部门间人口、资源与环境经济发展水平的评价与比较，从比较中找出差距和薄弱环节，并分析其原因。（5）进行区域发展走向与发展趋势的分析，利用预测手段制定区域人口、资源与环境经济发展战略和规划，以进行有效的宏观管理。

人口、资源与环境统计学内容主要包括人口统计指标与指标体系、资源统计指标与指标体系、环境统计指标与指标体系、人口、资源与环境指标体系等四个方面。具体内容围绕指标和指标体系展开。一般来说，内容就是研究确定指标和指标体系。

一、确定人口、资源与环境统计指标

指标是指用数值反映事物或现象具体特性的特定概念。任何指标都是用以从数据方面说明一定事物或现象某种属性或特征的，它的具体内容表达是数字。通过一个具体的统计指标，可以认识所研究事物或现象的某一特征，说明一个简单的事实。如果把若干有联系的指标结合在一起，就可以从多方面认识和说明一个比较复杂事物或现象的许多特征及其规律性。如要应用指标认识和说明所研究事物或现象的特征，就必须要把反映事物或现象的特定概念（即指标名称）和具体数值（即指标数值）结合起来。通常指标是指指标名称，指标名称表明所研究事物或现象数值方面的科学概念，即质的规定性，它表示一定的事物或现象范畴。依据指标名称所反映的内容，通过统计工作所获得的统计数字，就是指标数值。因此，指标的功能是质与量的结合与统一。针对统计和统计工作获取数据而确定的指标，称为统计指标，主要指统计部门设定的指标。

反映事物或现象的总体会有许多基础性指标，出于成本和数据的可得性，我们通常选取已有的统计指标，并按照代表性来选定若干数量的指标。特定指标一般要根据指标的特性和功能来选取。作为人口、资源与环境经济学学科体系量化研究基础的人口、资源与环境统计学中的指标，参考这个原则研究选定和说明。

（一）指标的特性

1. 数量性。任何一种指标都是从数量方面来反映它所要说明的对象。人们构建指标的基本目的，就是要将复杂的事物或现象变为可以度量、计算和比较的数据、数字、符号。指标对事物或现象的数量反映，有的是直接的，即直接通过指标来表现事物或现象的数量、规模、水平和程度，如人口数量、人口自然增长率、人均生活费用等指标；有的是间接表示事物或现象的水平、强度，如人口的平均受教育年限就是间接表现人口的文化水准的。

2. 具体性。指标反映事物或现象，以及揭示其一般规律时，不能是一般化的、含糊不清的，而必须是具体的、明确的，指标的本质就在于给事物或现象以明确的表现。

3. 替代性。指标并不是事物或现象的本身，它是某种事物、现象及其状态、活动特定方面的代表。任何事物和现象总是具有多方面联系的，而指标只能就事物或现象的某一侧面或某几个侧面来反映，在有限的范围内说明一定问题，并不能说明全部问题。

4. 综合性。指标是用来认识事物或现象的，可研究一些对应的复杂问题，揭示事物或现象的规律性。人口、资源与环境指标是从数量方面对人口、资源与环境的规模和特征来进行反映的，而不仅是对单个方面的反映，主要是反映其相互经济关系和总体经济影响。如资源的开发利用规模与环境质量水平的关系等。

此外，指标还有时间性、重要性和客观性等特征。

（二）指标的功能

指标具有多种功能，主要有如下六个方面：

1. 反映功能。它是社会经济指标最基本的功能。与一般社会经济意识对社会经济存在的反映不同，社会经济指标对社会经济现象的反映总是以一定研究假设为指导的，而且是有较强的选择性、浓缩性，即选择那些最重要、最具代表性的侧面来反映社会经济现象，力求把复杂的社会经济现象浓缩在有限的几个社会指标之内。

2. 监测功能。它是反映功能的延伸，是动态中的反映功能。监测功能可分为两类，一是社会经济自身运行情况的监测，如农业剩余劳动力的增减、物价指数的升降、平均预期寿命的延长或缩短等。二是社会经济政策、社会经济计划执行情况的监测，如计划生育政策执行情况、经济社会发展计划的执行情况等。前者是对社会经济"自然状态"的监测；后者则是对有组织、有目的社会经济目标的监测。

3. 比较功能。当社会经济指标被用来衡量两个或两个以上认识对象的时候，它就具有了比较功能。比较功能也可分为两类：一是横向比较，即在同一时间序列上对不同认识对象进行比较，如同一时期地区与地区的比较、国家与国家的比较等。二是纵向比较，即对同一认识对象的不同时期发展状况的比较，如对居民生活状况作改革前后的比较，对企业作实行股份制改革前后的比较等。横向比较有助于认识自己的特点和位置，明确自己的长处和短处；纵向比较有助于认识自己的状况和发展趋势，明确自己是在前进、后退或停滞，它们都有助于对社会现象作出正确的判断。

4. 评价功能。它是反映功能、监测功能和比较功能的深化和发展。这是因为，反映、监测、比较本身并不能说明社会经济现象，只有对反映、监测、比较的结果作出评价，即对它们的客观状况作出评论、对它们的前因后果作出解释；而对它们的利弊得失作出判断，才算是对社会现象作出了说明。从这个意义上说，反映功能、监测功能、比较功能，只是社会经济指标的基础性功能，只有评价功能才是社会经济指标的核心功能。离开了评价功能，反映、监测和比较功能也就失去了意义。

5. 预测功能。它是在评价的基础上，对社会经济现象未来发展趋势的预先测算。预测功能包括两个方面：一是社会经济发展预测，即对推动社会经济发展的社会经济现象的预测。例如，在对本年度经济发展状况作出评价的基础上，预测下一年度经济发展的速度和状况等。二是社会经济问题预测，即对阻碍社会经济发展的社会经济现象的预测。例如，在对本时期环境状况和环保工作作出评价的基础上，预测下一时期环境污染的发展趋势等。

6. 计划功能。它是预测功能的延伸，预测为计划提供依据，计划是根据预测结果对实际工作所作的安排或采取的对策。计划功能也可分为两种类型：一是促进社会经济发展的计划，如经济改革计划、科教发展计划、资源开发计划等。二是防止或克服社会经济问题的计划，如治理环境污染的计划、控制物价上涨计划、加强法治建设的计划等。可以说，任何计划的内容都离不开社会经济指标，计划功能是社会经济指标反作用于社会经济现象的关键功能。

二、构建人口、资源与环境指标体系

指标不是一个一个孤立存在，它总是作为一个体系建立起来并发挥作用的。在讨论了指标的概念、特性与功能并做出选定后，进一步探讨指标体系的构建。

"体系"是一个由某种有规则的相互作用或相互依赖的关系统一起来的事物的总体或集合体，是一种由发展或事物的相互联系的性质所形成的各部分的自然结合或组织，是一个有机的整体。指标体系是由一系列相互联系、相互制约的指标组成的相对完整的总体。

指标体系具有显著的特性。我们需分析研究这些特性来构建人口、资源与环境指标体系。

1. 目的性。任何指标体系的设计，都是为了一定目的、一定社会经济需要服务的。没有明确的目的，就难以设计出指标体系。

2. 理论性。指标体系的设计，都是以一定理论观点作指导的，不同设计的指标体系之间的区别，并不是设计的具体指标上的不同，而是设计的理论观点和指导思想上的差异。理论观点不同，设计指标思想不一样，设计出来的指标体系就会有很大的差异。任何指标体系的设计，不是有无理论指导的问题，而是理论指导科学不科学、自觉不自觉、明确不明确的问题。没有科学的、自觉的、明确的理论指导，就不可能设计出好的指标体系。

3. 科学性。指标体系的设计，应该符合客观实际、符合已被实践证明了的科学理论。一切不符合实际、不符合科学理论的设计，都不能算是科学的指标体系。

4. 系统性。指标的设计，应该使选用的所有指标形成一个具有层次性和内在联系的指标系统。有些大的系统，指标可分为许多层次。各指标之间和各层指标组之间，具有内在联系，共同形成一个有机的系统。任何科学的指标体系都应具有很强的系统性，没有任何游离于系统之外的孤立的指标。

第二章　人口统计指标与指标体系

人口统计指标与指标体系是理解人口特征和变化规律的重要工具。本章将系统地介绍与人口有关的各类统计指标，分析它们在描述人口特征和预测人口动态中的作用。通过对这些指标的研究，我们能够深入了解人口的数量、质量和结构特征，从而为政策制定、社会发展规划和资源配置提供坚实的数据基础。

第一节　人口与人口统计

本节将阐述人口的定义与人口统计的基本概念，以及人口统计指标设计的基本原则和指标的分类体系，帮助读者理解人口是如何通过科学统计手段进行量化描述的。人口统计不仅是对人口数量的简单记录，更是一种揭示人口特征和变化趋势的重要工具。本节为后续对各类具体人口指标的详细分析奠定了理论基础，是全面理解人口统计学的起点。通过系统化的描述，读者能够对这些指标的构建逻辑和分类方法有清晰的认识。这些基础知识有助于理解人口统计指标在描述人口结构和变化过程中的科学性和实用性。

一、人口

人口是指生活在一定社会生产方式下，一定时间、一定地域内由一定社会关系联系起来的有一定数量、质量和结构的有生命的个人所组成的不断运动的社会群体。

人口，是一个内容复杂、综合多种社会关系的社会实体，具有性别和年龄及自然构成、多种社会构成和社会关系、经济构成和经济关系，是一定数量个人的综合。人口的出生、死亡、婚配，处于家庭关系、民族关系、经济关系和社会关系之中，一切社会活动、社会关系、社会现象和社会问题都同人口发展过程相关。人口不仅是社会生活的核心主体，也是一切社会现象的物质载体。作为生产活动的主体和消费行为的核心参与者，人口始终处于社会经济发展的基础性地位。中国是世界上人口最多的国家，人口问题是关系中华民族发展的基础性、全局性、战略性问题。

二、人口统计

人口统计是以人口为对象，研究人口现象的数量表现、数量关系及其规律的学科。人口统计结合社会经济形态，通过人口的登记与统计，对原始资料进行初步的汇总整理、分组归类，再根据人口的基本特征如性别、年龄、文化、职业、宗教等来进行分类，得到重要的数字资料，用这些数字资料对人口的某一方面进行评价，这些数字资料便可形成人口统计指标，多个人口统计指标结合在一起对人口的多方面进行评价，便形成了人口指标体系。人口指标体系可以反映人口历史发展状况，衡量人口现在的数量与质量，预测人口未来发展走向。人口统计具有以下特点：

1. 反映人口状况。人口统计指标反映的是人口问题，而非其他问题。根据人口统计指标，来了解一个国家或者地区的人口状况，分析人口问题，为国家或地区制定政策提供导向。

2. 适用性广。基本的人口统计指标适用于各个地区各个时代，例如对人口总量的统计、男女性别的统计指标等，不论是哪个国家都可以采用该类指标，进行本国人口状况评价，并与各国的人口状况相比较，进而采取措施缓解甚至解决人口问题。

3. 有针对性。人口指标体系是各个指标的综合。如果想了解人口的某一结构或者分布方面，可以选取某一类反映所要研究的对象指标，来达到了解所要研究的问题的目的。

三、人口统计指标概述

人口统计指标是描述和分析人口特征的重要量化工具。下文将介绍人口统计指标设计的基本原则和指标的分类体系，通过系统化的描述，使读者对这些指标的构建逻辑和分类方法有清晰的认识。这些基础知识有助于理解人口统计指标在描述人口结构和变化过程中的科学性和实用性。

（一）人口统计指标的原则

1. 适用性原则。建立人口指标体系的目的是使用这些指标对人口状况进行评价，根据人口出现的问题提出应对措施，制定管理政策，以此达到国家发展目标。因此，人口统计指标建立的原则之一就是使其必须适用于一定的国情和评价对象。

2. 数据的准确性和科学性原则。人口统计的真实性和准确性是进行人口评价的客观依据，只有保障数据的准确性，才能反映真实的人口问题，由此制定的政策才具有有效性，才能有效率地实现既定的目标。

3. 可比较性原则。制定的统计指标根据数据之间的相互联系来构建，反映人口某一方面的特征，与此同时，必须保证能与其他地区或者产业的同等数据相比较。只有这样，才能更有效地反映当前的人口问题，为政策制定者提供科学依据以解决人口问题。

（二）人口统计指标的分类

了解各类别指标的性质，对于确定有关指标的内容、计算方法及其应用具有重要意义。人口统计指标的分类依据遵循人口发展的空间特征、结构属性与社会经济规律：（1）人口数与分布聚焦数量规模与地理空间维度，揭示人口存在的静态基准与区域资源配置关系；（2）性别年龄构成解析人口结构的生物学特征，反映代际更替规律与社会服务需求；（3）社会与经济构成从生产关系维度解构群体分层，映射人力资本质量与社会发展水平；（4）出生与死亡追踪人口自然变动规律，构成人口再生产研究的核心参数；（5）流迁与增长关注人口机械变动与动态平衡机制，揭示城镇化进程与区域发展活力。该分类体系贯穿"数量基准（规模与分布）→结构特征（性别年龄）→质量分层（社会经济）→自然变动（生死规律）→动态平衡（迁移增长）"的分析轴线，形成多维立体的人口研究框架。

1. 人口数量与人口分布。人口数量与分布是人口统计的基础维度，通过户籍人口、常住人口等绝对指标量化总体规模，借助人口密度、城乡分布比等相对指标揭示空间特征。该领域研究不仅关注"有多少人"，更需分析人口分布与资源承载力（如耕地、水资源）的匹配度，为城市规划与灾害应急资源配置提供依据，例如通过人口重心坐标变化预警区域发展失衡风险。

2. 人口性别和年龄构成。在明确人口规模的基础上，性别年龄结构决定了社会运行的基本框架。性别比失衡可能引发婚姻挤压，而抚养比和老龄化系数（如日本65岁及以上人口占比超30%）则直接关系社会保障压力。人口金字塔模型可直观反映代际更替模式——扩张型预示人口红利，收缩型警示少子化危机。这一结构特征直接影响教育资源配置（如预测小学学位需求）、医疗体系倾斜方向（如老年专科医院建设）及退休政策调整空间。

3. 人口社会构成和经济构成。进一步分析人口质量需解构其社会与经济属性。教育程度（如高等教育人口占比）、职业结构（如第三产业就业比例）和基尼系数（如衡量收入差距）共同刻画人力资本水平。民族构成影响文化政策制定，而人力资本指数（如综合教育、健康等维度）可评估发展潜力。

4. 人口出生和死亡。自然变动是人口再生产的内生动力。总和生育率跌破警戒线（如韩国0.78）标志低生育率陷阱，而预期寿命延长（全球平均72.8岁）与死因顺位变化（如慢性病取代传染病）折射公共卫生进步。生命表可推算人口倍增时间，新冠疫情等突发事件则会造成死亡率短期波动（如2020年美国预期寿命下降1.5岁）。这些数据驱动生育支持政策（如育儿津贴）与医疗资源投入方向（如癌症筛查普及），是应对人口负增长危机的关键依据。

5. 人口流迁与增长。机械变动重塑人口空间格局。自然增长率（出生－死亡）与机械增长率（迁入－迁出）共同决定区域兴衰，如深圳依靠高机械增长率维持人口年轻化。迁移推拉理论解释"候鸟式流动"（如春运迁徙量达30亿人次），引力模型预测都市圈通勤规模（如东京日通勤人流量超 800 万人次）。户籍制度改革与流动人口市民化政策需平衡城镇化需求（如 2024 年我国城镇化率已经达到 67%）与公共服务压力，而难民潮（如叙利亚危机致 670 万人流离失所）等极端案例凸显全球人口再分布的战略意义。

四、人口统计数据来源

在现代社会管理和经济社会发展过程中，准确的人口统计数据是决策与规划的重要基础。中国作为世界上人口最多的国家，在长期的发展过程中，形成了以"经常的户口管理与各项变动登记""人口普查"以及"典型调查和抽样调查"三种主要数据收集方法的综合体系。这三种方法各有侧重、互为补充，共同构成了中国人口统计工作的基本框架。下面从三个方面详细阐述其内涵、实施过程、优缺点以及面临的挑战。

（一）经常的户口管理与各项变动登记

1. 户籍制度的基本概念与历史背景。中国的户籍制度起源于古代"编户齐民"的传统，但现代户籍制度则是在新中国成立后逐步建立和完善的。1951年，公安部首次颁布《城市户口管理暂行条例》，为后续户口管理奠定了基础。1958年，全国人大常委会通过《中华人民共和国户口登记条例》，明确规定公民必须进行户口登记，并将户口分为"农业户口"和"非农业户口"，这一二元结构成为新中国人口管理的基本模式。

户口管理的核心在于对公民身份、出生、死亡、迁移、婚姻等基本信息的连续记录。政府通过户籍数据，不仅为国家规划、公共资源分配提供基础数据，还借助户籍制度对人口流动进行有效控制。尤其在计划经济时代，户籍制度与粮食配给、就业安置、社会保障等紧密挂钩，对城乡居民的基本生活产生深远影响。

2. 登记方式与信息内容。在实际操作中，户口管理主要依靠基层政府（如乡镇、街道）进行登记，涵盖以下几个方面：

（1）出生登记：新生儿的出生信息、父母身份、出生地点等数据；

（2）死亡登记：居民死亡信息、死亡原因、时间和地点等；

（3）迁移登记：包括城乡之间、不同地区间的迁入、迁出信息，以及因工作、学习等原因产生的人口流动；

（4）婚姻状况及其他变动：婚姻登记、离婚等信息也纳入管理范围。

由于户籍制度具有法定强制性，各项变动一经发生必须及时上报和登记，这使得户籍数据具有连续性和较高的稳定性。然而，在具体操作过程中也存在一些问题。例如，随着改革开放和市场经济的发展，大量农民工、外来务工人员及新型城镇化背景下的跨区域迁移，给原有的户籍管理模式带来挑战。流动人口登记的不完全性和信息更新的滞后性，在一定程度上影响了数据的准确性和覆盖面。

3. 优点与局限。户口管理系统的主要优点在于：

（1）实时性和连续性。户口管理系统能够及时反映人口增减和结构变化，适用于长期的动态监测。通过系统化的数据收集与更新，可以帮助政府对人口流动、出生率、死亡率等人口现象进行实时追踪，为政策制定提供坚实的数据支持。

（2）法治保障。作为国家法律规定的一项重要行政措施，户籍制度得到了法律保障，数据获取过程也受到一定的行政监督，使得户口数据具有较高的权威性和公信力。

然而，户口管理系统在应用过程中也存在一定的局限性：

（1）覆盖不足与流动人口管理难题。大量农民工、城市"漂泊人口"等流动群体由于户籍转移手续烦琐，且由于不同地区之间的户籍政策差异，导致许多人群的户籍登记不完全，信息更新滞后。这使得一些人群的生活状态、社会保障等无法被及时反映，造成了人口统计数据的不准确性，进而影响了相关政策的执行效果。

（2）城乡二元分割。农业户口与非农业户口的分类，使得在教育、医疗、社会保障等公共服务上的差异性更加明显。这种二元分割不仅加剧了城乡之间的贫富差距，也形成了所谓的"二元公民"现象，影响社会的公平性和流动性。在资源分配上，农业人口通常无法享受与城市居民同等的公共服务待遇，限制了其个人发展和社会参与的机会。

（3）制度僵化与改革阻力。尽管近年来国家已出台一系列政策放宽户籍限制，如"居住证制度"和"积分落户"政策等，试图推动常住人口公共服务均等化，但地方政府受财政、资源分配等多方面利益的制约，改革进展仍较为缓慢。尤其在一些一线城市，由于人口压力过大，落户门槛依然较高，流动人口的融入进程未能得到有效推进。

总之，户口管理系统作为中国最为基础的人口数据来源，在国家和地方各级政府的决策过程中发挥了重要作用，为社会发展提供了稳定的统计基础。然而，随着社会经济的快速变化，如何完善流动人口管理、提高数据的准确性、减少城乡差距，已经成为亟待解决的问题。未来的改革应更加注重打破城乡二元结构，推动人口管理的现代化和公共服务的均等化，促进社会的公平与和谐。

（二）人口普查

1. 人口普查的意义与发展历程。人口普查是指在全国范围内，对所有人口进行全面调查和登记的一项大规模统计工作。中国自 1953 年以来先后进行了多次全国性人口普查，每次普查都为国家经济、社会、城镇化规划提供了翔实、权威的数据支持。以 2010 年第六次和 2020 年第七次人口普查为例，这些数据不仅反映了总人口规模、性别比例、年龄结构等基本特征，还揭示了城乡、区域之间的复杂差异。

普查一般采用面访、电子化登记与纸质问卷相结合的方式。近年来，第七次普查在数据采集过程中率先应用完全电子化登记技术，既提高了普查效率，也降低了人为登记错误的风险。

2. 普查的实施过程与主要内容。人口普查是国家人口统计和社会经济调查中最为重要的手段之一，通常按照统一的时间、统一的标准进行。其实施过程涉及多个环节，每个环节都需要精密地组织与安排。普查的主要步骤包括以下几个方面：

（1）组织筹备。普查的组织筹备阶段至关重要，是确保普查顺利开展的基础。通常由国家统计局牵头，结合各级政府的力量，进行全面的策划与部署。筹备工作包括：

第一，普查方案制定：国家统计局根据当前的社会、经济和技术条件，结合普查的实际需求，制定普查的整体方案，明确普查的目标、内容、方法和标准。

第二，调查人员培训：普查数据的质量直接依赖于调查人员的素质和专业性，因此，普查前期会对各地的调查人员进行系统的培训，确保他们能够熟练掌握调查方法、问卷填写规范、数据采集技巧等。

第三，宣传与动员：普查是一个面向全民的系统工程，普查的成功离不开广泛的社会支持和参与。各级政府和相关部门会通过电视、广播、网络等多渠道进行普查宣传，普及普查的重要性和必要性，动员广大居民积极配合。

（2）数据采集。数据采集是普查的核心环节，涉及大量的居民信息的获取。普查人员会通过多种方式对居民进行数据采集，主要包括：

一是面对面访问：普查员上门访问，采用访谈形式收集信息。这种方式能够确保信息的真实可靠，同时有助于调查员解答居民的疑问，消除误解。

二是问卷调查：居民通过填写标准化的调查问卷，提供个人和家庭的基本信息。问卷通常包含个人基本情况、职业、居住情况、社会保障、教育水平等多个维度。

三是电子采集：随着信息技术的发展，部分地区开始采用电子采集设备（如平板电脑、移动设备等）进行数据收集，这不仅提高了数据采集的效率，还减少了数据录入时的错误。

在普查过程中，调查内容不仅涉及基础的人口数量、性别、年龄、民族、教育程度等，还会包括社会经济、居住条件、家庭结构、婚姻状况、劳动就业等多个维度。这些数据为后续的政策研究、社会发展、区域规划等提供了详尽的支持。

（3）数据汇总与核查。普查的数据收集完成后，需要进行数据汇总、整理与核查，确保普查数据的质量和可靠性。此阶段包括：

第一，数据清洗：数据采集过程中难免会出现误填、遗漏等情况，数据清洗的目的是发现并纠正这些问题，确保数据的准确性和完整性。

第二，数据核对：将收集到的数据进行集中核对，确认各项数据的有效性。统计部门通常会通过回访、比对和交叉验证等方式，对数据进行核实，确保没有遗漏或重复。

第三，数据归档：数据清洗和核对后，将数据存档并进入系统，供后续使用。这些数据不仅会为政策提供支持，还会用于编制统计年鉴、各类社会经济研究报告等。

（4）数据分析与发布。普查完成后，统计部门会对数据进行分析，揭示人口和社会的结构变化及趋势。这一阶段主要包括：

第一，统计分析：通过对数据的深度分析，揭示出人口分布、区域差异、城乡差距、性别比例、劳动参与率等方面的信息。分析结果可以为社会各个领域的研究提供科学依据。

第二，编制报告与年鉴：普查结果经过分析整理后，统计部门会编制各种统计年鉴和专题报告，向社会公开。报告内容不仅包括基本的普查数据，还可能会结合具体的政策需求和社会现状，提供相关的分析和预测。

第三，政策支持与学术研究：普查数据是政府决策、学术研究和社会调查的重要基础。例如，通过分析城乡差距和人口流动趋势，政府可以制定更加合理的区域发展政策、社会保障政策和人口调控政策。

以第六次全国人口普查（2010 年）为例，该次普查显示了中国庞大的总人口基数极其复杂多样的结构，揭示了城乡差距、区域分布不均等问题，推动了中国在新一轮城镇化进程中的政策调整。特别是普查数据展示了中国人口老龄化、少子化的趋势，为国家社会保障体系的完善、养老保险政策的制定等提供了重要数据支持。

第七次全国人口普查（2020 年）进一步揭示了中国人口的结构变化，尤其是人口流动和城市化率的加速，体现了中国经济发展过程中人口迁徙的巨大变化。新一轮的普查为国家推动区域协调发展、城市群建设以及乡村振兴战略提供了关键支持。

3. 人口普查的优势和不足。

（1）人口普查作为一次全面调查，其优势主要体现在：

第一，全面性与权威性。人口普查覆盖所有居民，是最为权威的统计手段之一。通过对全国范围内所有居民的详细登记和统计，能够提供完整的人口信息。由于普查数据来自国家级的官方统计机构，并且受法律保障，因此具有极高的公信力和权威性。这使得普查数据在政府决策、学术研究、社会保障等方面具备较强的基础性和参考价值。

第二，翔实的数据维度。除了基础的人口数量和分布数据外，普查还涉及多方面的社会经济信息，如教育水平、职业结构、收入状况、居住条件、卫生健康等。这些多维度的数据为政府和相关机构在政策制定时提供了更为全面的视角。特别是在规划城市发展、公共服务配置、社会保障、医疗卫生、教育资源分配等领域，普查数据都是不可或缺的重要依据。

第三，为宏观决策提供多维度支持。人口普查所收集的数据不仅为政府部门提供了人口变动趋势，还帮助制定了更加精准的经济和社会发展策略。通过了解不同地区、不同社会群体的经济水平、教育程度及需求，政府能够在资源分配、产业发展、区域平衡等方面做出更为科学和合理的决策。与此同时，数据为学者和科研机构提供了丰富的基础资料，推动了社会学、经济学、公共政策等学科的研究。

（2）但普查也存在一些不足之处：

一是周期较长、时效性不足。人口普查通常每十年进行一次，尽管覆盖面广且数据全面，但由于其周期性较长，难以及时反映人口结构、社会状况和经济活动的快速变化。例如，某一地区的突发性人口流动、产业变动、技术进步等可能无法在普查周期内得到及时跟踪和反映，这对于需要快速决策和灵活应对的政府部门来说是一大挑战。普查数据可能会因为时间滞后而导致某些决策的基础信息不再准确或不够实时。

二是高成本与执行难度大。人口普查是一个庞大的系统工程，涉及全国范围内的高质量数据采集、管理和分析。它需要调动大量的人员和物资，确保每个家庭、每个人都能准确无误地进行登记和统计。这不仅需要巨额的财政投入，还需要地方政府、统计人员、社区工作者等的紧密配合与协调。普查的复杂性和执行难度使得整个过程非常烦琐，且需要大量时间来处理和汇总数据。数据清理、校对及分析也需要较长时间，往往导致最终结果的发布滞后。

三是数据更新不够频繁。尽管人口普查提供了详尽的社会和人口数据，但由于普查周期较长，往往缺乏实时性，这意味着政府在制定政策时，特别是在应对突发性人口问题（如移民潮、自然灾害后的人口迁移等）时，可能无法及时获取最新的数据支持，影响决策的精准性和及时性。

（3）技术进步的补充。近年来，随着信息技术和大数据技术的迅速发展，政府和相关部门开始积极探索如何利用这些新技术弥补传统人口普查的不足，特别是在数据更新和实时监测方面，信息化技术提供了巨大的潜力。大数据、云计算、物联网、人工智能等技术的应用，能够更为高效、精准地跟踪人口流动、社会经济变动和生活方式的变化。

一是信息化手段。通过建立全国性的数字化人口管理平台，政府可以实现对人口流动、出生、死亡、迁移等重要数据的实时监控。基于大数据分析，政府能够更快速地获取人口流动趋势、就业状况、健康状况等信息，从而在宏观决策上实现更加灵活和实时的调整。例如，一些地方政府通过与社会保障、教育、医疗等系统的数据对接，建立了动态人口管理系统，能够实现实时的数据更新和跨部门信息共享。

二是大数据与动态监测。利用大数据技术，政府可以结合各类信息源（如社保、税务、银行、通信、交通等数据），对人口进行实时追踪和监测。这些数据通常比传统的普查数据更加即时和动态，能够反映出人口的流动性、变化趋势和社会经济行为。通过机器学习和数据分析技术，政府可以预见某些社会现象的变化，并提前做出响应。

三是智能化数据处理。随着人工智能（AI）技术的进步，数据的收集、清洗和处理变得更加高效。人工智能可以自动化处理大量复杂数据，识别数据中的潜在规律，快速为决策者提供科学的分析报告。通过智能化的手段，政府可以在不增加大量人力成本的情况下，提高数据的准确性和时效性。

这些技术不仅有助于弥补传统普查的时效性问题，还能提高数据的精度和可操作性，从而为政策制定者提供更加实时且精确的依据，进一步推动社会治理的现代化。

（三）典型调查和抽样调查

1. 调查方法的基本原理。典型调查和抽样调查是基于部分样本数据推算总体情况的一种统计方法。这些方法的基本原理是通过从总体中选择具有代表性的样本，通过科学设计问卷和统计模型，推断总体人口情况和社会经济指标。与全面普查相比，抽样调查和典型调查在数据收集上更具灵活性和经济性，适用于中短期的动态监测、专题研究及某些特定领域的深入分析。

典型调查和抽样调查常见的基本原理和方法有：

（1）样本选择：抽样调查基于随机抽样的原则，从总体中选取一定数量的样本。常见的抽样方式包括简单随机抽样、分层抽样、整群抽样等，这些方法确保了样本的代表性。

（2）统计推断：通过对样本数据的分析，利用概率统计理论对总体特征进行推断，计算出总体人口的估计值和相应的误差范围。

（3）抽样误差：由于只采集样本数据，抽样调查不可避免地存在一定误差，这个误差取决于样本量、样本的代表性以及抽样方法。

相比于全面普查，典型调查和抽样调查更适合在短时间内快速获得数据，并且在研究某一特定问题时，可以提供更加详细且有针对性的分析结果。

2. 中国的抽样调查实践。随着中国社会转型和经济的快速发展，人口结构、社会结构以及地理分布等方面出现了显著变化。传统的普查和户籍管理数据已经不足以全面反映这一变迁，因此，各类抽样调查逐渐成为政策研究和社会学研究的重要补充手段。以下是几项中国常见的抽样调查实践：

（1）国家常规性抽样调查。作为周期性人口普查（每十年）的延伸，国家统计局主导的全国1%人口抽样调查（每五年）通过分层多阶段抽样，系统监测人口规模、迁移特征与城镇化进程，有效捕捉普查间期的人口结构演变规律。

同步开展的全国月度劳动力调查与季度就业状况调查，通过连续性抽样框架追踪失业率、劳动参与率等核心指标，为研判宏观经济与就业政策提供高频数据支撑。特定领域如全国流动人口动态监测调查，则聚焦户籍制度改革的政策效应，揭示人口迁移背后的公共服务需求差异。

（2）综合性社会追踪调查。学术机构主导的长期追踪项目突破截面数据局限：

中国家庭追踪调查（CFPS）：构建家庭经济、教育代际传递的动态面板数据库。

中国综合社会调查（CGSS）：解析社会价值观、政治态度等文化资本的历时性变迁。

中国健康与养老追踪调查（CHARLS）：量化老龄化社会下的健康不平等与照护需求。

（3）专题性微观数据调查。针对特定政策目标设计的专项调查具有强问题导向性：

中国家庭金融调查（CHFS）：揭示财富分布、金融排斥与普惠金融政策效果。

中国老年社会追踪调查（CLASS）：评估养老保险制度改革的社会承载力。

3. 优点与挑战。

（1）抽样调查的优势主要包括：

第一，高效经济。与全面普查相比，抽样调查的调查成本相对较低，因为它仅需针对部分样本进行数据采集，减少了调查范围和调查人员的投入。因此，抽样调查的实施周期较短，更容易适应快速变化的社会环境，能够迅速收集和反馈数据，为政府决策提供实时的支持。

第二，灵活性强。抽样调查的设计可以根据具体的研究需求量身定制。无论是为了调查特定群体、区域，还是关注某一社会现象（如失业、收入不平等、社会信任等），都可以通过灵活调整样本选取和调查问卷的设计，深入探讨特定问题，进而获得有针对性的数据。

第三，数据细化。抽样调查能够提供关于特定群体、区域或社会现象的详细信息。例如，针对特定行业、特定收入群体、特定地区等进行详细调查，能够帮助政策制定者了解特定人群的需求与困境，为精准政策设计提供依据。这种细化的数据有助于进行差异化的社会资源配置。

（2）抽样调查面临的挑战主要包括：

第一，抽样误差。由于抽样调查只能反映样本中的情况，无法完全覆盖总体，因此可能存在一定的抽样误差。抽样误差的大小通常由样本的数量、样本选择方法以及样本分布等因素决定。为了减少误差，需要采用科学的抽样方法和增加样本量。

第二，代表性问题。在中国这样一个幅员辽阔、人口众多且分布不均的国家，确保抽样样本能够全面代表总体，是一大挑战。比如，如何确保城市和农村、东部和西部的样本分布具有足够的代表性，避免出现城乡差异、区域差异等对数据的扭曲影响。这要求在样本设计时充分考虑地域、人口结构和社会差异。

第三，数据处理与推算。抽样调查要求采用科学的统计模型，对样本数据进行估算与推算。如果数据处理不当，可能会导致结论的偏差。为了保证数据推算的准确性，需要采用合适的统计方法（如加权分析、回归分析等）对样本数据进行调整，并进行误差修正。

抽样调查作为人口统计的重要补充手段，为中国社会经济发展提供了更加细致的微观数据支持，弥补了普查周期长、信息不及时的问题。近年来，随着统计方法、信息技术和大数据技术的发展，抽样调查的准确性和时效性有了显著提升。尽管存在抽样误差、代表性问题以及数据处理等挑战，但其高效、灵活、精细的特点，使其在中国社会的各项研究和政策制定中发挥着不可替代的作用。

（四）三种方法的互补性与发展趋势

1. 数据源的互补与综合利用。在实际应用中，由于每种数据收集方法各有优劣，中国政府及研究机构通常将户籍管理、人口普查和抽样调查有机结合，以形成一个多层次、多角度的人口统计系统。不同数据源的互补和综合利用，使得政府能够在不同层次和维度上获取更加全面和准确的人口数据。具体来说：

（1）长期动态监测：户口管理系统提供了对人口基本信息的持续监控，能够实时反映人口的增减变化和结构变动。因此，户籍系统数据可以作为长期趋势分析的基础，为政策制定提供稳定的基础数据。例如，户籍管理可以及时监控人口流动、出生、死亡和迁徙等信息，确保政府能够对人口变化做出快速反应。

（2）全面性数据补充：定期进行的人口普查（如每十年一次）弥补了户籍管理中可能存在的信息滞后和流动人口管理不足的问题，确保了总量数据的全面性和准确性。人口普查通过大范围的全面调查，提供了全面的社会经济数据，可以填补户籍系统未能记录的群体或特殊情况，如部分未登记的流动人口或城乡分布等问题。

（3）专题研究与趋势预警：抽样调查则充当了普查和户籍管理之间的"补充角色"，尤其是在某些特定领域（如就业、收入、家庭结构、公共卫生等）能够提供更为及时和详细的分析数据。例如，抽样调查可以快速反映经济波动对收入分配的影响，或者监测城市化进程中家庭结构的变化，为政策调整提供实时数据支持。通过对特定领域的深入研究，抽样调查能够帮助政府及学界发现社会中潜在的问题，进而为政策决策提供参考。

这三种方法的互补性不仅提升了数据的完整性和准确性，也增强了统计系统对社会动态的响应能力，使得中国的人口统计体系更加灵活和高效。

2. 信息化与大数据的应用。随着信息技术的迅速发展和大数据时代的到来，传统的人口统计方法正在经历深刻的变革，尤其是在数据采集、处理和分析过程中。大数据技术为人口统计提供了全新的解决方案，进一步拓展了数据源的多样性和实时性。具体应用场景包括：

（1）互联网与社交媒体数据：通过互联网、移动通信和社交媒体的实时数据，可以实时监控人口流动、消费行为、社会互动等情况。这些数据能够反映更细微的社会变动，比如民众的迁徙路径、城市的交通流量、网络消费的趋势等，为人口普查和抽样调查提供了额外的数据来源。

（2）数据整合与共享平台：国家统计局等政府机构已经在探索利用大数据平台，将多部门、多领域的数据进行整合，实现跨部门、跨领域的数据共享与联合分析。通过综合利用来自财政、医疗、教育、公安等多方的数据，可以更精确地分析人口变动、就业状况、社会保障等各项社会问题，提升政策设计的科学性和有效性。

（3）实时监测与预警：大数据技术使得政府能够实现人口数据的实时更新和动态监测，从而更加及时地反映社会变迁。通过构建实时监控系统，政府可以在短时间内获取最新的社会经济指标，快速响应社会问题，如突发公共卫生事件或人口流动趋势，进行有效的应对。

信息化和大数据的应用，不仅提升了人口统计的时效性和准确性，也为更精细化的社会治理和科学决策提供了坚实的技术支持。

3. 改革与创新的挑战。尽管三种数据收集方法的结合和信息化、大数据技术的应用提供了更多的机遇，但在实际操作中仍然面临一系列挑战：

（1）数据标准化与协调性。由于中央各部门和地区在数据采集标准、统计口径等方面存在差异，实现不同数据源的整合与统一管理是一个亟待解决的问题。例如，各地的户籍管理可能存在数据缺失或重复，普查和抽样调查的统计口径不同，导致数据在整合时出现不一致的情况。如何统一标准、加强部门间的协调，是提高数据整合效果的关键。

（2）隐私保护与数据安全。随着大数据技术的应用，人口统计数据的收集和存储量激增，如何在保障数据真实性和有效性的同时，确保公民隐私和信息安全，是一项严峻的挑战。例如，如何处理敏感信息（如个人收入、健康状况等）在统计分析中既能保密又能确保合法性，如何防止数据泄露和滥用，都是亟须解决的问题。

（3）应对快速社会变迁的能力。中国社会正在经历快速的城市化、产业转型和人口流动，这种快速变动给传统人口统计方法带来了压力。例如，如何在短时间内快速更新统计数据，准确反映社会变革的影响，如何捕捉到快速变化中的"新趋势"，仍然是一个亟待探索的问题。随着技术的发展，如何将大数据与传统统计方法结合，形成快速响应的统计体系，成为未来发展的方向。

4. 未来发展趋势。面对这些挑战，未来人口统计方法的方向将朝着更高效、更精准、更实时的方向发展。具体发展趋势包括：

（1）全面数字化和智能化。人口统计将进一步向全面数字化、智能化转型。通过人工智能、机器学习等先进技术，自动化地处理和分析海量数据，提升数据处理速度和准确度，同时减少人工干预，提高效率。

（2）跨领域数据融合与智能分析。随着大数据平台的发展，未来的人口统计不仅限于传统的户籍、普查和抽样调查数据，还将结合社会经济、环境、健康等多领域的数据进行综合分析。跨领域的数据融合和智能分析将为政策制定提供更加全面的决策支持。

（3）更精细化的社会管理和个性化服务。数据的实时更新和多元化分析将使得政府能够实施更加精细化的社会管理和个性化服务。例如，可以根据实时的城市人口流动情况，调整交通规划、公共服务资源分配、就业政策等，从而实现更精准的社会管理。

总体而言，人口统计方法的互补性和信息化、大数据的应用使得中国人口统计体系更加灵活和高效，但在实际应用中仍面临挑战。未来，随着技术的不断进步，三种统计方法将更加紧密地结合，通过数据源的整合和智能分析，为社会治理和科学决策提供更为精准和实时的支持。同时，如何解决数据标准化、隐私保护和社会变迁快速反应等问题，仍将是未来需要重点关注的方向。

第二节　人口统计指标

本节将详细讲解人口统计学中使用的主要指标，分别从人口总数与分布、性别与年龄结构、社会与经济构成、出生与死亡率、人口流迁与增长等方面展开。每个指标都为揭示人口的某个维度特征提供了科学依据，通过这些指标的运用，能帮助我们多角度地把握人口特征和发展趋势，为社会治理和规划提供关键数据支持。

一、人口数量与人口分布

（一）人口数

人口数是指一国或一个地区在某一时间某一地区范围内的人口发展规模。由于人口数受地域和时间的制约，在一定地域内人口数总是受出生、迁入的影响而增多，又由于死亡、迁出的影响而减少，时刻都在发生变化。因此要取得准确的人口数，首先要规定一个确定的时间和空间。计算公式如下：

$$P_t = \sum_{i=1}^{n} all_i$$

式中，n 为空间内所有有生命活动的个人；P_t 为 t 时期人口数；all_i 为有生命活动的个人。

1. 期初、期末人口数。期初、期末人口数指某一特定的标准时点上的瞬时人口数，表示在这一时点上人口发展的规模。在实际工作中常用的是年初人口数和年末人口数，年初人口数是指每年 1 月 1 日零时的人口总量，某年年初人口数也等于上年年初人口数加上年内出生人数和迁入人数减去年内死亡人数和迁出人数，计算公式如下：

$$P_{t(0)} = P_{t-1(0)} + B_t - D_t + IM_t - EM_t$$

式中，$P_{t(0)}$ 为某年年初人口数；$P_{t-1(0)}$ 为上年年初人口数；B_t 为年内出生人数；D_t 为年内死亡人数；IM_t 为年内迁入人数；EM_t 为年内迁出人数。

年末人口数是指每年 12 月 31 日 24 时的人口总量。年末人口数也等于年初人口数加年内出生人口数和迁入人数减年内死亡人数和迁出人数，计算公式如下：

$$P_{t(1)} = P_{t(0)} + B_t - D_t + IM_t - EM_t$$

式中，$P_{t(1)}$ 为某年年末人口数。

2. 时期人口总量（平均人口数）。由于人口总体总是处在一个不断发展变化的过程中，不同时点上的人口数是不相同的。因此，为了能掌握一定的时期内人口的发展规模和趋势，有必要计算这一时期内的平均人口数。它反映的是一个国家或地区在某一时期内人口的平均规模。具体计算方法有：

（1）算术平均法。当取得的人口数资料为每日人口数时，计算公式如下：

$$\overline{P} = \frac{1}{N} \sum_{t=1}^{N} P_t$$

式中，$\overline{P}$ 为平均人口数；P_t 为时间 t 的人口数；N 为日历天数。

（2）两点平均法。已知期初人口数和期末人口数，可计算平均人口数，计算公式如下：

$$\overline{P} = \frac{P_{t(0)} + P_{t(1)}}{2}$$

式中，$\overline{P}$ 为平均人口数；$P_{t(0)}$ 为期初人口数；$P_{t(1)}$ 为期末人口数。

该方法计算简便，所需资料少，在实际工作中得到广泛的应用。但是，通常情况下该方法只适用于人口变动不大或人口变动比较均匀的地区。

（3）序时统计法。

第一，当时间间隔为等距时，根据观察期内各间隔相同的时点上的人口数，求其平均人口数。计算公式如下：

$$\overline{P} = \frac{\frac{1}{2}P_0 + P_1 + P_2 + \cdots + \frac{1}{2}P_t}{t - 1}$$

式中，$\overline{P}$ 为平均人口数；P_0，P_1，P_2，$\cdots$，P_t 为观察期各时点的人口总数；t 为观察期时点的项数。

第二，当时间间隔为不等距时，可以用各个时间间隔进行加权来计算。计算公式如下：

$$\overline{P} = \frac{\frac{1}{2}\left[(P_0 + P_1) \times t_1 + (P_1 + P_2) \times t_2 + \cdots + (P_{n-1} + P_n) \times t_n\right]}{\sum\limits_{i=1}^{n} t_i}$$

式中，P_0，P_1，P_2，$\cdots$，P_n 为各个时点的人口数；t_i 为各个时点间的时间间隔。

此外，在我国，根据不同时期和不同需求，反映一个地区的人口规模统计指标主要有四个，即户籍人口、外来人口、常住人口和实有人口。

（1）户籍人口是指我国公民依照《中华人民共和国户口登记条例》在公安户籍管理机关登记常住户口的人，主要用于户籍行政管理。长期以来，我国建立了一套完善的户籍管理制度，在社会管理中发挥了重要作用。

（2）常住人口是指经常在某行政区域内居住达半年及以上的人口，既包括有户籍且实际居住的，也包括无户籍但实际居住的人口，反映的是实际居住人口的情况。常住人口的界定主要有两个标准，一个是时间标准"半年及以上"；另一个是空间标准"乡镇街道"。简单来说，在某个乡镇街道区域内居住半年以上的人就是该乡镇街道的常住人口。国际上发布人口普查数据通常采用的也是常住人口口径。

（3）"实有人口"是一个新概念，包括了常住人口、流动人口、户籍人口、外籍人口。当前的"实有人口"管理机制是：人一到辖区住下，一定要纳入"实有人口管理"，进行严密登记，并纳入信息查询系统。实有人口管理是指以派出所为单位，把实际居住的常住人口、寄住人口、未落户常住人口人员、暂住人口以及境外居民人员全部纳入工作范围，加强登记管理，掌握基本情况，发现违法犯罪线索，预防违法犯罪活动。

人口数据统计有助于了解一国的人口规模，对制定人口政策有着至关重要的作用。它能够反映一个国家或地区的国情国力的基本信息，一个国家或地区人口数的多少，与国家力量的大小、人力资源的丰富程度密切相关。同时，它为国家制定计划提供了重要的依据，统计人口数量对于国家制定人口计划和经济、社会发展计划具有重要的意义。

（二）人口分布

1. 人口密度。人口数指标只能说明一个国家或一个地区的现有人口总数，并不能说明该国家或地区的人口稠密程度。有的国家或地区人口数虽多，但土地辽阔，人口稠密可能相对较低；相反，人口总数虽少，但土地面积较小，人口稠密程度可能较高。因此，计算人口密度指标，比较各国的人口、各地区人口稠密是很重要的。

人口密度是指一定时期一定地区的人口数与该地区的面积之比，即一定时期的单位土地面积上的人口数。一般以每平方千米的居民人数来表示，计算公式如下：

$$D = \frac{P}{S}$$

式中，D 为人口密度；P 为该地区的人口数；S 为一定地区的土地面积。该指标主要表示单位面积内的人口数量。

人口密度能从数量上反映人口分布的地区差异，对城市、商业、交通研究均有帮助。人口密度这一概念虽然已经应用得比较广泛，它把单位面积的人口数表现得相当清楚。但是，这一概念也有不足之处。例如，它考虑的只是陆地土地的面积，并未考虑土地的质量与土地生产情况。以我国的情况来说，东部平原和西部高原相比较，高原的人口密度远远低于平原，从数字上看，会认为西部人口稀少，东部人口过密，同时，也会想到西部土地在供养人口方面还有很大的潜力。其实，情况往往并非如此，西部高原气候条件恶劣，不利于生产生活；而东部耕地面积广，生产力较高。因此，改用其他表示人口密度的方法，其中有：生理密度与农业密度。

（1）生理密度。生理密度指单位可耕地面积上的平均人口，计算公式如下：

$$PD = \frac{P}{S_a}$$

式中，PD 为生理密度；S_a 为某区域内可耕地面积；P 为某区域内人口总数。

它反映的是一个地区人口对耕地的真实压力情况。如果该地区可耕地潜力较大而人口并不多，则说明土地生产粮食供养该地区人口前景好，压力不大。

（2）农业密度。农业密度是指一定地域范围内，从事农业生产的农民人数与适用于农田的总面积之比。计算公式如下：

$$AD = \frac{F}{S_a}$$

式中，AD 为农业密度；S_a 为某区域内耕地面积；F 为某区域内农民总数。

其目的在于表明从事农业的农民的经济效益问题。农业密度低，说明农民的人均经营土地的面积大，农业的效益高。反之，农民人均经营土地面积小，其效益就低。

（3）人均住房建筑面积。人均住宅建筑面积是指按居住人口计算的平均每人拥有的住宅建筑面积，单位是平方米/人。计算公式如下：

$$S_{pr} = \frac{S_r}{P_r}$$

式中，S_{pr} 为人均住房建筑面积；S_r 为总住宅建筑面积；P_r 为居住人口。

（4）城镇人均公共绿地面积。城镇人均公共绿地面积是指城镇公共绿地面积的人均占有量，以"平方米/人"表示（根据《国家生态园林城市标准（2022 年版）》，人均公共绿地面积阈值 ≥12.0 平方米）。具体计算时，公共绿地包括：公共人工绿地、天然绿地，以及机关、企事业单位绿地。城镇非农业人口每人拥有的公共绿地面积。计算公式如下：

$$\overline{S}_{upg} = \frac{S_{pg}}{P_{na}}$$

式中，$\overline{S}_{upg}$为城镇人均公共绿地面积；S_{pg}为城镇公共绿地面积；P_{na}为城镇非农业人口。

此外，衡量人口福利的指标还有平均每万人口拥有卫生技术人员数、每万人口拥有医院病床数、人均教育年限、人口经济密度、社会抚养比、社区心理咨询室数量、免费提供法律咨询场所、社会保障覆盖等统计指标。

2. 农业人口和非农业人口。农业人口是从事农业的人员及其家属，非农业人口则指从事各种非农业的人口及其家属。我国农业人口占全国人口比重不断下降，农业劳动力占全国劳动力的比重也不断下降，但仍占很大比重，对农业剩余劳动力的关注和转移具有重大意义。农业剩余劳动力是农业劳动力超过农业生产所需投入劳动力的那部分余量。计算公式如下：

$$L_{as} = L_a \times \left(1 - \frac{\dfrac{P_a}{L_a}}{\dfrac{Y}{L_t}} \right)$$

式中，L_{as}为农业剩余劳动力人数；L_a为农业劳动力；P_a为农业产值；Y为国民收入；L_t为社会劳动力人数。

3. 城市人口与农村人口。城市人口应是指在城市生活和居住的人口，农村人口是指在农村生活和居住的人口，所以统计的标准是看其生活居住地是在农村还是在城市。城乡人口比率反映一个地区的城市化进程。

（1）城市人口占比。城市人口占比常被用来作为衡量城市化水平的依据，是城镇人口占总人口（包括农业与非农业）的比重，计算公式如下：

$$r_u = \frac{P_u}{P} \times 100\%$$

式中，r_u为城镇人口比重；P_u为城镇人口；P为总人口。

（2）农村人口比重。农村人口比重指某一区域内农村常住人口占总人口的比例，是衡量城镇化水平和城乡结构的关键指标。计算公式如下：

$$r_r = \frac{P_r}{P} \times 100\% = 1 - r_u$$

式中，r_r 为农村人口占比；P_r 为农村人口；P 为总人口。

（3）城乡人口百分比。城乡人口百分比是衡量一个国家或地区城镇化水平的双向指标，计算公式如下：

$$r = \frac{P_u}{P_r} \times 100\% = \frac{r_u}{r_r}$$

式中，r 为城乡人口百分比。

（4）城市人口规模均值。城市人口规模均值用来度量城市的规模，在统计意义上是各城市人口的概率均值。计算公式如下：

$$UAP = \frac{\sum_{i=1}^{n} P_i}{n}$$

式中，UAP 为城市人口规模均值；P_i 为第 i 个城市的人口规模；n 为城市个数。

（5）人口集中指数。人口集中指数主要测定城市人口的地域集中状况，计算公式如下：

$$I_c = \frac{1}{2} \sum_{i=1}^{n} |S_i - P_i|$$

式中，I_c 为人口集中指数；S_i 为 i 地区面积占全国面积比重；P_i 为 i 地区城市人口占全国城市人口的比重。

若人口集中指数为零，表示城市人口在地理上完全均匀分布；反之，该指数越趋近于 1，表示城市人口高度集中在面积极小的地域内。

（6）人口重心。人口重心说明的是人口再分布的状况，其移动轨迹可以较好地反映出人口再分布的方向，作为分析社会经济条件是否发生深刻变化的依据，计算公式如下：

$$X = \frac{\sum_{i=1}^{n} P_i X_i}{\sum_{i=1}^{n} P_i}, Y = \frac{\sum_{i=1}^{n} P_i Y_i}{\sum_{i=1}^{n} P_i}$$

式中，X，Y 为人口重心的经度和纬度；X_i，Y_i 为各省、自治区省会和首府及直辖市的经度和纬度；P_i 为各地区的人口数。

（7）人口再分布指数。人口再分布指数反映社会变迁的指标，计算公式如下：

$$I_r = \frac{1}{2} \sum_{i=1}^{n} \left| P_{i,t} - P_{i,t-1} \right|$$

式中，I_r 为人口再分布指数；$P_{i,t}$ 和 $P_{i,t-1}$ 分别为 i 地区在当年和上一年人口占全国人口的比重。如果人口分布没有改变，则该指数为零；如果发生了强烈的再分布改变，则该指数趋近于 1。

二、人口性别和年龄构成

（一）人口性别构成统计

人口性别构成是反映一定范围和一定时点上人口总数中男女两性人口的性别分布和比例关系。按统计分析的目的不同，描述人口性别构成关系的基本指标有两种，即性别结构比和性别比。

1. 性别结构比。性别结构比计算男性和女性人口在总人口中所占百分比，即用男（女）性人口数与总人口数之比乘以 100% 求出男（女）性比重，表明平均每 100 人中男（女）占多少。计算公式如下：

$$R_m = \frac{P_m}{P} \times 100\%$$

$$R_f = \frac{P_f}{P} \times 100\%$$

式中，R_m 为男性人口比重，R_f 为女性人口比重；P_m 为男性人口数；P_f 为女性人口数；P 为人口总数。

2. 人口性别比。人口性别比即人口中男性人数与女性人数之比，用每 100 个女性人口所对应的男性人口数来表示。性别比是反映人口性别构成的指标之一。计算公式如下：

$$R_s = \frac{P_m}{P_f} \times 100\%$$

式中，R_s 为性别比；P_m 为男性人口数；P_f 为女性人口数。

性别比指标可以按全国范围的总人口来计算，也可以按地区范围的人口来计算；可以按全体人口来计算，也可以分年龄组或按其他分组来计算。下面主要介绍总人口性别比、年龄组性别比和出生性别比。

（1）总人口性别比。总人口性别比是人口研究中应用最广泛的一个性别构成指标。当性别比大于100时，表明男性人口数多于女性人口数；当性别比小于100时，表明男性人口数少于女性人口数；当性别比等于100时，表明男女两性人数相等。计算公式如下：

$$R_{tp} = \frac{P_m}{P_f} \times 100$$

式中，R_{tp} 为总人口性别比；P_m 为男性人口数；P_f 为女性人口数。

根据联合国对世界各国的统计，总人口性别比一般在95～106之间。如果一个国家或地区的总人口性别比长期低于95或长期高于106，则性别结构失衡，属于非正常性别比。

（2）年龄组性别比。对于一个人口总体而言，人口性别比的正常值一般应为男性人口略多于女性人口。但由于不同年龄组两性人口间死亡水平的差异，从而使不同年龄组人口的性别比也存在着差异。一般规律是：低年龄组男性人口多于女性人口，高年龄组女性人口要多于男性人口。具体差异需要通过年龄组性别比指标来进行研究。计算公式如下：

$$ASSR_a = \frac{(P_f)_a}{(P_m)_a} \times 100$$

式中，$ASSR_a$ 为 a 年龄组的性别比；$(P_m)_a$ 为 a 年龄组的男性人口数；$(P_f)_a$ 为 a 年龄组的女性人口数。

（3）怀孕时的性别比。怀孕时的性别比（第一性别比）根据生物学的规律推算出怀孕时的性别比应该是1，即怀男孩和女孩的概率是均等的。计算公式如下：

$$R_p = \frac{P_b}{P_g} \times 100$$

式中，R_p 为第一性别比；P_b 为怀孕时怀男孩人数；P_g 为怀孕时怀女孩人数。

（4）出生婴儿性别比。出生婴儿性别比（第二性别比）反映某年出生的婴儿中男女两性间的比例关系，世界各国出生婴儿性别比一般为 105 左右，偏差在 2~3 之间。计算公式如下：

$$R_b = \frac{MI}{FI} \times 100$$

式中，R_b 为某年出生婴儿性别比；MI 为该年出生男性婴儿人口数；FI 为该年出生女性婴儿人口数。

（5）第 i 孩出生性别比。第 i 孩出生性别比是分孩次的出生婴儿性别比，可以进一步揭示出生婴儿的性别构成问题。计算公式如下：

$$R_{bi} = \frac{MI_i}{FI_i} \times 100$$

式中，R_{bi} 为某年第 i 孩出生性别比；MI_i 为该年第 i 孩出生男婴数；FI_i 为该年第 i 孩出生女婴数。

我国一孩出生性别比一直比较正常，但二孩和多孩的出生性别比偏高。我国一孩出生性别比为 107.12，而二孩出生性别比高达 151.92，三孩及以上的出生性别比接近 160。分孩次出生性别比的巨大差异是违反生物学规律的，是人为因素的作用，表明在我国相当一部分人口中仍存在着重男轻女的思想。

（6）迁移人口性别比。迁入人口中男性人数与该地人口性别比成正比，迁出人口中男性人数与人口性别比成反比。迁移人口性别比（R_{ms}）直接影响人口的结婚状况和生育状况，对研究人口再生产、安排生产布局大有影响。

（二）人口年龄构成

人口的年龄结构指的是一定时期、一定地域范围内，各个年龄组的人口数占总人口的比重状况。不同的人口群体，由于其各年龄人口的比重不同，而呈现出不同的特征。它对人口发展和社会的发展具有重要的影响。

年龄构成是国家确定行政管理所必需的基础资料，也是国家确定重大社会经济政策的依据。

1. 人口年龄结构的划分。一般来说，人口统计时年龄的计算，常以周岁为准。周岁又称实足年龄，是指从出生到计算年龄时共计经历的整年数，实际经历过的生日数，即将不满一岁的算作 0 岁，满了一岁但不满两岁的算作一岁，以此类推。这样就可以将人口按年龄分成若干组，称为年龄分组。

根据研究目的不同，人口按年龄分组的方法亦不同。总的可以归纳为两类：

（1）一般年龄分组。将全部人口按年龄的自然顺序进行划分，从 0 岁起可以一岁一组，也可以几岁一组。按年龄分组计算的人数或比重反映的是人口总体中年龄分布状态。如 0～14 岁人口称为少年儿童人口；15～64 岁人口称为劳动年龄人口；65 岁及以上的人口称为老年人口，或者 0～14 岁和 65 岁及以上的人口合并称为非劳动年龄人口。

（2）特殊年龄分组。为适应某种社会经济工作制定计划或措施的需要，将人口划分成具有各种社会经济特征的特殊分组。如将 15～49 岁的女性人口划分为婚育年龄人口，小于 15 岁或者大于 49 岁的女性人口划分为非婚育年龄人口。

2. 人口年龄构成的主要指标。

（1）平均年龄。平均年龄是用来表明在一定时间条件下，某地区人口年龄平均水平的指标，计算公式有以下两种。

第一种，按每年龄组的人口数来计算平均年龄，计算公式如下：

$$\overline{X} = \frac{\sum X_i \times P_i}{\sum P_i} + \frac{1}{2}d$$

式中，$\overline{X}$ 为平均年龄；X_i 为各年龄组下限值；d 为年龄组距；P_i 为各年龄组人口数。

第二种，按年龄组人口比重计算，计算公式如下：

$$\overline{X} = \sum X_i C_i + \frac{1}{2}d$$

式中，C_i 为各年龄组人口数比重，其中 $C_i = \dfrac{P_i}{\sum P_i}$；$d$ 为年龄组距。

根据各种分析的需要，还可以按照上述公式的计算原则，计算平均初婚年龄、平均初育年龄和其他各种平均年龄。

（2）年龄中位数。年龄中位数是连续变量数列中的中间值。它是将人口总体各年龄变量，按照大小顺序排列起来，居于数列中间位置的那个年龄，即在该年龄上、下的人口各占总人口的一半。计算公式如下：

$$X_{md} = X_l + \left(\frac{P}{2} - \sum_0^{md-1} P_x \right) \times d/P_{md}$$

式中，X_{md} 为年龄中位数；X_l 为中位数组的年龄下限值；P 为人口总数；$\sum_0^{md-1} P_x$ 为中位数年组以前各组人数累计；P_{md} 为中位数所在组人口数；d 为组距。

$$X_{md} = X_i + \frac{\frac{1}{2} - \sum_0^{md-1} C_i}{C_{md}} \times d$$

式中，C_{md} 为各年龄组年龄中位数人口数比重。

年龄中位数具有说明人口年龄的集中趋势的性质。当一个人口的年龄中位数较低时，表明这个人口的年龄构成较轻；反之，当一个人口的年龄中位数较高时，表明这个人口的年龄构成偏老。

年龄中位数具有衡量和评价人口年龄结构类型的意义。一般认为，年龄中位数在 20 岁以下，表明这个人口的年龄结构类型为年轻型；年龄中位数介于 20～30 岁，这个人口的年龄结构类型即为成年型；当年龄中位数在 30 岁以上，这个人口的年龄结构类型即为老年型。

（3）年龄众数。年龄众数是指人口总体中频繁出现的年龄值。按分组资料计算年龄众数时，首先要确定人数最多的一组为众数组，然后按下列公式计算：

$$M_0 = X_l + \frac{P_2 - P_1}{(P_2 - P_1) + (P_2 - P_3)} \times d$$

式中，M_0 为年龄众数；X_l 为众数组的下限位；P_1 为众数组前一组的人口数，P_2 为众数组人口数，P_3 为众数组后一组人口的人口数。

年龄众数是反映年龄这个变量集中趋势的指标，其位置是在年龄分布高度集中的一点上。年龄众数可以估算人口惯性影响的时间，还可以反映人口过程中影响程度最大的年龄。

（4）少年儿童人口系数。少年儿童人口系数是指少年儿童人口占总人口的比重，又称少年儿童人口比重。少年儿童人口是指不满 15 周岁的人口，计算公式如下：

$$C_j = \frac{P_{<15}}{P} \times 100\%$$

式中，C_j 为少儿人口系数；$P_{<15}$ 为 15 岁以下人口数；P 为人口总数。

少年儿童人口系数数值的大小可以用来反映人口总体的年轻程度或老化程度。

（5）老年人口系数。老年人口系数是指老年人口占总人口的比重，又称老年人口比重。老年人的年龄起点，国际上一般定为 65 岁，我国通用为 60 岁。计算公式如下：

$$C_e = \frac{P_{\geq 65}}{P} \times 100\% \text{ 或 } C_e = \frac{P_{\geq 60}}{P} \times 100\%$$

式中，C_e 为老年人口系数；$P_{\geq 65}$（或 $P_{\geq 60}$）为 65 岁（或 60 岁）及以上人口数；P 为人口总数。

老年人口系数的数值大小可以反映人口总体结构特征。

（6）老年人口密度指数。老年人口密度指数指的是平均每多少人中有一个老年人，反映老年人口在总人口中分布状况。

第一，用总人口数和老年人口的比值计算，计算公式如下：

$$I_{ed} = \frac{P}{P_{\geq 65}} \text{ 或 } I_{ed} = \frac{P}{P_{\geq 60}}$$

式中，I_{ed} 为老年人口密度。

第二，用 1 与老年人口系数计算，计算公式如下：

$$I_{ed} = \frac{1}{C_e}$$

式中，C_e 为老年人口系数。

（7）老化指数。老化指数是分析人口老龄化的常用指标，它是指某一地域一定时点上 65 岁及以上人口对 15 岁以下人口之比。计算公式如下：

$$I_a = \frac{C_e}{C_j} = \frac{P_{\geq 65}}{P_{<15}} \times 100\%$$

式中，I_a 为老化指数。

（8）老龄化指数。一般认为，一个国家或地区 60 岁及以上人口占当地总人口的 10%，或者 65 岁及以上人口占当地总人口的 7%，该国或地区就被称为"老龄化社会"。老龄化指数是反映人口老龄化程度的指标。它是某年人口平均年龄与其人口平均预期寿命之比，计算公式如下：

$$\eta = \frac{\overline{X}}{e_0}$$

式中，η 为老龄化指数；$\overline{X}$ 为某年人口平均年龄；e_0 为出生时的平均预期寿命。

3. 人口年龄结构的类型与人口年龄金字塔。为了反映人口年龄结构的类型，一般将人口划分为 0~14 岁，15~64 岁，65 岁及以上 3 个组，即少年儿童组、成年组和老年组，根据这三组人口在总人口中所占的比例以及它们之间的相互关系，判断人口属于什么类型。据此将人口区分为 3 种不同的人口年龄结构类型，即年轻型、成年型和老年型。它不仅对未来人口发展的类型、速度和趋势等有重大的影响，而且对今后的社会经济发展也将产生一定的作用。具体如表 2-1 所示。

表 2-1　　　　　　　　　人口年龄结构类型

结构类型	0~14 岁人口百分比	15~64 岁人口百分比	65 岁及以上和 15 岁以下人口百分比	人口年龄中位数
年轻型人口	40%以上	5%以下	15%以下	20 岁以下
成年型人口	30%~40%	5%~10%	15%~30%	20~30 岁
老年型人口	30%以下	10%以上	30%以上	30 岁以上

根据第七次全国人口普查结果，全国人口共 14.1178 亿人，其中 0～14 岁人口占 17.95 人；15～64 岁人口占 82.05%；65 岁及以上人口占 13.5%。中国的人口年龄符合老年型人口结构，并已进入深度老龄化社会。

人口年龄金字塔具有反映人口年龄结构状况的作用。人口年龄金字塔是根据不同性别人口在不同年龄段和数量分布资料构筑成的类似金字塔的集合图形。标准人口年龄金字塔呈塔底宽、塔尖窄，并按照人口年龄自然顺序从塔底顺次缩进塔尖的形态。一般而言，人口金字塔主要有三种基本类型：年轻型、成年型、老年型，具体如表 2-2 所示。

表 2-2　　　　　　　　　　人口年龄金字塔的类型

人口年龄金字塔图的类型	年轻型（增长型、扩张型）	成年型（静止型、稳定型）	老年型（缩减型、收缩型）
主要特点	少年儿童人口比重大，老年人口比重小	各年龄组人口的比重大致均衡	少年儿童人口比重减少，老年人口比重增大
金字塔形状			
人口增长趋势	迅速增长，不断扩大	缓慢增长	呈负增长，人口缩减
影响	人口年轻化		人口老龄化

4. 人口老龄化与负担系数。国际上一般把 15～64 岁的人口列为劳动年龄人口，我国规定男子 16～60 周岁，女子为 16～50 周岁，这部分人口被视为劳动年龄人口。

（1）负担系数。负担系数是指劳动年龄人口和非劳动人口比例，用以反映全社会每 100 名劳动年龄人口负担多少名少年儿童或老年人口。计算公式如下：

$$K_{ys} = \frac{P_{0\sim14}}{P_{15\sim64}} \times 100\%$$

式中，K_{ys} 为少年儿童负担系数。

$$K_{os} = \frac{P_{\geq 65}}{P_{15 \sim 64}} \times 100\%$$

式中，K_{os} 为老年人口负担系数。

$$K_t = \frac{P_{0 \sim 14} + P_{\geq 65}}{P_{15 \sim 64}} \times 100\%$$

式中，K_t 为总负担系数。负担系数是负担老年系数和负担少年系数之和。

（2）老年人口抚养比。老年人口抚养比又称老年人口抚养系数，指某一人口中老年人口数与劳动年龄人口数之比，用以表明每 100 名劳动年龄人口要负担多少名老年人。从经济角度反映人口老化社会后果的指标，计算公式如下：

$$R_{od} = \frac{P_{\geq 65}}{P_{15 \sim 64}} \times 100\%$$

式中，R_{od} 为老年人口抚养比；$P_{\geq 65}$ 为 65 岁及 65 岁以上的老年人口数；$P_{15 \sim 64}$ 为 15 ~ 64 岁劳动年龄人口数。

（3）少年儿童抚养比。少年儿童抚养比也称少年儿童抚养系数。指某一人口中少年儿童人口数与劳动年龄人口数之比。通常用百分比表示。以反映每 100 名劳动年龄人口要负担多少名少年儿童。计算公式如下：

$$R_{cd} = \frac{P_{0 \sim 14}}{P_{15 \sim 64}} \times 100\%$$

式中，R_{cd} 为少年儿童抚养比；$P_{0 \sim 14}$ 为 0 ~ 14 以上的少年儿童人口数；$P_{15 \sim 64}$ 为 15 ~ 64 岁劳动年龄人口数。

另外，人口抚养比是少年儿童抚养系数与老年人口抚养系数之和，即依赖型人口（14 岁以下人口与 65 岁以上人口之和）与劳动年龄人口（15 ~ 64 岁人口）之比，早在 20 世纪 60 年代中期就开始下降，但劳动年龄人口总量迅速增长并且比重大幅度提高，从而人口抚养比显著下降，主要开始于 20 世纪 70 年代中期。

三、人口社会构成和经济构成

（一）人口社会构成

人口的社会构成主要包括：人口的民族构成、宗教构成、语言构成、文化教育构成、行业构成、职业构成等。从这些社会标志研究一定时点上人口的构成即称人口社会构成统计。人口的社会构成是根据人口的社会标志和经济标志而划分的，是社会经济发展的结果，又在很大程度上影响着社会经济的发展，同时也是国家制定有关社会经济政策的依据。该部分主要叙述人口的文化程度构成和行业构成。

1. 民族和宗教构成。民族和宗教构成是人口总体的重要社会性特征，其构成的表示方式有两种：

（1）民族和宗教构成以各组人口数占总体人口数的比重表示。以中国各民族人口统计为例，计算公式如下：

$$R_h = \frac{P_h}{P_t}$$

$$R_m = \frac{P_m}{P_t}$$

$$R_z = \frac{P_z}{P_t}$$

$$\cdots$$

式中，P_t 为总人口数；R_h 为汉族人口占总人口比重；R_m 为满族人口占总人口比重；R_z 为壮族人口占总人口比重。

（2）两分法。当各组分布极不均匀，出现某组特别突出的情况时采用。以汉族人口（P_h）和其他少数民族人口（P_o）为例，计算公式如下：

$$R_h = \frac{P_h}{P_t}$$

$$R_o = \frac{P_o}{P_t}$$

两分法可以突出汉族人口与其他少数民族人口的构成状况。

2. 文化教育程度构成。文化教育程度构成是反映人口文化程度的指标，这里选取以下几个具体指标：

（1）文盲率。文盲是指不识字并且不会写字的成年人。按照我国的标准是指年满十五周岁以上的文盲、半文盲公民，计算公式如下：

$$R_i = \frac{P_{i \geq 15}}{P_{\geq 15}} \times 100\%$$

式中，R_i 表示文盲率；$P_{i \geq 15}$ 表示 15 岁以上不识字人数；$P_{\geq 15}$ 表示 15 岁以上全体人数。

（2）初等教育就学率。初等教育就学率指适龄儿童（通常 6～12 岁）在小学阶段实际入学人数占该年龄段总人口的比例，是衡量基础教育普及程度的核心指标。计算公式如下：

$$R_{pee} = \frac{P_{s(6 \sim 12)}}{P_{6 \sim 12}} \times 100\%$$

式中，$P_{s(6 \sim 12)}$ 为小学在校人数；$P_{6 \sim 12}$ 为 6～12 岁总人数。

（3）中等教育就学率。中等教育就学率是指 12～18 岁青少年在初中、高中或职业教育机构的入学比例。计算公式如下：

$$R_{see} = \frac{P_{s(12 \sim 18)}}{P_{12 \sim 18}} \times 100\%$$

式中，$P_{s(12 \sim 18)}$ 为初中、高中在校人数；$P_{12 \sim 18}$ 为 12～18 岁人数。

（4）高等教育就学率。高等教育就学率是指在大学、专科院校的入学比例。计算公式如下：

$$R_{hee} = \frac{P_c}{P} \times 100\%$$

式中，P_c 为大学生在校学生人数。

（5）在业人口文化程度。在业人口文化程度反映在业人口的文化构成状况，在业人口中具有大学及以上文化程度、中专、高中、初中、小学文化程度的人口各占在业人口总数的比重。计算公式如下：

$$L_e = \frac{P_{ec}}{P_e} \times 100\%$$

式中，L_e 为在业人口大学文化程度；P_{ec} 为在业中有大学学历人数；P_e 为在业人数。

（6）犯罪率。犯罪率指的是犯罪者所占人口比。如每万人中有 5 人犯罪，则其犯罪率为万分之五。按不同的标准对犯罪率进行分类，如以犯罪主体为标准可分为少年犯罪率、老年犯罪率、妇女犯罪率等；以犯罪类型为标准可分为杀人犯罪率、财产犯罪率、强奸犯罪率等；按犯罪者所受教育程度来划分，可分为文盲犯罪率、初等教育犯罪率、中等教育犯罪率、高等教育犯罪率等。计算公式如下：

$$R_c^x = \frac{P_c^x}{P^x}$$

式中，x 为受教育程度；R_c^x 为受过不同教育的人犯罪率；P^x 为受过不同教育的人数；P_c^x 为受过不同教育犯罪的人数。

3. 行业构成。人口的行业划分，是按人口所在单位的性质来确定的，而不是以个人的工作性质为依据来划分的。我国现行的行业划分为 13 大类，将这 13 个行业类别加以归纳，可得到三次产业分类，即以农业为中心的第一产业，以采掘、制造和建筑为中心的第二产业和以流通和服务部门为中心的第三产业。

第一、二、三产业，通过计算各产业人数在总人数中所占比重，计算公式如下：

$$R_i = \frac{P_i}{P} \times 100\%, \quad i = 1, 2, 3$$

式中，R_i 为第 i 产业人数在总人数中所占比重；P_i 为第 i 产业人数。

4. 婚姻状态。人口结构也可以由结婚人口与未婚人口构成，反映人口婚姻状况的指标如下所示：

（1）结婚率。结婚率是指一定时期内每千人的结婚比例，反映了人口中结婚的频繁程度。

第一，粗结婚率。在粗结婚率中，结婚人数既包括初婚，也包括再婚和复婚。由于受到总人口结构的影响，只能粗略地反映结婚状况。计算公式如下：

$$R_m = \frac{P_m}{\overline{P}} \times 1000‰$$

式中，R_m 为结婚率；P_m 为年内结婚人数；$\overline{P}$ 为年平均人数。

该指标可分性别来计算：

一是男性结婚率，可以表示为：

$$(R_m)^M = \frac{(P_m)^M}{\overline{P}} \times 1000‰$$

式中，$(R_m)^M$ 为男性结婚率；$(P_m)^M$ 为男性结婚人数。

二是女性结婚率，可以表示为：

$$(R_m)^F = \frac{(P_m)^F}{\overline{P}} \times 1000‰$$

式中，$(R_m)^F$ 为女性结婚率；$(P_m)^F$ 为女性结婚人数。

第二，一般结婚率。一般结婚率是较粗结婚率更精确的一个婚姻统计指标，选用 15 岁及以上人口数做分母。计算公式如下：

$$R_{gm} = \frac{P_m}{P_{\geqslant 15}} \times 1000‰$$

第三，不婚率。不婚即终身不结婚者，一般规定女性到了 50 岁以上仍未结婚者即是不婚。不婚率指不婚人数与年满 50 岁及以上人数之比。计算公式如下：

$$R_{um} = \frac{P_{um \geqslant 50}}{P_{\geqslant 50}}$$

式中，R_{um} 为不婚率；$P_{um \geqslant 50}$ 为超过 50 岁尚未结婚的女性人数；$P_{\geqslant 50}$ 为 50 岁及以上人数。

第四，晚婚率。晚婚一般是指按法定婚龄推迟 3 年以上结婚的就算晚婚，男性人口 25 岁以上；女性人口 23 岁以上。计算公式如下：

$$R_{lm} = \frac{P_{M \geq 25} + P_{F \geq 23}}{P_{fm}} \times 100\%$$

式中，P_{lm} 为晚婚率；P_{fm} 为初婚人数。

第五，再婚率。再婚率一般衡量特定时期内再婚事件在婚姻关系中的比重，反映社会对婚姻解体重构的接受度与行为选择。计算公式如下：

$$R_{rm} = \frac{P_r}{P_m} \times 1000‰$$

式中，R_{rm} 为再婚率；P_r 为再婚人数；P_m 为已婚人数。

第六，未婚率。未婚率是指特定年龄群体中从未缔结过法律或习俗认可婚姻的人口比例，计算公式如下：

$$R_{umi} = \frac{P_{umi}}{P_i} \times 100\%$$

式中，R_{umi} 为 i 年龄组未婚比例；P_{umi} 为 i 年龄未婚人数；P_i 为 i 岁人数。

（2）平均初婚年龄。平均初婚年龄指某地在某一时期（通常为 1 年）内所有初婚者的平均年龄。反映结婚对象的年龄分布情况。计算公式如下：

$$\overline{X}_m = \frac{\sum W_x \times X_m}{\sum W_x} + \frac{1}{2}d$$

式中，$\overline{X}_m$ 为男（女）性平均初婚年龄；W_x 为各年龄初婚人数；X_m 为初婚年龄；d 为年龄组距。该指标受初婚年龄分布的影响，如果结婚年龄越晚，其平均初婚年龄越高，生育期就越短，故可用它来分析该地区执行晚婚政策的情况。

（3）离婚率。离婚率可用于衡量和评价某个国家或地区的婚姻稳定和幸福程度。离婚率分为粗离婚率和细离婚率。粗离婚率是指年度离婚数与总人口之比。而细离婚率是指年度离婚数与已婚妇女人口之比，这排除了不到婚龄的年轻女性人口。两者通常以千分率表示，计算公式如下：

$$R_{cd} = \frac{P_d}{P} \times 1000‰$$

$$R_{fd} = \frac{P_d}{P_{mf}} \times 1000\%o$$

式中，R_{cd} 为粗离婚率；R_{fd} 为细离婚率；P_d 为年内离婚人数。

（二）人口经济构成

人口经济结构亦称人口经济构成，是指按照一定经济标识划分的人口结构，反映不同人口群体在一定的生产方式中各自的经济地位、经济利益、经济关系及其不同经济作用所形成的人口组合状况。

劳动力年龄人口是按年龄把人口划分出来。为此就要作出规定：（1）规定开始作为劳动力的年龄，即劳动力年龄的下限，我国长期以来以 16 岁为劳动力年龄的下限；（2）法定退休年龄，即劳动力年龄的上限。劳动力年龄人口确定以后，在低于劳动力年龄下限的，就是未达到劳动力年龄的人口，也可称之为青少年人口；超过劳动力年龄上限的，称之为超年龄人口，也可称之为老年人口。这种划法是从劳动着眼的，同研究人口老化所用的标准不完全一致。

劳动资源就是劳动力年龄人口中有劳动能力部分，就是从劳动力人口中扣除丧失劳动能力这部分人口。实际上劳动力年龄人口中总有一部分人由于先天或后天的原因在精神或健康上有残废或不健全而不能从事劳动的，这部分人当然不能视为劳动资源。因为这部分人所占的比重很小，可以略而不计，这样就可以把劳动力年龄人口作为劳动资源。

劳动力同劳动力年龄人口不同，劳动力是人口中实际从事一定社会劳动并取得报酬和经营收入的人口，所以又称在业人口或劳动人口。劳动力（或在业人口，下同）同劳动力年龄人口不同之处在于：（1）劳动力是以是否在业而不是以年龄来划分的，因此，未达到或超过劳动力年龄但实际从事社会劳动的都算作劳动力。（2）劳动力年龄人口中实际未从事社会劳动的不能算作劳动力。与在业人口相对的是未在业人口，在我国未在业人口主要是下面几类：

第一类，在校学生。包括学龄前儿童，各级中、小学学生，也包括劳动年龄人口中的学生。但带职、带薪学习的人已计入在业人口中，如果又作为未在业人口则前后矛盾（从劳动力使用的角度来看不能算作在业），因此这一部分最好能单独列出。

第二类，待业人口。待业人口特指中国城镇地区法定劳动年龄内（通常为16周岁以上）、具备劳动能力且完成失业登记手续，但尚未获得就业岗位的群体。待业人口这一特殊人口经济现象主要产生于中国70年代末。在当时的特殊历史条件下，由于大量的下乡知识青年返回城市寻找工作，一时又找不到就业岗位，从而成为待业青年，这就是中国最早的待业人口。中国待业人口主要包括以下几个部分：（1）城镇年满16~25周岁的初中，高中毕业生中未能升学、参军或从事其他社会劳动从而等待就业的社会青年，这是中国待业人口的最主要部分；（2）宣告破产或濒临破产的企业职工，他们在等待其他新的就业岗位；（3）企业终止劳动合同的职工；等等。

第三类，退休、退职职工和从事家务劳动的人口，指各种原因不从事社会劳动的人口。

1. 劳动力统计。计算一定日期的劳动力（在业人口）可以采取直接计算法，也可以采取倒算法。直接计算法通过汇总各经济部门的实际就业人员数据，直接加总得到在业人口规模，具体构成有城镇单位就业人员、私营与个体劳动者、农村就业人口和其他社会劳动者等。倒算法就是从劳动力年龄人口中扣除其中未在业那部分人口，再加上未达到和超过劳动力年龄人口中在业这一部分人口。计算公式如下：

$$LF = P_a - P_{ua} + P_{uae} + P_{ae}$$

式中，LF 为劳动力；P_a 为劳动力年龄人口；P_{ua} 为劳动力年龄人口中未在就业人口；P_{uae} 为未达到劳动力年龄的就业人口；P_{ae} 为超过劳动力年龄的就业人口。

2. 就业率。就业率是指某一时点内就业人口数占经济活动人口数的比例，通常用百分比表示。未成年人、在校学生、退休和丧失劳动力的人都不包括在劳动力之中。劳动力人数是就业人数和失业的人数之和，计算公式如下：

$$R_e = \frac{P_e}{P_e + P_{ue}} \times 100\%$$

式中，R_e 为就业率；P_e 为就业人数；P_{ue} 为未就业人数。

3. 劳动生产率。

（1）劳动生产率的直接算法：以单位时间内生产的产品数量或销售额为单位进行计算，即劳动生产率是产品数量与产品生产时间的比值。数值越大，即单位时间生产的产品越多，劳动生产率也就越高，计算公式如下：

$$R_{lp} = \frac{Q}{T} \times 100\%$$

式中，R_{lp} 为劳动生产率；Q 为单位时间内生产的产品数量或销售额；T 为产品生产时间。

（2）劳动生产率以工人生产单位产品所消耗的工时为单位进行计算，即劳动生产率是生产时间与生产产品的数量的比值结果越小，说明生产一个产品所消耗的工时越少，当然劳动生产率也就越高，计算公式如下：

$$R_{lp} = \frac{T}{Q} \times 100\%$$

4. 失业率。失业率是指失业人口占劳动人口的比率，即一定时期全部就业人口中有工作意愿而仍未有工作的劳动力数字。它旨在衡量闲置中的劳动产能，是反映一个国家或地区失业状况的主要指标。计算公式如下：

$$R_u = \frac{P_u}{P_e + P_u} \times 100\%$$

式中，R_u 为失业率；P_u 为失业人口；P_e 为就业人口。

失业的类型分为自愿失业、非自愿失业等。非自愿失业又可以分为摩擦性失业、结构性失业和周期性失业。（1）摩擦性失业是指在寻找工作或者由于转换职业等原因而造成的短期、局部失业，主要是因为劳动力市场信息的不完备。（2）结构性失业是指劳动力的供给和需求不匹配所造成的失业，其特点是既有失业，也有职位空缺，是由经济变化导致的。（3）周期性失业是指经济周期中的衰退或萧条时，因社会总需求下降而造成的失业。

5. 收入和消费指标。

（1）人均国内生产总值。人均国内生产总值是人们了解和把握一个国家或地区的宏观经济运行状况的有效工具，即"人均GDP"，常作为发展经济学中衡量经济发展状况的指标，是最重要的宏观经济指标之一。计算公式如下：

$$PCGDP = \frac{GDP}{P}$$

式中，GDP 为国内生产总值，即社会产品和服务的产出总额；P 为总人口。

（2）人均国民生产总值。人均国民生产总值是一个国家的国民生产总值（GNP）除以该国国民人口的总数所得出的商。即指分摊到每个国民的国民生产总值的平均值。在经济学上，一般用来衡量或表示一个国家的经济发展程度。计算公式如下：

$$PCGNP = \frac{GNP}{P}$$

式中，GNP 为国民生产总值；P 为总人口。

（3）人均消费价格指数。人均消费价格指数也称人均消费水平，是指一定时期内（月、年）平均每人占有和享受的物质生活资料和服务的数量。它是一个国家整个经济活动成果的最终体现，也是反映人民物质和文化生活需要的满足程度，是居民个人年消费总额与人口总数的比值。计算公式如下：

$$CPI = \frac{C_t}{P}$$

式中，CPI 为人均消费价格指数；C_t 为居民个人消费总额；P 为总人口。

（4）人均可支配收入。居民可支配收入是居民可用于最终消费支出和储蓄的总和，即居民可用于自由支配的收入。可支配收入包含四项，分别为：工资性收入、经营性净收入、财产性净收入和转移性净收入。人均可支配收入与生活水平成正比，即人均可支配收入越高，生活水平则越高。家庭人均可支配收入等于家庭总收入减缴纳的所得税减个人缴纳的社会保障支出减记账补贴比上家庭人口。计算公式如下：

$$PDI_h = \frac{I - T - E_p - A_a}{P_h}$$

式中，PDI_h 为家庭人均可支配收入；I 为收入；T 为所得税；E_p 为社会保障支出；A_a 为记账补贴；P_h 为家庭人数。

在一定时期内，由于物价变化的因素，使得相同的货币所能购买到的生活消费品和社会服务的数量与基期相比相应变化，造成货币的购买力变化。因此，计算人均可支配收入的实际增长速度时，必须扣除价格因素的影响。具体的扣除方法，计算公式如下：

$$R_{PDI} = \frac{PDI_n/PDI_1}{CPI} - 100\%$$

式中，R_{PDI} 为人均可支配收入实际增长率；PDI_n 为报告期人均可支配收入；PDI_1 为基期人均可支配收入；CPI 为居民消费价格指数。

此外考虑到人口生活质量与经济发展存在紧密联系，下文给出了人口生活质量统计指标。

6. 人口生活质量。

（1）社会福利与保障。社会福利，广义上指一切改善人民的物质生活和精神生活的措施；狭义上指，对无家可归者、无依无靠者、有生理缺陷者或有其他特殊困难者提供物质帮助和服务。社会保障主要是对因年老、疾病、伤残而丧失劳动能力或者因待业、灾害和不幸事故面临生活困难的社会成员进行帮助，保障其基本生活需要。衡量社会福利和社会保障的指标有很多，有的可以量化，有的不能量化。各地有各种社会福利费、优待抚恤金、离退休金、社会救济费、社会保障程度等。首先需要专门设置指标进行统计的主要有以下几种：离休、退休人员；孤老人数；孤儿弃婴人数；残疾人数；优抚对象人数；待业人数；成灾人数；贫困户人数；流浪乞讨人数等。

对这些统计指标进行普查、抽样调查，根据登记等获得数据资料。在研究某一类社会福利和社会保障对象人数占比时，例如残疾人口占比计算公式如下：

$$R_d = \frac{P_d}{P} \times 100\%$$

式中，R_d 为残疾人数占比；P_d 为某一时期残疾人数量；P 为某一时期常住人口数。

社会福利和社会保险机构数目的统计，是反映社会福利和社会保障的规模、水平和发展状况的必要组成部分。主要有以下几个部分。

第一，社会保险机构数：包括社会劳动保险公司数和劳动服务公司。

第二，社会福利设施数：老年人福利设施数；儿童福利设施数；残疾人福利设施数等。

第三，优抚事业单位数：革命残疾军人养老院；复员退伍军人慢性病养老院；复员退伍军人精神病院；光荣院等。

第四，救助管理安置单位数：救助管理单位，安置农场等。

此外，享受职工福利人数、社会福利院床位数和收养人数、孤老人员入院率、婴幼儿收养率、残疾人就业人数和就业率、精神病患者入院率、扶贫率、脱贫率、脱贫周期等指标同样可以用来反映社会福利和社会保障水平。

（2）文体教育福利统计。

第一，电视、无线网、广播等人口覆盖率。电视、无线网、广播等人口覆盖率等于电视覆盖面积内人口数，计算公式如下：

$$R_{ci} = \frac{S_{ci}}{P} \times 100\% \, , \quad i = \left\{ \begin{array}{l} 1:电视 \\ 2:无线网 \\ 3:广播 \\ \vdots \end{array} \right\}$$

式中，R_{ci}为电视、无线网、广播等人口覆盖率；S_{ci}为电视、无线网、广播等覆盖面积。

第二，文体事业机构密度。文体事业机构密度是文体事业机构数与人口总数之比，计算公式如下：

$$D_{cs} = \frac{Q_{cs}}{P} \times 100\%$$

式中，D_{cs}为文体事业机构密度；Q_{cs}为文体事业机构数。

第三，人均年观看电影次数。某地区全年电影院观影总人次除以常住人口数，反映线下影院消费活跃度（不含流媒体/家庭观影）。计算公式如下：

$$\overline{T}_m = \frac{T_m}{P} \times 100\%$$

式中，$\overline{T}_m$ 为人均年观看电影次数；T_m 为全年电影观看人次数。

第四，人均年借阅次数。某一区域全年图书馆文献外借总次数（含纸质与电子资源）除以常住人口数，反映公共文化服务利用效率。计算公式如下：

$$\overline{T}_b = \frac{T_b}{P} \times 100\%$$

式中，$\overline{T}_b$ 为人均年借阅次数；T_b 为全年借阅图书册数。

第五，书店、邮局、快递点密度。计算公式如下：

$$以书店密度为例：D_{bs} = \frac{T_{bs}}{P} \times 100\%$$

式中，D_{bs} 为书店密度；T_{bs} 为书店数。

第六，文体事业经费占国民收入比重。文体事业经费指政府财政预算中用于文化、体育事业的支出，包括公共文化设施建设、文艺创作扶持、体育场馆运营等。该指标直接反映政府在财政预算中对文化体育事业的投入力度。计算公式如下：

$$R_{cs} = \frac{Y_{cs}}{Y_u} \times 100\%$$

式中，R_{cs} 为文体事业经费占国民收入比重；Y_{cs} 为文体事业预算内资金；Y_u 为国民收入使用额。

第七，人均文体事业经费。人均文体事业经费指政府财政预算中用于文化、体育事业的支出按常住人口平均分摊的金额，反映公民享有的公共文体资源水平。计算公式如下：

$$\overline{E}_{cs} = \frac{E_{cs}}{P} \times 100\%$$

式中，$\overline{E}_{cs}$ 为人均文体事业经费；E_{cs} 为文体事业经费实际支出额。

第八，人均教育经费。人均教育经费是一个国家在一定时间（通常为 1 年）

内按人口平均的教育费用。人均教育经费及其在人均国民收入中所占的比重，是反映一国教育发展水平的一个重要标志。人均教育经费的多少取决于一个国家一定时期教育经费的总量和人口的数量。计算公式如下：

$$EE_p = \frac{EE_t}{P}$$

式中，EE_p 为人均教育经费；EE_t 为教育经费总额。

四、人口出生和死亡

（一）人口出生

1. 粗出生率。粗出生率也被简称为"出生率"，是一年出生人口数与该年平均人口数之比值。出生率反映人口出生的强度。计算公式如下：

$$R_{cb} = \frac{B}{\bar{P}} \times 1000‰$$

式中，R_{cb} 为出生率；B 为一定时期内出生人数；$\bar{P}$ 为同期的平均人口数。

粗出生率是一种粗计量，能比较准确地反映生育对人口总量增长的影响。然而它没有考虑到人口中的哪一部分处于怀孕的风险之下，同样忽视了人口年龄结构的影响。因此，粗出生率可能会抹杀两个不同的人群体在实际生育行为上的差异。

2. 一般生育率。一般生育率又称总生育率，它等于一年中出生人数与育龄妇女人数之比，通常按年计算并用千分数表示。计算结果说明每千名育龄妇女在一年中生育的婴儿数。育龄妇女通常是指 15～49 岁的妇女，不问其是否结婚和具有生育能力。一般生育水平受各年龄组育龄妇女的生育水平和各年龄组育龄妇女占全部育龄妇女比重的影响，计算公式如下：

$$R_{gf} = \frac{B}{P_{f(15\sim49)}} \times 1000‰$$

式中，R_{gf} 为一般生育率；B 为当年出生人数；$P_{f(15\sim49)}$ 为当年育龄妇女人数。

3. 孩子—妇女比。如果没有人口动态的数据，可以通过普查或是大规模调查中的年龄和行业数据来估计生育率水平。孩子—妇女比是一个与一般生育率相似但是只依赖普查数据的生育率指标。孩子—妇女比由孩子（0~4 岁）数与普查中的育龄妇女（15~49 岁）数的比值定义，计算公式如下：

$$CRF = \frac{P_{0-4}}{P_{f(15-49)}} \times 1000\text{‰}$$

式中，CRF 为孩子—妇女比；P_{0-4} 为孩子（0~4 岁）数；$P_{f(15-49)}$ 为普查中的育龄妇女（15~49 岁）数。

4. 年龄别生育率。年龄别生育率是指一定时期内（通常为 1 年）的育龄妇女分年龄组的生育率。通常用某年龄（组）育龄妇女平均每千人生育的活婴儿数表示。计算公式如下：

$$F_x = \frac{B_x}{W_x} \times 1000\text{‰}$$

式中，F_x 为年龄别生育率；B_x 为该年龄组妇女生育的活婴数；W_x 为某年龄（组）育龄妇女平均人数。

5. 总和生育率。总和生育率等于一定时期（如某 1 年）各年龄妇女生育率的合计数，计算公式如下：

$$R_{tf} = \sum_{15}^{49} F_x$$

式中，R_{tf} 为总和生育率；F_x 为各年龄组妇女生育率。

总和生育率反映的是标准化年龄结构条件下的生育水平。用 R_{tf} 可以衡量生育更替水平，当用 R_{tf} 衡量时，一般认为一对夫妇平均生育 2.1 个孩子，R_{tf} = 2.1 时，达到生育更替水平，生育更替水平值近似为 1；R_{tf} < 2.1 时，生育更替水平速度减缓；R_{tf} > 2.1 时，生育更替水平加快。

6. 累计生育率。累计生育率是研究育龄妇女从某一育龄年龄起到另一育龄年龄止平均每个妇女所生的小孩数。计算公式如下：

$$R_{cf} = \sum_{i=x}^{n} F_i$$

式中，R_{cf} 为累计生育率；x 和 n 分别为计算累计生育率的年龄下限和上限；F_i 为 i 年龄组妇女生育率。当从育龄下限（15 岁）一直累积到育龄上限（49 岁）时，累计生育率就是总和生育率。

7. 标准化生育率。标准化生育率是根据标准年龄结构来计算的生育率。计算公式如下：

$$R_{xf} = \sum F_x S_x$$

式中，R_{xf} 为标准化生育率；S_x 为标准年龄结构，等于某年龄育龄妇女人数比上全部年龄育龄妇女人数；F_x 为年龄别生育率。

8. 终身生育率。终身生育率指同一批已经结束生育的妇女，她们一生中平均每人所生育的小孩数，计算公式如下：

$$R_{lf} = \frac{\sum {}_{50}B_x}{\sum {}_{50}W_x}$$

式中，$\sum {}_{50}B_x$ 为某一批已结束生育的妇女一生中所生育的小孩数；$\sum {}_{50}W_x$ 为同一批妇女人数。

9. 平均生育年龄。平均生育年龄是人口统计学中衡量女性生育时间分布的核心指标，反映特定时期内育龄女性首次或多次生育的集中年龄水平。计算公式如下：

$$\overline{M}_j = \frac{\sum (x + n/2) F_j(x)}{\sum F_j(x)}$$

式中，n 为 n 岁一组；x 为年龄，通常为 15～49 岁；j 为孩次；$\overline{M}_j$ 为生育第 j 个孩子的平均生育年龄；F_j 为第 j 个孩子的生育率；$\sum F_j(x)$ 为某一时期生育第 j 个孩子的总和生育率。该公式假设生育事件的发生在某一时期内是均匀分布的，因此分子需要用 $(x + n/2)$ 乘以生育率。

（二）人口再生产

衡量人口再生产状况的指标主要有以下几个方面。

1. 人口粗再生产率。人口粗再生产率是指女儿一代与母亲一代在人数上的比例，能粗略地反映世代繁衍的水平或规模。计算公式如下：

$$R_g = \delta \sum_{x=15}^{49} F_x$$

式中，R_g 为人口粗再生产率；F_x 为年龄别生育率；δ 为新生婴儿中女婴比重，一般 $\delta = 0.485$。

例如某地某年总和生育率是 2.46，则该地该年的粗再生产率为：$R_g = 0.485 \times 2.46 = 1.191$，按照该年的年龄别生育率水平，该地区平均一个妇女一生可能生育 1.191 个女孩。或者说，女儿一代比母亲一代人数增长了 19.1%。

2. 人口净再生产率。从人口再生产来看，并不是所有的女孩都能全部接替母亲的生育职能，承担繁衍后代的任务，只有存活到育龄期的妇女才有可能参与新的再生产过程。所以计算时应减去一定的死亡比例，再比较女儿一代人与母亲一代人的数量关系，计算公式如下：

$$R_n = \delta \times \sum_{x=15}^{49} F_x \times L_x^w$$

式中，R_n 为人口净再生产率；L_x^w 为年龄别妇女平均存活率。

该指标反映了平均一个妇女所生育的女儿能再参加生育的人数，即达到同样生育年龄时母女两代的比例。这个指标对于分析人口长期趋势具有重要意义，具体如下：

（1）如果 $R_n = 1$，则能接替生育职能的女儿一代人数恰好等于母亲一代人数，人口处于更替水平；

（2）如果 $R_n > 1$，则能接替生育职能的女儿一代人数大于母亲一代人数，人口再生产规模趋于扩大；

（3）如果 $R_n < 1$，说明人口再生产规模趋于缩小。

3. 再生产存活比。再生产存活比是指人口净再生产率与粗再生产率之比。用于反映死亡因素对人口再生产的影响作用及程度。计算公式如下：

$$R_{sr} = \frac{R_n}{R_g}$$

式中，R_{sr} 为再生产存活比；R_n 为人口净再生产率；R_g 为人口粗再生产率。

一般来说，由于女儿一代活到母亲生育她们的年龄时不可能死亡率为零，故人口粗再生产率总大于人口净生产率。

4. 平均世代间隔。平均世代间隔是指假定同时出生的一批妇女按特定分年龄生育率生育第一个女儿时的平均年龄。综合反映母女两代人年龄的平均间隔。用以反映人口再生产速度快慢的指标。但它不能说明两代人在规模上的替代程度，若分孩次计算可作为评估妇女早育或晚育的依据。计算公式如下：

$$I = \frac{\sum n \times Y_x \times F_x \times L_x^w}{\sum n \times F_x \times L_x^w}$$

式中，I 为平均时代间隔，以年为单位；Y_x 为各年龄组的组中值；x 为母亲生育女儿时的周岁年龄；F_x 为年龄别生育率；L_x^w 为年龄别妇女平均存活率。

必须把平均世代间隔与再生产率指标结合起来使用，才能全面反映人口再生产状况。

5. 稳定人口。由于人口总数、出生人数、死亡人数、各年龄的男性和女性人口都按 $(1 + k)$ 或者 e^k 的比率逐年增加（或者减少），那么稳定人口的公式是：

$$P_n = P_0(1 + k)^n$$
$$或 P_t = P_0 \times e^k \times t$$

式中，P_n 为 N 年后的人口总数；P_0 为基期人口总数；k 为人口增长率；n 为时期长度；P_t 为 t 时刻人口总数。

6. 生育更替水平。生育更替水平是一代妇女所生育的女孩在其人数规模上，对母亲一代所能实现的更替水平而言。生育更替水平有两种衡量标志，总和生育率和人口净再生产率。

（三）人口死亡统计

1. 人口死亡率。人口死亡率（又称粗死亡率）是指一定时期（通常为 1 年）内死亡人数与同期平均人数（或期中人数）之比，一般用千分率表示。细死亡率按特定分组（如年龄、性别、死因）计算的死亡率，揭示死亡风险的内部差异。

粗死亡率反映了人口的死亡水平，一般用千分率表示，说明在某时期内每千名人口中死亡人数的平均数，计算公式如下：

$$R_m = \frac{M}{\overline{P}} \times 1000‰$$

式中，R_m为人口死亡率；M为该年死亡人数；$\overline{P}$为该年平均人数。

2. 标准化死亡率。标准化死亡率，为消除年龄结构对总死亡率的影响，便于同一时期不同地区人口间死亡率的分析比较，可按标准人口年龄构成计算标准化死亡率。标准化死亡率是各年龄组死亡率和标准年龄构成的乘积之和。计算公式如下：

$$R_{sm} = \sum M_x S_x$$

式中，M_x为各年龄组死亡率；S_x为标准年龄构成，$S_x = \frac{\overline{P}_x}{\overline{P}}$。

3. 年龄别死亡率。年龄别死亡率，是指一定时期（通常为 1 年）一定地区内某一年龄（组）的死亡人数与相应年龄（组）的平均人数相比，仍用千分率表示。计算公式如下：

$$R_{asm} = \frac{M_x}{\overline{P}} \times 1000‰$$

式中，R_{asm}为年龄别死亡率；M_x为某年龄（组）死亡人数；$\overline{P}$为该年龄（组）平均人数。

4. 婴儿死亡率。婴儿死亡率，是指婴儿出生后本年内不满周岁的婴儿死亡人数同出生人数的比率。一般以年度为计算单位，以千分比表示。在婴儿死亡率较高的地方，也有用百分比表示的。计算公式如下：

$$R_{im} = \frac{M_0}{B} \times 1000‰$$

式中，R_{im}为婴儿死亡率；M_0为本年内未满周岁的婴儿死亡数；B为本年内出生人数（更确切地说是本年内活产婴儿人数）。

根据经验，在本年死亡的不满周岁婴儿中有 2/3 是本年出生的；1/3 是上一年出生的。因此，婴儿死亡率的实际计算公式是：

$$R_{im} = \frac{D_0}{\frac{1}{3}B_{t-1} + \frac{2}{3}B_t} \times 1000‰$$

式中，B_{t-1} 为上年出生人数；B_t 为本年出生人数。

5. 死亡漏报率。在人口普查中会出现死亡漏报的现象，这一现象在不同的年龄组别中存在差异。其中婴儿的死亡漏报率较高，2010 年和 2015 年 0 岁死亡漏报率在 70% 以上。婴儿死亡漏报率对预期寿命误差呈现出正相关的影响。婴儿死亡漏报率越高，则平均预期寿命就越不可信。

漏报的原因中，比较普遍的是遗忘和一般瞒报，其中一般瞒报是因为死亡是一种不愉快事件故有关人员倾向于瞒报，比较特殊的是在低年龄上发生的未报出生情况下发生死亡时的瞒报和瞒报出生情况下发生死亡时的瞒报。但是总体上死亡漏报率是随着时间的推移而下降的。

五、人口流迁与增长

（一）人口流迁

1. 人口流动。人口流动是不改变户籍关系、跨越一定的地域空间、在流入地有一定的时间停留、有往返行为。人口流动率的计算公式如下：

$$R_m = \frac{P_m}{P_s} \times 100\%$$

式中，R_m 为人口流动率；P_m 为流动人口数；P_s 为常住人口数。

2. 人口迁移。人口迁移就是人口在两个地区之间的地理流动或者空间流动。这种流动通常会涉及永久性居住地由迁出地到迁入地的变化，这种迁移被称为永久性迁移。它不同于其他形式的、不涉及永久性居住地变化的人口移动。

人口迁移分为国内迁移和国际迁移。国内迁移是指人口从本国某一地区向另一地区移动，这一地区的迁出构成另一地区的迁入，迁入和迁出两者对应发生。国际迁移是指人口从一个国家向另一个国家移动，这一国家的移出构成另一国家的移入。在世界范围内，国际迁移现象比较广泛。度量迁移常用的指标有：迁移周期、终生迁移、迁移流量、回归迁移、总迁移数（率）、净迁移数（率）、迁入率、迁出率、差别迁移率、交流率、人口移动流的强度等。

（1）迁入率。计算公式如下：

$$R_{im} = \frac{IM}{\overline{P}} \times 100\%$$

式中，R_{im} 为迁入率；IM 为该时期迁入人口数；$\overline{P}$ 为一定时期平均人口数。

（2）迁出率。计算公式如下：

$$R_{em} = \frac{EM}{\overline{P}} \times 100\%$$

式中，R_{em} 为迁出率；EM 为该时期迁入人口数。

（3）总迁移率。总迁移率是反映人口迁移变动总规模的相对指标，同时考虑迁入和迁出因素对人口变动的影响。计算公式如下：

$$R_{tm} = R_{im} + R_{em} = \frac{IM + EM}{\overline{P}} \times 100\%$$

（4）净迁移率。净迁移率是指迁入和迁出人数的差额与平均人口数之比，反映人口迁移变动的结果和流向。

$$R_{nm} = R_{im} - R_{em} = \frac{IM - EM}{\overline{P}} \times 100\%$$

上述四个指标分母相同，均为某地区一定时期内平均人口数，分子则不同，它们分别从不同侧面说明人口迁移的规模和程度。第（1）、（2）两个指标从发生迁移的两个侧面，即分别从迁入、迁出角度说明人口迁移变动程度。第（3）、（4）两个指标是从总的方面（既考虑迁入也考虑到迁出）来考察人口迁移变动程度：总迁移率是迁入、迁出人数总和对平均人口数之比，说明迁移变动的总规模；净迁移率是人口迁入、迁出变动的结果，导致本地区人口增加或减少的程度，它与自然增长率联系起来，可说明人口增长的程度。在实际人口统计工作中，迁入率、迁出率和净迁移率应用比较广泛，总迁移率应用较少。

（二）人口增长

1. 人口增长率。人口增长率是一定时期内（通常为 1 年内）由人口自然变动和迁移变动而引起人口增长的比率。人口增长率也可以称为人口增长速度，一般用千分比表示。计算方法有三种。

（1）年末人口对于年初人口的增长率，计算公式如下：

$$R_g = \frac{P_1 - P_0}{P_0} \times 1000‰$$

式中，R_g 为人口自然增长率；P_0 为期初人口数；P_1 为期末人口数。

（2）一定时间内人口增长数与该时期平均人口总数之比，计算公式如下：

$$R_g = \frac{P_1 - P_0}{\overline{P}} \times 1000‰$$

式中，$\overline{P}$ 为年平均人口数。

（3）人口增长率等于出生率减去死亡率，加上迁入率再减去迁出率，即人口自然增长率与人口净迁移率的相加。计算公式如下：

$$R_g = (R_b - R_d) + (R_{im} - R_{em})$$

式中，R_b 为人口出生率；R_d 为人口死亡率；R_{im} 为人口迁入率；R_{em} 为人口迁出率。

2. 人口自然增长率。人口自然增长率是表明人口自然增长的趋势和程度（或速度）的指标。即表示一定时期（通常为 1 年）内人口自然增长数（即出生人数减死亡人数）与人口总数之比。这个指标综合反映了人口再生产的规模。用千分比表示。计算公式如下：

$$R_{ng} = \frac{B - D}{\overline{P}} \times 1000‰$$

式中，R_{ng} 为人口自然增长率；B 为年出生人数；D 为年死亡人数；$\overline{P}$ 为年平均人口数。

该指标如果结果为正,说明出生人数多于死亡人数,称人口自然正增长,反之则称自然负增长;如果结果为零,说明出生与死亡平衡,人口总数不变,称自然零增长。

3. 人口发展速度。人口发展速度等于本期人口数与基期人口数的比值。计算公式如下:

$$R_{pd} = \frac{P_1}{P_0} \times 100\%$$

式中,R_{pd} 为人口发展速度;P_1 为本期人口数;P_0 为上期人口数。

4. 人口平均发展速度。计算公式如下:

$$\overline{R}_{pd} = \sqrt[n]{\frac{P_1}{P_0}}$$

式中,$\overline{R}_{pd}$ 为人口平均发展速度。

人口平均增长速度等于人口平均发展速度再减去 1,计算公式如下:

$$\overline{R}_{ag} = \overline{R}_{pd} - 1$$

式中,$\overline{R}_{ag}$ 为人口平均增长速度。

5. 人口真正(内在)自然增长率。人口真正(内在)自然增长率也是稳定人口的自然增长率。计算公式如下:

$$R_{tg} = \frac{ln R_n}{I}$$

式中,R_{tg} 为真正(内在)自然增长率;R_n 为人口净再生产率;I 为平均世代间隔;ln 为对数符号。

第三节 人口统计指标的应用

人口统计指标不仅是人口特征的描述工具,更在实际应用中具有广泛的重要性。本节将集中讨论生命表和人口预测这两项关键应用。生命表的编制使得我们能够准确评估一个群体的死亡率和平均寿命；而人口预测则帮助社会和政府提前了解未来人口变化的趋势，为制定政策、优化资源配置提供科学依据。

一、生命表

（一）概念

生命表是以表格形式展示、分析和描述死亡数据的一种方法，是根据年龄别死亡率编制、反映一个人出生后陆续死亡全部过程的一种统计表。由于生命表的基础是年龄别死亡率，因此又被称为死亡率表或死亡表；又由于表中计算出了各年龄组预期寿命，又被称为寿命表。

（二）分类

1. 队列生命表和时期生命表。生命表的基本概念源于队列分析，如果追踪一个出生队列，获取其每个成员的死亡时间或生命历程信息，即可编制一个真实队列的生命表，也可以利用假定队列方法，依据时期人口死亡数据编制生命表。前者叫作队列生命表；后者叫作时期生命表。队列生命表的思路往往用于死亡率预测、死亡趋势研究，或生育率与再生产水平度量。由于编制真实队列生命表需要追踪一个实际队列人口的生命历程，数据极难获得，并且在这批人全部死亡之后编制出来的生命表对实际队列人口已没有意义，因此人口学中经常利用假定队列方法编制时期生命表。除非特别指出，通常所说的生命表指的均是时期生命表。

时期生命表是一种统计模型，并不表示任何一个实际队列人口的死亡水平与模式，而是基于某时期全部人口的年龄别死亡率，通过将其转化为一个假定队列的年龄别死亡概率，模拟这个假定队列按照该时期的死亡率水平度过一生将会发生什么，综合反映该时期该人口的死亡水平与模式。除了指定的生命表出生人口外，生命表中的每一个指标实质上都是相应的未知理论值的估计值。编制时期生命表的时期长度通常是一年，也可以是 3 ~ 5 年；地域范围可以是全国，也可以是各地理及行政区域。不过在编制区域生命表时，地区范围不宜过小，以免个别年龄的死亡数据为零，不能准确反映生命规律。

2. 完全生命表与简易生命表。完全生命表是指年龄组距按 1 岁 1 组编制的生命表。完全生命表由于分组较细，具有为国民经济与社会管理、计划生育工作以及人寿保险等许多部门提供使用的优点，所以，完全生命表也是生命表家族中的一种主要表现形式。完全生命表的优点是：（1）能够详细反映各年龄人口的死亡水平和死亡风险；（2）便于进行逐岁的推算。缺点是：（1）需要的资料较详细，不易取得；（2）分组太细，容易出现偶然性波动，影响对主要趋势的观察；（3）表太长，计算与使用都不便。

简易生命表是指年龄组距一般按 5 岁 1 组编制的生命表。简易生命表具有简略醒目、编制较易以及所需依赖的资料可以较为粗略等优点。但由于年龄分组较粗，除某些领域外，在使用上也因此而受到一定的限制。在实际社会生活中，一般都不只编制简易生命表，而必须同时编制完全生命表，以便满足多种情况的需要。具体来看，简易生命表的优点是：（1）简单醒目，易于阅读；（2）需要的原始资料较容易获得；（3）计算量相对较小。缺点是：（1）分组掩盖了年龄组内部各年龄之间死亡水平的差别；（2）不便于进行逐岁推算。

3. 全国人口生命表和地区人口生命表。全国人口生命表是指以全国人口为对象编制的生命表。全国人口生命表，可以从总体上综合反映全国人口的一般特征，并可用于不同历史时期或不同国家间就某些项目做比较研究。但在一个国家内，由于地区间的差异，所以，除编制全国人口生命表外，尚需按地区编制不同地区的人口生命表，以便为研究不同地区的社会经济实践提供需要。地区人口生命表是指按省和在资料上能够满足编制生命表要求的县，都可以编制相应的地区人口生命表。

4. 男性人口生命表和女性人口生命表。由于人口性别的不同，表现在人口内在特征上也有着许多差异，所以在编制生命表时，不论年龄分组的粗细、地域范围的大小，都应按男女分别编制不同性别人口的生命表。这是应当强调的。此外，需要说明，在编制生命表时，除应按男女人口性别分别编制生命表外，还应按男女人口合计数编制具有综合性的人口生命表，以从总体上反映某一人口的生命过程及其特征，从而满足对生命表在应用上的不同需要。

（三）主要内容

在编制生命表的时候必须掌握以下几方面的数据资料：（1）某时期分年龄死亡人数；（2）该时期平均或期中的分年龄人数；（3）婴儿死亡率。以上数据资料是编制生命表的基础。本书以简易生命表的编制为例，介绍生活表的具体编制方法和内容（见表2－3）。

表 2－3 　　　　　　　　　　1975 年某地区妇女生命

年龄 (x)	死亡概率 $(\times 1000)$ (nq_x)	尚存人数 (I_x)	各年龄组内死亡人数 (nd_x)	生存人年数 (nL_x)	累计生存人年数 (T_x)	平均预期寿命 (e_x)
0	23.62	100000	2362	98229	6887511	68.88
1	10.71	97638	1046	97045	6789282	69.54
2	6.98	96592	674	96233	6692237	69.28
3	5.34	95918	513	95648	6596004	68.77
4	3.61	95405	344	95222	6500356	68.13
5	2.54	95061	241	94941	6405134	67.38
6	1.83	94820	174	94733	6310193	66.55
7	1.46	94646	138	94577	6215460	65.67
8	1.14	94508	108	94454	6120883	64.77
9	0.86	94400	81	94359	6026429	63.84
10	0.72	94319	68	94285	5932070	62.89
11	0.65	94251	61	94221	5837785	61.94
12	0.61	94190	57	94162	5743564	60.98
13	0.64	94133	60	94103	5649402	60.02
14	0.67	94073	63	94042	5555299	59.05
15	0.70	94010	66	93977	5461257	58.09
16	0.74	93944	70	93909	5367280	57.13
17	0.78	93874	73	93838	5273371	56.17

续表

年龄 （x）	死亡概率 （×1000） （nq_x）	尚存人数 （I_x）	各年龄组内 死亡人数 （nd_x）	生存人数 年数 （nL_x）	累计生存 人年数 （T_x）	平均预期 寿命 （e_x）
18	0.82	93801	77	93763	5173533	55.22
19	0.86	93724	81	93683	5085770	54.26
20	0.90	93643	81	93601	4992087	53.31
21	0.93	93553	87	93515	4838486	52.36
22	0.98	93472	92	93426	4804971	51.41
23	1.07	93380	100	93330	4711545	50.16
24	1.15	93280	107	93227	4618215	49.51
25	1.22	93173	114	93116	4521988	48.57
26	1.29	93059	120	92999	4431872	47.62
27	1.35	92939	125	92877	4338873	46.69
28	1.40	92814	130	92749	4245996	45.75
29	1.46	92684	135	92617	4153247	44.81
30	1.54	92549	143	92477	4060630	43.88
31	1.64	92406	152	92330	3968153	42.94
32	1.75	92254	161	92174	3875823	42.01
33	1.87	92093	172	92007	3783649	41.09
34	2.01	91921	185	91829	3691642	40.16
35	2.16	91736	198	91637	3599813	39.24
36	2.34	91538	214	91431	3508176	38.32
37	2.51	91324	223	91210	3416745	37.41
38	2.68	91095	244	90973	3325535	36.51
39	2.37	90851	261	90721	3234562	35.60
40	3.07	90590	278	90451	3143841	34.70
41	3.28	90321	296	90164	3053390	33.81

年龄 （x）	死亡概率 （×1000） （nq_x）	尚存人数 （I_x）	各年龄组内 死亡人数 （nd_x）	生存人 年数 （nL_x）	累计生存 人年数 （T_x）	平均预期 寿命 （e_x）
42	3.50	90.016	315	89858	2963226	32.92
43	3.69	89701	331	89536	2873368	32.03
44	3.93	89370	351	89195	2783832	31.15
45	4.18	89019	372	88833	2694637	30.27
46	4.48	88647	396	88449	2605804	29.40
47	4.80	88251	424	88039	2517355	28.52
48	5.13	87827	451	87602	2429316	27.66
49	5.50	87376	481	87136	2341714	26.80
50	5.89	86895	512	86639	2254578	25.95
51	6.34	86383	548	86109	2167939	25.10
52	6.81	85835	585	85543	2081830	24.25
53	7.31	85250	623	84939	1996287	23.42
54	7.85	84627	664	84295	1911348	22.59
55	8.55	83963	718	83604	1827053	21.76
56	9.55	83245	795	82848	1743449	20.94
57	10.63	82450	876	82012	1660691	20.14
58	11.77	81574	960	81094	1578589	19.35
59	12.98	80614	1046	80091	1497495	18.58
60	14.34	79568	1141	78998	1417404	17.81
61	15.77	78427	1237	77809	1338406	17.07
62	17.30	77190	1335	76523	1260597	16.33
63	18.96	75855	1438	75136	1184074	15.61
64	20.74	74417	1543	73646	1108938	14.90
65	22.67	72874	1652	72048	1035292	14.21
66	24.78	71222	1765	70340	963244	13.52

续表

年龄 （x）	死亡概率 （×1000） （nq_x）	尚存人数 （l_x）	各年龄组内 死亡人数 （nd_x）	生存人 年数 （nL_x）	累计生存 人年数 （T_x）	平均预期 寿命 （e_x）
67	27.11	69457	1883	68516	892904	12.86
68	29.70	67574	2007	66571	824388	12.20
69	32.59	65567	2137	64499	757817	11.56
70	35.82	63430	2272	62294	693318	10.93
71	39.39	61158	2409	59954	631024	10.32
72	43.22	58749	2539	57480	571070	9.72
73	47.33	56210	2661	54880	513590	9.14
74	51.68	53549	2767	52166	458710	8.57
75	58.77	50732	2984	49290	406544	8.01
76	66.23	47798	3166	46215	357254	7.47
77	74.18	44632	3311	42977	311039	6.97
78	83.73	41321	3460	39591	268062	6.49
79	94.05	37861	3561	36081	228471	6.03
80	105.33	34300	3613	32494	192390	5.61
81	117.48	30687	3605	28885	159890	5.21
82	130.75	27082	3541	25312	131011	4.84
83	146.52	23541	3449	21817	105699	4.49
84	160.42	20092	3223	18481	83882	4.17
85	176.73	16869	2981	15379	65401	3.88
86	193.93	13888	2693	12542	50022	3.60
87	211.94	11195	2373	10009	37480	3.35
88	230.68	8822	2035	7805	27471	3.11
89	250.07	6787	1697	5939	19666	2.90
90	270.02	5090	1374	4403	13727	2.70
91	290.46	3716	1079	3177	9324	2.51
92	313.32	2637	826	2224	6147	2.33
93	336.54	1811	609	1507	3923	2.17

年龄 (x)	死亡概率 （×1000） （nq_x）	尚存人数 （I_x）	各年龄组内 死亡人数 （nd_x）	生存人 年数 （nL_x）	累计生存 人年数 （T_x）	平均预期 寿命 （e_x）
94	360.06	1202	433	986	2416	2.01
95	383.82	769	295	622	1430	1.86
96	412.77	474	196	376	808	1.70
97	446.86	278	124	216	432	1.55
98	483.05	154	74	117	216	1.40
99	537.30	80	43	59	99	1.24
100	594.59	37	22	26	40	1.08
101	680.32	15	10	10	14	0.93
102	774.46	5	4	3	4	0.80
103		1	1	1	1	0.68

资料来源：中国人民大学统计系. 人口统计学（高等院校试用教材）[M]. 北京：中国人民大学出版社，1981.

表 2-3 展示的是简略生命表的基本形式，取的年龄组距为 1 岁。由于婴儿死亡水平的特殊性，故将 0 岁组单独作为一组；将 1~2 岁作为第二组。可认为简略生命表是生命表的一般形式，当 $n = 1$ 时，即为完全生命表。

（1）年龄 x。生命表中的年龄有两层含义：一是指活到 x 岁的人，是个准确值；二是指已满 x 周岁，未满 $x+1$ 周岁的人口可被归入 x 岁组。年龄的下限为 0，上限一般用 ω 表示，对于最高年龄组来讲，即为 $\omega - n$ 岁组。

（2）死亡率 nm_x。由人口普查分年龄死亡数据得出。

（3）死亡概率 nq_x。死亡概率 nq_x 是指已经活到 x 岁的一批人从 $x~x+n$ 岁期间可能死亡的概率，可定义为该区间内死亡人数和尚存人数的比值。死亡概率是生命表中最基本的内容，生命表的其他指标均从死亡概率推算出来。

$$nq_x = \frac{n_n m_x}{1 + (n - na_x)\, nm_x}\, nd_x = I_{x-n} q_x$$

（4）死亡人口平均存活年数 na_x。na_x 为 $x~x+n$ 岁之间死亡的人口在此区间 $(x, x+n)$ 内平均每人存活的年数。由于 na_x 取值不同，生命表有多种编制方法，表 2 - 3 是按照联合国提出的 na_x 经验值（通常称联合国法）进行编制。

（5）尚存人数 I_x。尚存人数 I_x 是指已经活到 x 岁的存活人数。I_0 为生命表的出生人口数，即生命表的人口基数，一般常取 $I_0 = 100000$。尚存人数的公式如下所示：

$$I_x = I_{x-n} - nd_{x-n}$$

式中，I_x 为 x 岁的尚存人数；I_{x-n} 为 $x - n$ 岁的尚存人数；nd_{x-n} 为 $x - n \sim x$ 岁的死亡人数。

（6）死亡人数 nd_x。死亡人数 nd_x 为已经活到 x 岁的一批人从 $x \sim x + n$ 岁期间的死亡人数。死亡人数的数量取决于人口基数和死亡概率，在最高年龄组，所有人都将死去。死亡人数的公式如下所示：

$$nd_x = I_x \times nq_x$$
$$d_{\omega-n} = I_{\omega-n}$$

式中，nd_x 为从 $x \sim x + n$ 岁期间的死亡人数；I_x 为 x 岁的尚存人数；nq_x 为从 $x \sim x + n$ 岁期间的死亡概率；$d_{\omega-n}$ 为最高龄组的死亡人数；$I_{\omega-n}$ 为最高龄组的尚存人数。

（7）生存人年数 nL_x。生存人年数 nL_x 是指已经活到 x 岁的一批人从 $x \sim x + n$ 岁期间存活的人年数。既包括完整存活了 $n \sim x + n$ 岁的这批人的存活人年数，也包括在这期间死亡人口的存活人年数。生存人年数的计算公式如下：

$$nL_x = n \times I_{x+n} + na_x \times nd_x$$

式中，nL_x 为从 $x \sim x + n$ 岁的生存人年数；I_{x+n} 为 $x + n$ 岁的存活人年数；na_x 为从 $x \sim x + n$ 岁期间死亡人口的平均存活人年数；nL_x 为从 $x \sim x + n$ 岁期间的死亡人数。

（8）累计生存人年数 T_x。累计生存人年数 T_x 是指从年龄 x 到生命终结期间各年龄组生存人年数的累计总和。最高年龄组的累计生存人年数即为该组的累计生存人年数；其他组别的累计生存人年数为包括该组及往后各组的生存人年数的累计总和。累计生存人年数的公式如下：

$$T_x = \sum_{x}^{\omega-n} nL_x$$

$$T_{\omega-n} = L_{\omega-n}$$

式中，T_x 为累计生存人年数；nL_x 为从 $x \sim x+n$ 岁的生存人年数；$T_{\omega-n}$ 为最高龄组的累计生存人年数；$L_{\omega-n}$ 为最高龄组的生存人年数。

（9）预期寿命 e_x。预期寿命 e_x 是指已经活到 x 岁的人往后预期可存活的年数，实际上是某一时点累计存活人年数的平均值。计算公式如下：

$$e_x = \frac{T_x}{I_x}$$

式中，e_x 为预期寿命；T_x 为累计生存人年数；I_x 为尚存人数。

（四）应用

1. 人口学分析。

（1）预测寿命：通过生命表，可以估算一个特定年龄群体的预期寿命和死亡概率，帮助预测人口的未来发展趋势。

（2）死亡率分析：生命表可以用来分析不同年龄段的死亡率，识别哪些年龄段的死亡率较高，从而为公共卫生政策制定提供依据。

（3）生育与死亡率分析：可以计算人口的生育率、死亡率及其相互关系，评估人口的增长或减少。

2. 公共卫生研究。

（1）疾病负担评估：通过死亡率数据，公共卫生部门可以评估特定疾病（如癌症、心脏病等）的影响，制定相关的防治政策。

（2）医疗资源配置：了解不同年龄段的死亡情况，政府和医疗机构可以合理配置医疗资源，尤其是在老龄化社会中。

（3）健康政策制定：生命表的分析结果有助于评估公共卫生干预措施的效果，指导如何改善人群的健康水平。

3. 社会保险与退休金制度。

（1）退休金和社会保障设计：生命表的主要应用之一是用于社会保障和养老金制度的设计，计算不同年龄群体的退休后生活预期，从而合理设定缴纳标准、领取金额等。

（2）保险定价：保险公司使用生命表数据来评估个体或群体的生存概率，从而合理定价寿险、健康险等。

4. 生态学与动物学。

（1）物种生存分析：在生态学中，生命表可以帮助分析某种物种的生存、死亡与繁殖模式，提供物种保护和生态平衡管理的理论依据。

（2）动植物种群动态：通过生命表，可以研究种群在不同环境条件下的生存和繁殖情况，进而指导物种保护和生态恢复工作。

5. 保险与精算。

（1）精算分析：精算师利用生命表评估人群的死亡概率和生存概率，从而在保险、年金等产品中确定费用和赔偿金额。

（2）定期保险与终身保险定价：生命表数据被广泛应用于为人寿保险产品定价，特别是对终身保险、定期保险等进行风险评估和定价。

6. 其他应用。

（1）人口迁移与移民研究：通过分析不同地区或国家的生命表，了解人口迁移的影响，评估不同迁移背景下的死亡率差异。

（2）医疗健康经济学研究：通过生命表数据，分析不同疾病对社会经济的影响，评估医疗干预措施的成本效益。

二、人口预测

（一）人口预测的概念

人口预测（population projection）是通过对人口变动规律的分析与数学模型的应用，来预测未来某一时刻或某一时期内人口数量的变化。它涉及对出生率、死亡率、迁移模式等因素的估计，并基于这些因素做出未来人口趋势的推测。根据预测期的长短，可将其分为短期预测（10 年以内）、中期预测（10 ~ 25年）和长期预测（25 年以上）。然而，未来是未知的，而且也往往不可知，因为影响人口变化的因素复杂多样，无论我们拥有的数据多么充分，构建的模型多么复杂，我们仍然无法预见未来。在人口发展史上，很多人口变化情况是人口学家没有预料到的。例如，20世纪50～60年代发达国家的生育高峰、60～80年代东亚国家的生育率迅速下降，尤其是中国生育率转变的奇迹。但是，实际上相对于其他社会科学而言，人口学具有更好的预见性。尽管个人的人口行为难以预料，但是综合到规模足够大的群体时，一些明显的模式和规律就呈现出来了。这一点对于人口学来说尤其如此。

人口过程具有连贯性和周期性，未来的人口发展总是在一定程度上与过去的人口变化相联系，而且有时候这种联系非常确定。同时，无论文化和经济发展有多大差异，世界各国的人口行为模式表现出很大的相似性。因此，人口行为和人口发展的数学或统计模型要比别的社会科学领域中的模型更为久远和有效。人口预测模型的发展，包括死亡和生育模型，便是最好的例证。根据过去的人口变化，尤其是近期的人口变化趋势和特征，通过人口模型，可以对未来中短期的人口发展趋势进行较为合理、准确的预测。

人口预测就是根据人口发展的过去和近期的规律性特征，通过人口增长与其各要素的关系模型，在对未来人口变化要素进行假设的基础上，推算未来人口结构及总人口变化的过程。人口预测需要与人口预报（Population forecast）、人口估计（Population estimate）相区分。对未来短期的人口预测，可以视为人口预报，因为短期的预测结果往往较为确定；而对中长期的人口预测就是人口预测，因为长期的预测结果将具有很大的不确定性。如果长期人口预测是基于不同的高中低方案，而预测者从中选择方案，确定为最可能的人口变化趋势，那么这一种方案的人口预测便也是人口预报，而其他的方案还是人口预测，因为研究者对这一种方案的人口趋势具有了倾向性和判断性。因此，所有的人口预报都是人口预测，但并非所有的人口预测都可以视为人口预报。人口预测都是条件性的人口趋势推测，而人口预报则是一种带有判断性的最可能的人口趋势预测。人口预测和人口估计的区别则主要体现在时间上。人口预测是对未来人口趋势的推算，而人口估计是对过去和现在的人口状况的计算。例如，利用两次人口普查数据对普查间的人口状况进行估计，而利用普查数据对未来的人口趋势进行预测。人口估计有许多方法和模型，但有时也使用人口预测的方法估计、重构人口结构。

（二）人口预测方法

人口预测的方法有很多种，通常依据不同的假设、数据来源和目标，选择适当的预测模型。主要的预测方法可以分为以下几类：

1. 定量预测方法。这些方法通常依赖于数学模型和统计学原理，通过对历史数据的分析，来推测未来人口的发展趋势。

（1）简单的数学模型。

第一，线性增长模型。

假设人口按固定的增长率变化：

$$P_t = P_0 + r \times t$$

式中，P_t 为时间 t 时的预测人口；P_0 为基准人口；r 为年增长率。

第二，指数增长模型。

假设人口按照某一常数的增长率变化，通常适用于初期增长快速的情况：

$$P_t = P_0 \times e^{r \times t}$$

式中，e 为自然对数的底数。

（2）分段线性模型（或逐步回归法）。这种方法将历史人口数据划分为多个时间段，并在每个段内应用不同的增长率进行预测。适用于在人口变动较大或政策变动的情况下使用。

（3）人口替代模型（更替水平模型）。这种方法关注的是人口的"更替水平"——即每对父母生育 2.1 个孩子的水平。通过预测生育率、死亡率、迁移率等因素对未来人口变化的影响，计算是否能够保持人口平衡或增长。

（4）细化的年龄别预测方法。基于人口金字塔（即按年龄段和性别划分的人口结构），对未来每个年龄段的人口数量进行预测。这种方法适合详细了解不同年龄段人口的变化趋势，并为社会服务、教育和劳动力规划提供支持。

2. 动态模型法。动态模型考虑了人口增长的多个因素，并能模拟不同条件下的复杂动态变化。

（1）Leslie 矩阵模型。这种方法基于年龄结构的变化，通过一个矩阵对人口的迁移、出生和死亡等过程进行建模，能较为精确地描述不同年龄段人口的增长情况。适用于详细分析人口年龄分布对未来人口的影响。

$$P(t+1) = A \times P(t)$$

式中，$P(t+1)$ 为下一时间点的人口向量；A 为 Leslie 矩阵（包含出生率和存活率）；$P(t)$ 为当前时间的人口向量。

（2）马尔可夫过程模型。通过假设人口状态的转移是随机的，并且基于一定的转移概率（如出生率、死亡率、迁移率等），预测人口的变化。这种方法适合用于描述人口迁移及其他不确定性较大的因素。

（3）系统动力学模型。通过模拟人口、资源、经济等多个变量之间的相互作用，来预测人口变化的趋势。该方法考虑了非线性关系和反馈机制，适合用来研究更复杂的社会和经济因素对人口的影响。

3. 定性预测方法。定性预测方法较少依赖于数学公式和数据，更侧重于专家的知识和经验。

（1）德尔菲法（Delphi Method）。这种方法通过专家小组反复问卷调查，汇集专家意见，对未来人口趋势进行预测。专家会根据自己的经验和对社会经济变化的判断，给出对未来人口的看法，经过多轮反馈后，最终形成预测结果。

（2）情景分析法。在这种方法中，通过构建不同的假设情景（如不同的政策、社会经济变动或全球变暖的影响）来预测人口的变化。不同的情景会给出不同的预测结果，为决策者提供多种可能性参考。

4. 混合模型。为了提高预测精度，很多研究者采用混合方法，将定量方法与定性判断结合起来。

（1）结合模型法。将统计回归模型与专家意见相结合，既能利用历史数据，又能综合专家对未来变动的判断。例如，使用时间序列分析来预测人口数据，并根据专家判断调整未来趋势。

（2）机器学习与人工智能方法。近年来，人工智能和机器学习技术也被用来进行人口预测。这些方法利用大量的历史数据和复杂的算法，如决策树、神经网络等，来识别人口变化的规律并进行预测。这种方法尤其适用于处理大规模复杂数据和非线性关系。

5. 短期与长期预测。

（1）短期预测：通常用于 1～5 年内的人口变化，主要依据近期的出生率、死亡率、迁移等数据。

（2）长期预测：通常是对几十年甚至上百年的预测，需要考虑到长期的社会变动、政策影响以及技术进步等不确定因素。

6. 队列要素法。趋势外推法进行人口预测是将人口增长的历史趋势通过一定的数学模型进行拟合，然后以此类推至未来时期。这类方法所需的数据较少，而且简单方便。但是，这类方法也有很多缺陷。例如，假设历史趋势将继续延续，将人口变化视为一个抽象现象，而不考虑人口变化的具体因素（如死亡、出生和迁移），同时在预测同一人口内的不同子群体时，忽略它们之间的相互依赖性等。随着计算机技术的发展，这类方法的优势大大减弱，而劣势依然存在，因此，这类方法现在已经很少使用了。一方面，为了克服这类方法的缺陷；另一方面，对人口预测的需求越来越重视年龄及其他人口结构的预测而不仅仅是总人口，因此，人口预测的队列要素法成为广泛使用的方法。

队列要素法的中心思想是人口平衡方程，将人口分解为不同年龄性别的各个队列，将人口变化分解为出生、死亡和迁移各个要素。若定义 P_0 为期初人口数，P_1 为期末人口数，B 为该时期内出生人数，D 为该时期内死亡人数，I 为该时期内迁入人数，E 为该时期内迁出人数，那么：

$$P_1 = P_0 + (B - D) + (I - E)$$

队列要素法就是使用该人口平衡方程对各年龄性别人口进行预测，从而得到人口的年龄性别结构及总人口。在预测过程中，死亡和迁移可能发生于任何年龄性别的人口，但生育只发生在育龄妇女身上。该方法通过预测死亡（存活）、迁移和生育，进而完成最终年龄性别结构及总人口的预测。

（三）人口年龄移算法

1. 概念。年龄移算法亦称年龄移算预测模型，是队列要素预测法的核心。它是指以各个年龄组的实际人口数为基数，按照一定的存活率进行逐年递推来预测人口的方法。该算法能够准确地对未来人口作出预测，主要基于人口是时间的函数原理。即人口的年龄是用时间来表示的，一年即为一岁，时间过一年，人的年龄也就增长了一岁。因此，随着时间的推移，人口的年龄也在不断地发生着转移。当在一定死亡率水平条件下，人口的年龄在其不断地转移过程中，人口数也就相应而随之发生着变化。由此原理，即可把某一年度、某一年龄组的人口数，在相应年龄组的死亡率水平条件下，通过转移到下一个年度、下一个年龄组的人口数测算出来。故将此预测人口的方法，谓之年龄移算法。

2. 主要内容。

$$P_{f,x+n,t+n} = P_{f,x,t} \times {}_nS_{f,x}$$

$$P_{m,x+n,t+n} = P_{m,x,t} \times {}_nS_{m,x}$$

$$P_{x+n,t+n} = P_{f,x+n,t+n} + P_{m,x+n,t+n}$$

式中，n 为预测区间长度或年龄间隔长度；$P_{f,x+n,t+n}$ 为在未来时间点 $t+n$ 时，年龄为 $x+n$ 岁的女性人口数量；$P_{f,x,t}$ 为当前时间点 t 时，年龄为 x 岁的女性人口数量；${}_nS_{f,x}$ 为从当前时间点 t 到未来 n 年的女性存活率；$P_{m,x+n,t+n}$ 为在未来时间点 $t+n$ 时，年龄为 $x+n$ 岁的男性人口数量；$P_{m,x,t}$ 为当前时间点 t 时，年龄为 x 岁的男性人口数量；${}_nS_{m,x}$ 为从当前时间点 t 到未来 n 年的男性存活率；$P_{x+n,t+n}$ 为预测区间末期年龄组人口数。

上式中人口存活比有两种计算方法：一是根据某一年度的生命表中的死亡概率而得，二是由平均生存人年数计算而得。具体公式如下所示：

$$_nS_{f,x} = \frac{L_{f,x+n}}{L_{f,x}}$$

$$_nS_{m,x} = \frac{L_{m,x+n}}{L_{m,x}}$$

$$_nS_{f,x} = 1 - {}_nq_{f,x}$$

$$_nS_{m,x} = 1 - {}_nq_{m,x}$$

式中，${}_nS_{f,x}$ 为女性人口存活比；$L_{f,x+n}$ 为预测区间末期累计存活女性年数；$L_{f,x}$ 为预测区间初期累计存活女性年数；${}_nS_{m,x}$ 为男性人口存活比；$L_{m,x+n}$ 为预测区间末期累计存活男性年数；$L_{m,x}$ 为预测区间初期累计存活男性年数；${}_nq_{f,x}$ 为女性在 $x \sim$

$x + n$ 岁期间的死亡概率；$_nq_{m,x}$ 为男性在 $x \sim x + n$ 岁期间的死亡概率。

（1）出生人数预测。首先考虑育龄妇女人数预测：

$$F_{x+1}(t+1) = F_x(t)(1 - M_x^f) = F_x(t)S_x^f, x = 15,16,\cdots,49$$

式中，x 为确切年龄；$F_{x+1}(t+1)$ 为预测年度 $t+1$ 时，年龄为 $x+1$ 岁的育龄妇女人数；$F_x(t)$ 为预测年 t 时，年龄为 x 岁的育龄妇女实际人数；M_x^f 为 x 岁女性人口死亡率；S_x^f 为 x 岁女性人口存活率。

其次进行出生人口数预测：

$$B_b(t) = \sum_{x=15}^{49} F_x(t) \times R_{fx} \times \frac{R_b}{R_b + 1}$$

$$R_b = \frac{MI}{FI} \times 100$$

式中，$B_b(t)$ 为 t 年年内出生男孩人数；$F_x(t)$ 为 t 年 x 岁的育龄妇女人数；R_{fx} 为 x 岁妇女生育率；R_b 为出生婴儿性别比，世界各国出生婴儿性别比一般为 105 左右，偏差在 $2 \sim 3$ 之间；MI 为出生男性婴儿人口数；FI 为出生女性婴儿人口数。

（2）死亡人数预测。预测年度某年龄组的死亡人数等于同一年龄组的生存人口数与大一岁的相邻年龄组的人口数相减：

$$D_{00}(t+1) = B(t) \times (1 - S_{00})\delta$$

$$\begin{cases} D_0(t+1) = P_0(t) \times (1 - S_0) \\ D_1(t+1) = P_1(t) \times (1 - S_1) \\ \cdots \\ D_{w-1}(t+1) = P_{w-1}(t) \times (1 - S_{w-1}) \\ D_w(t+1) = P_w(t) \times (1 - S_w) \end{cases}$$

式中，$D_{00}(t+1)$ 为预测的死亡人数，在 $t+1$ 年时年龄为 0 岁的死亡人数；$B(t)$ 为在时间 t 年时出生人数；S_{00} 表示在时间 t 时，0 岁的存活率（通常指出生时的存活概率）；δ 为某种常数，用于调整死亡人数的比例或占比，通常是一个介于 0 和 1 之间的系数；$D_w(t+1)$ 为在时间 $t+1$ 时，年龄为 w 岁的死亡人数；

$P_w(t)$ 为在时间 t 时，年龄为 w 岁的总人口数量；S_w 为年龄是 w 岁时的人口存活率；w 为年龄组的总数，通常为一个人口学研究所设定的最大年龄（如100岁或更大）。

（3）总人口数预测。采用按年龄人口预测求和法：

$$P_c(t+n) = \sum_{x=0}^{w-1} P_x^m(t+n) + \sum_{x=0}^{w-1} P_x^f(t+n)$$

式中，$P_c(t+n)$ 为预测年 $t+n$ 时的总人口数；$P_x^m(t+n)$ 为时间 $t+n$ 时，年龄为 x 岁的男性人口数；$P_x^f(t+n)$ 为时间 $t+n$ 时，年龄为 x 岁的女性人口数；w 为年龄组的总数，通常为一个人口学研究所设定的最大年龄（如100岁或更大）。

第四节　人口指标体系

一、人口指标体系概述

（一）定义

人口指标体系是指通过一系列相互关联的统计指标，系统化、科学化地反映人口数量、结构、分布、素质、变动，及其与社会、经济、环境之间关系的综合性框架。该体系包含核心指标（如人口总量、出生率、死亡率、年龄结构、性别比、教育水平、迁移流动等）和衍生指标（如老龄化系数、抚养比、人口密度等）。旨在通过量化数据揭示人口发展的规律和趋势。

（二）构建目的

1. 监测人口动态。实时跟踪人口规模、结构、分布等变化，为预警人口风险（如老龄化、少子化）提供依据。

2. 支撑政策制定。为政府制定人口政策（生育、养老、教育、医疗等）和社会保障规划提供数据基础。

3. 优化资源配置。依据人口分布和需求，合理分配教育、医疗、交通等公共资源。

4. 促进协调发展。通过人口与经济、环境指标的关联分析，推动可持续发展。

（三）构建意义

1. 社会层面。应对人口老龄化、性别失衡等社会问题，保障社会稳定；提升公共服务效率（如根据学龄人口调整学校布局）。

2. 经济层面。预测劳动力供给与市场需求，优化产业布局；引导消费结构升级（如老年产业、教育产业的规划）。

3. 战略层面。助力国家或地区制定长期发展规划（如新型城镇化、乡村振兴）；提高人口治理现代化水平，增强国际竞争力。

（四）构建原则

1. 科学性原则。基于人口学理论，指标须具备统计学意义（如信度、效度）。

2. 系统性原则。覆盖人口全生命周期（出生、教育、就业、养老），并与社会经济指标联动。

3. 可操作性原则。选择数据易获取、可量化的指标（如户籍数据、普查数据）。

4. 动态适应性原则。随社会发展调整指标（如新增"流动人口数字化管理"指标）。

5. 可比性原则。确保指标在时间、空间上的可比性（如统一统计口径）。

6. 实用性原则。聚焦关键问题（如"总和生育率"直接反映生育政策效果）。

二、人口指标体系

人口指标体系见表2-4。

表 2-4　　　　　　　　　　　　　　人口指标体系

一级指标	二级指标	三级指标
人口数量与人口分布	人口数量	期初、期末人口数；平均人口数
	人口分布	人口密度；农业人口和非农业人口；城市人口与农村人口
人口性别和年龄构成	人口性别构成	性别结构比；人口性别比
	人口年龄构成	人口年龄结构
人口社会构成和经济构成	人口社会构成	民族、种族和宗教构成；文化教育程度构成；行业构成；婚姻构成
	人口经济构成	劳动力统计和劳动生产率；就业率和失业率；收入和消费指标；生活质量统计
人口出生和死亡	人口出生	粗出生率；一般生育率；孩子—妇女比；年龄别生育率；总和生育率；累计生育率；标准化生育率；终身生育率；平均生育年龄
	人口再生产	人口粗再生产；人口净再生产；再生产存活比；平均世代间隔；稳定人口；生育更替水平
	人口死亡	人口死亡率；总死亡率；标准化死亡率；年龄别死亡率；婴儿死亡率；死亡漏报率
人口流迁和增长	人口流迁	人口流动；人口迁移
	人口增长	人口增长率；人口自然增长率；人口发展速度；人口平均发展速度；人口真正（内在）自然增长率

　　人口指标体系是连接人口现象与政策实践的桥梁。通过科学构建，能够精准识别问题、优化决策，最终实现人口与资源、环境的协调发展。例如，中国通过"生育率""老年抚养比"等指标调整"三孩政策"，即为典型应用场景。

　　在人口问题的统计研究中，单个统计指标往往只能反映所要研究问题某一方面的数量特征，而不能反映事物总体全貌，这时就需要构建指标体系。人口指标体系是人口、资源与环境指标体系中的一个子系统。但人口指标体系并不是人口统计指标的简单加总，而是一系列有内在联系的人口统计指标构成的有机整体。

　　人口指标体系通过一定的时间和空间，观察人口现象与各个方面的内在联系，用以反映人口状况的各个侧面和总体特征。同时，人口指标体系并不是一成不变的，它需要根据实际不断发展、调整完善。

第三章 资源统计指标与指标体系

资源统计指标与指标体系的研究对于理解和管理自然资源至关重要。本章将系统探讨如何通过统计指标对自然资源进行科学的描述、分类与评价。这些统计方法和指标体系能够帮助我们准确掌握资源的现状及其变化趋势，为自然资源的合理利用、保护与管理提供数据支持。本章将重点介绍各种自然资源的统计指标、它们的应用以及如何通过指标体系综合评价资源状况。

第一节 自然资源与自然资源统计

本节将首先介绍自然资源的基本概念，并对自然资源进行分类，帮助读者理解各种资源的定义、特点和它们在社会经济发展中的重要性。同时，还将阐述自然资源统计的基本方法，展示如何通过统计手段对自然资源的数量、质量及其分布情况进行系统性的描述和研究。本节内容为后续自然资源统计指标的详细分析奠定了基础。

一、资源概述

资源的定义说法众多，《辞海》中将资源定义为："资财的来源，一般是自然的财源。"广义的资源概念是指"社会财富的来源，既包括自然资源，又包括社会资源"；而狭义的概念则是指"由人类发现的用以创造社会财富的天然物质来源"。本文中讨论的资源是狭义的资源，也即自然资源。

自然环境中与人类社会发展有关的、能被利用来产生使用价值并影响劳动生产率的自然诸要素，通常称为自然资源。自然资源是指在一定社会经济技术条件下，能够产生生态价值或经济效益，以提高人类当前或可预见未来生活质量的自然物质和自然能量的总和，包括组成地壳的矿物岩石、地表形态、土坡覆盖层、地上、地下和海洋水源，太阳光能、热量和降水量，以及生物圈的植物界和动物界等。

人类认识和利用自然资源的历史久远，但对什么是自然资源这样一个基本的科学概念直到20世纪70年代才逐步形成，且仍处在不断发展和完善过程中。

恩格斯在《自然辩证法》一书中曾经指出："劳动和自然界一起才是一切财富的源泉，自然界为劳动提供材料，劳动把材料变为财富"。在辞书中对资源的解释是："资源即指财富的源泉"。从马克思主义的观点看，自然界的材料加上人类的社会劳动，才能称为资源。这是为自然资源所提出的初步的科学概念。

1970年联合国出版的有关文献中提出："人在其自然环境中发现的各种成分，如矿物、植物、动物、地形、水、空气、土壤和化石等，只要能以任何方式为人类提供效益的，都属于自然资源。"1972年，联合国环境规划署（UNEP）进一步提出："所谓资源，特别是自然资源，是指在一定时间条件下，能够产生经济价值、提高当前和未来福利的自然环境因素的总称。"大英百科全书对自然资源的定义是："人类可以利用的自然生成物，以及形成这些成分的源泉的环境功能。前者如土地、水、大气、岩石、矿物、生物及其群集的森林、草地、矿藏、陆地、海洋等；后者如太阳能、环境的地球物理机能（气象、海洋现象、水文地理现象），环境的生态学功能（植物的光合作用、生物的食物链等），地球化学循环功能（地热现象、化石燃料），非金属矿物的生成作用等。"至此，有关自然资源的概念，就比较全面了。

自然资源指存在于自然界的、天赋的、自存的、先人类而存在以及能为人类利用的资源，自然环境中与人类社会发展有关的、能被利用来产生使用价值并影响劳动生产率的自然诸要素，都被称为自然资源，如土地资源、气候资源、水资源、矿产资源、海洋资源以及生物资源等。

由上可以看出，自然资源是一个动态概念，也是一个相对的概念。随着科学技术的发展与人们对自然认识的深化，以前被认为无价值的物质和条件就会成为宝贵的资源。同时，"能被利用"只是提供了可以利用的机会，要使机会得以实现，还要受经济、社会、政治等方面的影响，这些方面又在很大程度上受各地区、各民族的主导文化与价值取向的影响。例如沙漠地区的广袤无垠，在当地人眼里是一片荒野，而在异域人眼中是引人入胜的旅游资源。这种文化上的差别和价值上的偏颇，正是当前对自然资源认识和管理不相一致的一个重要原因。

二、自然资源的分类

自然资源指广泛存在于自然界的能为人类利用的自然要素。诸如土地、水资源、矿物、气候资源、生物资源等。根据联合国环境规划署的定义，自然资源是指在一定时间、地点的条件下能够产生经济价值，以提高人类当前和未来福利的自然环境因素和条件。

自然资源从其生成机理、生成条件、稳定性和蕴藏量来看，分为有限的自然资源与无限的自然资源。其中有限的自然资源根据其在更新性和再循环等方面存在的差异，又分为可再生性自然资源和不可再生性自然资源两种（见图 3-1）。

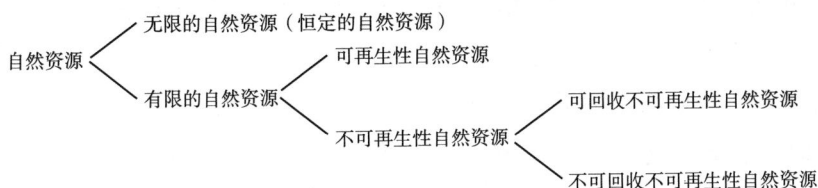

图 3-1　自然资源的分类

1. 无限的自然资源。无限的自然资源也称不枯竭性自然资源或恒定的自然资源。包括太阳能、风能、潮汐能、核能、水力、全球的水资源、大气、气候等。这类资源是由宇宙因素、星球间的作用力，在地球的形成和运动中产生的。其数量丰富、稳定，几乎不受人类活动的影响，也不会因人的利用而枯竭。但是，其中某些资源会因为人类不适当地利用而使其质量受损。例如，大气和水因受污染，质量下降；太阳因大气污染，而使植物光合作用的总量减少等。

2. 有限的自然资源。有限的自然资源也称可枯竭性自然资源。这类资源是在地球演化过程的不同阶段形成的，其中有的经过长期使用将会枯竭，如化石燃料；有的只是在不适当利用时才会枯竭，如果适当利用则可不断更新，如生物资源。因此，这类资源又可分为可再生性自然资源和不可再生性自然资源两类（或称可更新性自然资源和不可更新性自然资源）。

（1）可再生性自然资源。这类资源主要指生物资源和某些动态的非生物资源，如森林、草原、农作物，野生的动植物（包括陆生和水生）和土壤、区域水资源以及人力资源（包括体力和智力）。这类资源借助自然循环，或者是生物的生长、繁殖，不断地自我更新，维持一定的储量。如果对这些资源进行科学的管理和合理的使用，它将会取之不尽，用之不竭。但是，如果使用不当，则会使这些资源受到损害，甚至完全枯竭，并带来不良的经济和社会后果。

（2）不可再生性自然资源。这类自然资源没有再生能力，但其中有一些可以借助再循环而被回收，得到重新利用（如各种金属），有的则是一次性消耗，不能循环回收（如能源）。因此，这类资源又可分为两类：一是可回收不可再生的自然资源。包括所有金属矿物和除了能源矿物外的许多非金属矿物，这些资源更新能力极弱，但当它被人类开采使用之后可以回收、重新利用，这一特点为人类更有效地利用有限的资源开辟了广阔的前景。二是不可回收不可再生的自然资源。主要指的是煤、石油、天然气等能源矿物。这些资源经过燃烧，释放出大量热量。这些热一部分转换为其他形式的能量；另一部分逸散到宇宙空间。最后都将逸散，既不能更新，也不能回收。

应当指出，许多自然资源是可再生和不可再生资源的混合，其特性介于其间，如土壤资源。虽然资源特性各异，但所有资源都不是孤立存在的。这些资源与人类社会以及各种技术因素共同组成一个相互依赖、相互联系的资源体系，任何一类资源的短缺，都会通过这个体系，对其他成分产生影响，更会影响整个资源体系的功能。

三、自然资源的特点

（一）自然资源的总体特性

1. 天然性。自然资源的首要特性是其天然存在性。这意味着这些资源不是人工制造的，而是自然界长期演化、自然形成的。自然资源在未经人类加工或处理之前，就已经具备了其特定的用途和价值。例如，原始森林提供木材、野生动物栖息地以及维持生态平衡等功能。自然资源的天然性还体现在：自然资源的形成、分布和利用都受到自然规律的支配，是自然生态系统的重要组成部分。许多自然资源具有自然再生和更新的能力。

2. 有用性。在天然性的基础上，如何划分自然资源和其他天然物，靠的是判断其对人类社会是否具有有用性。自然资源不是脱离生产应用对客观物质的抽象研究的对象，而是在不同时间和定向范围内有可为人类提供福利、有使用价值的物质。那些尚不能为人类利用的自然要素，不属于自然资源的范围，例如当前人类暂时还难以利用的沙漠，就不能作为一种自然资源。但是我们要注意的是，一些沙漠地层里的石油与沙漠里的绿洲则是我们定义中的自然资源，因为它们是能够给人类带来净福利的自然要素。

3. 多样性。自然资源不仅有用，且类型多样、用途多样。

在类型多样性方面，如上文自然资源的分类中提到。按形态划分，可以分为土地资源、气候资源、水资源、生物资源、矿产资源、海洋资源等六大类。按自然因素在经济部门的地位来划分，可以分为农业自然资源、工业自然资源。按资源的再生性特征划分，可以分为无限的自然资源、有限的自然资源。有限的自然资源又可分为可再生资源和不可再生资源。在用途的多样性方面，每一种自然资源都可以有多种用途。同一种资源可以作为不同生产过程的投入要素，不同的行业对同一种资源存在着不同的投入需求；同一行业的不同部门以及同一部门的不同经济单位，都会同时存在着对同一种资源的需求。

4. 联系性。自然资源各种多样的用途之间具有联系性。

第一，自然资源是由多种单项资源组合而成的庞大的自然系统，即自然综合体，各种资源之间有着密切联系。特别是土地资源，它是由多种资源组合起来的自然综合体。正是由于各种资源之间的相互关联性，一种资源的开发利用常常要引起其他资源的变化，如森林的过度砍伐所导致的气候的变劣、动物资源的锐减等。

第二，各单项资源内部也是一个复杂的系统。如生物资源是由绿色植物、草食动物、肉食动物、微生物等构成。它们之间构成了一个庞大而复杂的生态网络。这个网络中任何一个环节起了变化，都会产生连锁反应，引起整个生态系统的变化。如森林系统中，除了乔木外，还有灌木和草本植物以及相应的气候、土壤和多种动物，其中任何一个因素发生变化都有可能引起整个森林系统的改变。

第三，自然资源与资源开发利用有关的社会经济条件也形成一个相互联系、相互制约的整体。自然资源，实际上是一个由资源—生态—社会经济组合而成的复合体系。自然资源的价值，不仅取决于自然资源本身的自然属性（数量、质量与分布），还取决于技术和管理水平。

5. 统一性。自然资源的联系性促成它们成为统一的整体，在对资源的开发和利用中，要注意从自然环境全局的角度出发。不管是哪种自然资源，不管自然资源的种类是多么复杂多样，基本上都统一在地球表层这个整体之中，它们相互联系、相互制约，各种资源互为环境。人们在社会生产过程中，如果改变一种资源或资源系统中的一种成分，就同时能使周围环境和其他资源发生变化。如采伐山地森林，受到影响的就不只是森林中的林木、灌木和草类，而且还要影响森林的动物、土壤和气候，不仅使山地环境受到影响，而且还使处于下游的平原、湖泊、水库的生态发生变化。

（二）无限资源和有限资源的特性

1. 无限自然资源的特点。

（1）可再生性。无限自然资源具有可再生性。这类资源是由宇宙因素、星球间的作用力，在全球的形成和运动中产生的。其数量丰富、稳定，能够持续不断地产生或再生，不会因为人类的开采而减少到无法恢复的程度。

（2）无限性。无限性是无限自然资源最显著的特征。由于资源的可再生性，人类可以在不破坏生态平衡的前提下，长期、稳定地利用这些资源。

（3）清洁性。许多被认为是"无限"的自然资源，如太阳能和风能，都是清洁能源。它们在合理利用的过程中几乎不会产生有害排放物，对环境的污染较小。

（4）普遍性。这些资源往往分布广泛，不受地理位置或气候条件的限制。例如，阳光几乎无处不在，风能也遍布全球。

此外，自然资源的有限和无限只是针对人类社会的存续期而言，严格意义上来说无限的自然资源也并非无限，但某些资源由于其可再生性、可持续性、清洁性、普遍性等特点，常被人们视为具有"无限"潜力的资源。但请注意，即使在理想化的"无限"资源中，也存在管理和利用的挑战。例如，如何高效地收集和储存这些资源，以及如何在全球范围内公平地分配它们，都是需要解决的问题。

2. 有限自然资源的特点。

（1）有限性。有限性是有限自然资源最本质的特征。这主要表现在两个方面：

第一，数量上的有限性：任何资源在数量上都是有限的。以矿产资源为例，其形成需要特定的地质条件，并经过漫长的物理、化学、生物作用过程，因此相对于人类而言，这些资源是不可再生的，消耗一点就少一点。如石油、天然气、煤等化石燃料，以及金银、铜、铁等金属矿产，其储量都是有限的。

第二，可替代资源的有限性：尽管存在多种资源可以相互替代，但总的来看，可替代的投入类型是有限的。例如，煤、石油、天然气和水力、风力等资源都可用于发电，但并非所有资源都能相互替代。同时，一些对人类生存至关重要的资源，如淡水和氧气，至今还没有找到可以替代的资源。

（2）稀缺性。有限自然资源具有稀缺性。有限自然资源在数量上和可替代资源上具有有限性。人类迅速发展历程离不开对有限资源的开发利用，特别是进入工业社会以来，人类的发展模式是建立在对有限资源的大量开发、利用之上，且人类追求发展和自身满足的欲望具有无限性。如果人类社会仍然保持传统发展模式，在两者的相互作用力下，有限资源必然变得稀缺。

（3）区域性。有限自然资源的分布是不平衡的，存在数量或质量上的显著地域差异，并有其特殊分布规律。这主要受太阳辐射、大气环流、地质构造和地表形态结构等因素的影响。例如，石油资源主要集中在波斯湾盆地等特定地区；煤炭资源则主要分布在美国、中国和苏联等大国。这种区域性特点要求人类在开发利用资源时，应充分考虑区域、自然环境和社会经济特点，因地制宜地进行资源的开发和利用。

综上所述，有限自然资源具有有限性、稀缺性、区域性等特点。这些特点要求人类在开发和利用自然资源时，必须珍惜资源、合理利用资源、保护生态环境，以实现可持续发展。

四、资源统计

（一）资源统计的任务

自然资源统计是在对自然资源储量、质量和利用状况进行探测、搜集、整理和分析的基础上，用数字客观反映自然资源存量，计量人类的生产、生活所引起的自然资源数量与质量变化，反映该变化对人类生产、生活等方面影响的工作过程。自然资源统计涉及的统计项目很多，主要有：反映土地、森林、水、气候、生物等的存量、利用和保护的可再生性自然资源统计；反映矿产资源的存量、开采、消耗、回收、利用的不可再生性自然资源统计；反映风景游览区等的存量、利用和保护的旅游自然资源统计。

自然资源统计任务主要有以下几方面：（1）计算和分析已探明的自然资源的数量、地区的分布状况；（2）按探明程度确定的储量，分析研究投入生产的可能性；（3）研究制定自然资源指标体系和有科学根据的计算方法；（4）分析自然资源生产、消费情况，以适应合理开发自然资源和编制国民经济、社会发展计划的需要。

统计结果不仅是多种数据指标的简单集合，而是多种类别的有机组合，对某一部门或总体的实际情况的反应是需要服务于实践的，将结果转化为对实践的指导，即对于大多数自然资源来说，稀缺性决定了任何一个社会都必须通过一定的方式把有限的资源合理分配到社会的各个领域中去，以实现资源的最佳利用，即用最少的资源耗费，生产出最适用的商品和劳务，获取最佳的效益。要实现合理的自然资源配置，实现利润最大化与成本控制等目标，前提就需要准确的资源清查与统计：

1. 资源数量与分布。要合理配置稀缺自然资源，首先必须清楚资源的总量及其在不同地区、不同层面（如地表、地下等）的分布情况。以水资源为例，需要知道不同流域、不同城市甚至不同含水层的水资源储量；再如矿产资源，准确掌握各种矿产在各个矿区的储量、品位等信息，是规划开采量和分配开采区域的前提。如果对资源数量和分布情况不清楚，可能会导致某些地区过度开采，而其他地区资源闲置浪费的情况。因此，只有了解资源的储量，才能根据各地的需求情况进行合理分配。

2. 资源质量评估。当具有不同质量的同类资源是稀缺的，其用途的多样性更加凸显，不同质量的自然资源在利用方式和交换价值上存在差异。例如，对于森林资源，树木的种类、木材的质量等因素导致其用途的差异化，优质木材可多用于高端家具制造，而一般木材可能更适合造纸等；在土地资源方面，土壤肥力、地形地貌、区位等质量因素决定了其价格和适用类型，以判断土地适合农业耕种、工业建设还是生态保护等不同用途。只有准确评估资源质量，才能将其配置到最适宜的用途中。

3. 资源动态监测数据。自然资源的数量和质量不是静态的，而且会随着时间发生变化。持续监测资源的变化情况，如水资源的补给量、矿产资源的新发现或储量消耗速度等，对于合理配置至关重要。例如，随着气候变化，某些地区的水资源补给量可能减少，这使得及时监测其动态变化也十分重要，依据新的数据，对配置方式分配进行修改，资源分配问题得到动态的合理保证。

自然资源统计的任务是多方面的，通过科学的方法对资源进行量化描述和管理，以支持资源的合理开发和可持续利用。具体的任务实施包括：

（1）数据收集：对各种资源进行调查和统计，包括自然资源如土地、矿产、森林、草原、湿地、水资源等，以及与资源相关的经济活动数据。这涉及对资源的数量、质量和分布等进行系统的记录和整理。

（2）统计分析：对收集到的数据进行分析，以评估资源的现状、变化趋势和利用效率。这可能包括对资源的供需关系、资源的经济效益、资源的可持续性等方面的分析。

（3）提供统计数据：将统计调查和分析的结果整理成统计数据，为决策提供支持。这些数据可能用于政策制定、资源管理、规划编制和监督考核等。

（4）实施统计监督：通过统计数据对资源的使用和管理进行监督，确保资源的合理利用和保护。这可能涉及对资源开发活动的跟踪和评估，以及对资源政策执行情况的监控。

（5）建立健全统计数据质量控制体系：确保统计数据的真实性和准确性。这包括对数据来源的控制、数据审核、数据校核等，以提高数据质量。

（6）统计信息化建设：利用现代信息技术，如互联网、数据库管理系统等，提高统计数据的收集、处理和发布的效率。这可能包括建立统一的统计数据平台，实现数据的电子化管理和网络直报。

（7）统计业务培训：定期对统计人员进行培训，提高他们的专业能力和业务水平，以适应统计工作的需要。

（8）遵守法律法规。在统计工作中严格遵守国家关于统计、保密和政府信息公开的法律法规，保护国家秘密、商业秘密和个人隐私。

（二）资源统计的意义

自然资源作为人类赖以生存和发展的物质基础，是人类生活资料和生产资源的基本来源。一个国家经济社会的发展，与其自然资源的储备及构成密切相关。自然资源储备是真正的财富，是国民财富的重要组成部分。人类可以通过利用自然资源获取它们的价值，可以把它们作为生产过程中的投入，也可以直接消费或享用它们提供的舒适。这些开采可耗尽资源，收获可再生的生物资源，截取流动资源，取用贮存资源的利用方法，通称为消费性利用。

自然资源的特点也要求人类在开发利用资源方面充分考虑到区域的人口、资源、自然环境和社会经济的特点，使自然资源的开发利用和保护兼有经济效益、环境效益和社会效益。

由上可见，人类在对资源开发利用时，必须根据其可供利用的广度和深度，用不同的统计指标来分析其他同种资源在不同利用方式下的成本收益，最大限度地提高利用自然资源的净效益（即利用资源的收益总值减去有害后果的总值），并做出不懈的努力来摆正眼前利益与长远利益的关系，实行综合利用和综合治理，以做到和谐利用，取得最佳效益。

自然资源统计的具体意义体现在：

（1）为资源管理提供基础数据。自然资源统计能够系统地收集、整理和分析关于土地、矿产、森林、水资源等自然资源的数量、质量、分布和利用状况的数据。这些数据为政府和相关机构提供了制定资源管理政策、规划和监管的坚实基础。

（2）支持经济决策。自然资源是经济发展的重要物质基础，其合理利用和有效保护直接关系到国家经济的可持续发展。通过自然资源统计，可以评估资源的承载能力和发展潜力，为政府和企业制定经济发展战略提供科学依据。

（3）促进资源合理配置。自然资源统计有助于揭示资源在不同地区、不同产业间的分布和利用情况，从而指导资源的合理配置和有效流动。这有助于优化产业结构，提高资源利用效率，促进经济的均衡和协调发展。

（4）推动可持续发展。自然资源统计能够反映资源的消耗速度和再生能力，为制定可持续发展战略提供重要参考。通过统计数据的分析和预警，可以及时发现资源利用中的问题，采取措施防止资源过度消耗和生态破坏，推动经济、社会和环境的协调发展。

（5）加强国际合作与交流。自然资源统计数据和成果在国际合作与交流中具有重要作用。通过分享统计数据和经验，可以促进各国在资源管理、环境保护等领域的合作，共同应对全球性资源环境挑战。

（6）提升公众资源意识。自然资源统计有助于提升公众对资源问题的认识和关注度。通过发布统计数据、开展科普宣传等方式，可以增强公众的资源节约和环保意识，推动形成全社会共同关注和保护自然资源的良好氛围。

综上所述，自然资源统计在资源管理、经济决策、资源配置、可持续发展、国际合作与交流以及提升公众资源意识等方面都具有重要意义。因此，加强自然资源统计工作对于实现资源的可持续利用和推动经济社会的全面发展至关重要。

五、资源统计数据来源

资源统计数据是国家或地区在资源管理和环境保护中进行决策的基础。资源统计的目的是量化各种自然资源的储量、利用情况、开发进程以及利用的可持续性等。这些数据为政府部门、企业和社会提供了在开发、利用、保护和管理资源时的决策支持。随着技术的进步，资源统计的数据来源变得多样化，并逐渐涉及不同的监测手段、管理体系和信息共享平台。资源统计的主要数据来源可以分为以下几类：

（一）政府部门与公共机构的统计数据

1. 国家统计局与地方统计局。国家统计局和地方统计局负责对资源的开发、利用和管理情况进行统计，定期发布包括资源储量、资源消耗、资源利用效率等相关数据。这些数据是国家资源政策、经济规划和可持续发展目标的基础。

例如，国家统计局发布的《中国自然资源统计年鉴》，其中包括矿产资源、土地资源、水资源等方面的详细统计数据。这些数据涉及资源的储量、开采量、资源生产和消费等，反映了资源的开发利用情况和可持续性。

2. 自然资源部。自然资源部是中国资源管理的主管部门，负责国家自然资源的统计、规划和管理。自然资源部定期发布全国和地方的资源统计数据，涵盖土地、森林、矿产、水资源等多个领域。

例如，自然资源部发布的《中国国土资源公报》提供了全国土地的面积、土地利用状况、土地资源变化等数据；《中国矿产资源报告》则详细记录了各类矿产资源的储量、开采情况以及开发利用的情况。

3. 水利部与生态环境部。水资源是重要的自然资源之一，水利部负责全国水资源的统计与管理。水利部每年发布的《中国水资源公报》，详细记录了各地区的水资源分布、用水情况、地下水资源及其变化等情况。

生态环境部则对生态系统的资源进行统计，主要关注生态保护区、森林覆盖率、湿地面积等生态资源的变化。

4. 能源部门。能源资源的统计数据来源主要是国家能源局，负责统计能源资源的产量、消费量、能源结构等数据。能源资源包括煤炭、石油、天然气、可再生能源等。

例如，《中国能源统计年鉴》提供了全国能源生产、消费、投资等方面的详细数据，有助于分析能源资源的分布、使用效率及其可持续性。

（二）行业与企业数据

1. 矿产资源数据。矿产资源是重要的自然资源之一，各矿产开发企业按期向政府报告矿产的储量、开采量、资源回收率等数据。例如，在中国，矿产资源的开发和利用情况由中国矿业协会和中国地质调查局进行统计，并向社会公开相关数据。这些数据对于矿产资源的管理、调配以及环保监管具有重要作用。

2. 能源生产与消费数据。各能源生产企业和消费单位（如电力、石油、天然气等）根据政府要求报告能源的生产、销售、消费及存储情况。例如，石油、天然气公司定期提供的能源开采、消费、库存、价格波动等数据，会被汇总到国家层面，作为资源利用的基本统计数据。此外，企业还会定期报告能源节约和技术革新的相关数据，帮助政府评估能源消耗的效率。

3. 森林资源数据。林业部门和企业会定期报告森林的面积、森林类型、森林蓄积量等。国家和地方林业部门发布的《中国森林资源报告》，就包括了全国森林资源的状况、森林面积变化、森林采伐量等重要数据。

（三）遥感技术与空间数据

1. 遥感卫星数据。随着遥感技术的发展，卫星监测成为资源统计的重要手段。通过遥感卫星对土地资源、森林资源、矿产资源、水资源等进行动态监测，提供了高效且准确的资源数据。遥感技术特别适用于对大范围资源的监控，如对土地变化、森林覆盖、沙漠化地区的监测等。例如，美国国家航空航天局（NASA）和欧洲航天局（ESA）等组织通过卫星图像，提供全球的森林变化、土地利用、土地覆盖等数据，支持全球资源管理和环境保护工作。

2. GIS（地理信息系统）数据。地理信息系统（GIS）可以对自然资源进行空间定位和定量分析，通过空间数据帮助分析资源的分布、变化趋势及其可持续性。许多国家和地区的资源管理部门，结合遥感数据和 GIS 技术，开展了资源普查和利用状况评估工作。

在中国，国家地理信息公共服务平台提供了土地、矿产、水资源等多种资源的空间数据，供政府、研究机构、企业使用。

（四）学术研究与调查数据

1. 大学与研究机构的研究数据。许多高校和研究机构进行资源利用、保护和管理方面的专项研究，它们的研究成果通常会发布在学术期刊、研究报告或者政府专项课题的成果中。这些研究数据通常是基于实地考察、样本调查、实验研究等方式获得，具有较高的科学性和精确性。例如，一些地质研究所或能源研究所会发布关于矿产资源储量评估、能源开发利用效率的研究报告，这些数据为资源管理和政策制定提供了基础支持。

2. 专门的资源调查。国家和地区的资源统计机构，通常会组织大规模的资源普查、专项调查等工作，收集和整理相关资源的数据。这些调查结果不仅为资源的开发提供数据支持，还为资源保护和可持续利用的策略制定提供了重要依据。例如，国家每十年进行一次全国矿产资源普查，普查结果对矿产资源的合理开发和保护具有重要参考价值。

（五）国际组织与跨国数据

1. 联合国统计局（UNSD）。联合国统计局负责国际层面上资源统计的标准化和数据汇总工作。通过各成员国的数据报告，联合国提供了全球资源的统计数据，包括水资源、能源、矿产、森林资源等。联合国还发布关于资源可持续利用、资源浪费等方面的全球报告，为各国制定资源政策提供参考。例如，联合国发布的《全球资源展望报告》，总结了各国资源开发的现状和趋势，为全球资源管理和可持续发展目标（SDGs）的制定提供了依据。

2. 世界银行与国际能源署（IEA）。世界银行和国际能源署（IEA）等国际组织也会定期发布资源利用方面的全球统计数据，包括能源生产、消费、储量、可再生资源利用等数据。这些数据为国际层面的资源政策、全球气候变化应对等提供了决策支持。

3. 跨国企业与联合行业组织。跨国企业和行业组织也定期发布关于资源的使用情况、技术创新和管理实践的报告。特别是能源、矿产、农业等资源密集型产业的跨国公司，通常会定期发布关于资源开发、生产效益、资源消耗等方面的数据。这些数据有助于理解全球资源使用的趋势，并为跨国政策制定提供支持。例如，国际能源署发布的《世界能源展望》，对全球能源的生产、消费、效率和未来发展做出预测，提供了全球能源资源利用的长期数据。

资源统计数据的来源多种多样，涵盖了政府统计部门、行业企业、遥感卫星、学术研究机构等多个方面。随着信息技术的发展，数据采集的手段更加高效，数据的透明度和可访问性也大大提高，为资源的合理开发、利用和可持续管理提供了坚实的数据基础。

第二节 资源统计指标

本节将详细讲解自然资源统计中使用的主要指标，具体包括土地资源、水资源、气候资源、矿产资源和生物资源等方面的统计。每种资源的统计指标都为科学评价和管理该资源提供了有力的数据基础。本节将展示如何通过科学统计方法，对各类自然资源进行有效的监测和管理，为环境保护与资源开发的决策提供准确的信息支持。

一、土地资源统计

（一）土地资源的概述

1. 土地资源的定义。土地资源是指生产上已经开发利用和尚未开发利用的土地数量和质量的总称。它承载着人类的生产活动以及地球陆地上的一切生物和非生物的存在和繁衍。土地是由气候、地形、土壤、生物、岩石和水文等自然要素相互作用构成的自然综合体，具有在一定条件下持续生产人类所需的生物产品的内在能力。土地资源是人类赖以生存和发展的物质基础和最基本的自然资源，具有资源和资产的双重特性，也具有自然因素和社会经济因素双重属性。

2. 土地资源的特点。

（1）土地资源的自然属性。

一是数量的有限性：地球上的土地资源是有限的，不能无限制地增加。随着人口的增长和经济的发展，土地资源的稀缺性日益凸显，可以通过土地资源的数量指标体现。

二是空间位置的固定性：土地是固定在地球表面的，不能移动或改变其地理位置。这使得土地资源的开发和利用受到地理位置的限制。

三是土地资源的更新性：土地具有一定的自我更新和恢复能力，如土壤可以通过自然过程和人为管理得到改良和更新，可通过土地复种指数体现。

四是性状的地域差异性：由于气候、地形、地质等自然条件的不同，土地资源的性状（如土壤肥力、水分条件等）在不同地区存在显著差异，可通过不同耕地利用率的不同体现。

五是利用的永续性：在合理利用和保护的前提下，土地资源可以长期为人类提供生产和生活所需的物质和服务。

（2）土地资源的社会经济属性。

一是供给的有限性：由于土地资源的自然数量有限，加上地理位置和性状差异，使得可供人类利用的土地资源在总量上是有限的，可以通过土地资源的数量指标体现。

二是用途的多样性：土地资源可以根据人类的需求进行多种用途的开发和利用，如农业、工业、住宅、交通等。例如农、林、牧用地结构指数，反映不同用途的土地之间的比例关系。

三是社会经济位置的可变性：随着经济的发展和城市化的推进，土地的社会经济位置可能会发生变化，如原本偏远的地区可能因交通改善而变成繁华的商业区。

四是资产性与垄断性：土地作为一种稀缺资源，具有资产价值，可以作为财产进行买卖和租赁。同时，由于土地资源的有限性和地理位置的固定性，使得土地所有者或使用者在一定程度上具有垄断地位。

　　五是土地资源与自然因素和人类活动的相关性：土地资源的开发和利用受到自然因素（如气候、地形等）和人类活动（如农业、工业等）的共同影响。

　　六是土地资源作用的不可替代性：土地是人类生存和发展的基础，其提供的生产和生活空间、资源和服务是其他资源无法替代的。

　　3. 土地资源的影响因素。

　　（1）气候要素：影响土地资源特征形成的最主要的气候要素包括光、热、水三个方面。

　　（2）地学要素：土地资源的地学因素主要体现在地球表面的地质与地貌两个方面，它是区域土壤形成的物质基础。

　　（3）水文要素：土地资源的水文条件主要包括地表水和地下水。

　　（4）土壤要素：在人类社会经济活动中，土壤也是其影响、利用土地资源的主要介质之一。

　　（5）生物要素：生物要素是土地资源质量的代表之一，能够反映土地资源的综合特征。

　　（6）人类活动：人类的各种干预与各个自然地理要素交互作用。土地资源在正常的条件下可以通过自然过程再生，但如果被利用速度超过再生速度就可能会耗竭。

　　4. 土地资源的分类。对土地资源进行分类有多种标准，第一种基于自然属性，其标准是土地所在位置的地形特征。一般分为平原、盆地、丘陵、高原和山地等，相应的统计指标就是它们各自的实际面积。对其统计有利于合理地使用各种地形的土地资源。

　　第二种基于经济属性，可分为以下八类，分别统计其面积，即可以得到按利用方式分类的土地资源类别统计指标（见表3－1）。

表3－1　　　　　　　　　　　　各种土地资源的分类

名称	类型
耕地面积	指种植农作物，经常进行耕锄的田地面积，包括水田面积和旱地面积
园地面积	指种植以采集果、叶、根、茎等为主的集约经营的多年生木本和草本作物、覆盖率75%或每公顷株数大于合理株数70%的土地面积。包括果园面积、桑园面积、茶园面积、橡胶园面积和其他园地的面积

续表

名称	类型
林地面积	指生长乔木、竹类、灌木、沿海红树林等林地的土地面积。包括已成林面积、灌木林面积、疏林面积、未成林面积和苗圃面积
草地面积	指生长草木植物为主，用于畜牧业的土地面积包括天然草地面积、改良草地面积和人工草地面积
城镇、村庄、工矿用地面积	指城乡居民点、独立于居民点以外的工矿、国防、名胜古迹等企事业单位用地。包括城市面积、建制镇面积、村庄面积、独立工矿用地面积、盐田面积和其他特殊用地面积
交通用地面积	指居民点以外的各种道路及其附属设施和民用机场用地面积。包括铁路用地面积、公路用地面积、民用机场用地面积和港口、码头用地面积
水域面积	指陆地水域和水利设施用地面积。包括河水水面面积、湖泊水域面积、水库水面面积、坑塘水面面积、滩涂面积、沟渠用地面积、水工建筑用地面积和冰川及永久积雪占地面积
未利用土地面积	包括荒草地面积、盐碱地面积、沼泽地面积、沙地面积和其他未利用土地面积

对各类土地进行分类，是对土地资源合理利用的前提和必要的准备。

（二）土地资源统计指标

1. 土地资源数量统计指标。土地资源数量统计指标是指反映土地利用、土地开发以及土地管理成果总规模、水平方面的指标。这一系列指标对我们从总量上把握土地资源，对其进行合理分配有着重要的意义。

土地总面积是指一个国家或行政区的所有土地面积的总和。既包括陆地面积，也包括陆地上的水域面积，实际上就是一个国家国土面积总和。它是对土地资源存量状况最具概括性的指标，反映总绝对数量。中国领土总面积为 1045 万平方公里，陆地国土面积为 960 多万平方公里，约占世界陆地总面积的 1/15。

按上节土地资源的两种分类（自然属性和经济属性），来测定不同土地资源的面积。在进行土地资源统计的时候，要表示土地资源的充裕程度，还要引入人口数量。常用指标是人均土地面积和人均耕地面积。

（1）人均土地面积。人均土地面积，即一个国家或行政区域内所有人口平均每人占有的土地面积，计算公式如下：

$$\overline{S}_l = \frac{S_t}{P}$$

式中，$\overline{S}_l$ 为人均土地面积；S_t 为土地总面积；P 为人口数量。

（2）人均耕地面积。人均耕地面积，即一个国家或行政区域内所有人口平均每人占有的耕地面积，计算公式如下：

$$\overline{S}_c = \frac{S_c}{P}$$

式中，$\overline{S}_c$ 为人均耕地面积；S_c 为耕地面积。

（3）森林总面积。森林总面积指林木占有及其所包围的全部土地面积。不仅包括林木丛生的土地面积（t_0），还包括林中的沼泽面积（t_1）、草地面积（t_2）、荒地等无林木的土地面积（t_3）。计算公式如下：

$$T = t_0 + t_1 + t_2 + t_3$$

（4）森林覆盖面积。森林覆盖面积即实有的森林面积，也叫郁闭林面积（包括郁闭度 0.2 以上的乔木林地面积和竹林地面积），是森林总面积与无林地面积之差，是有地林、灌木林、农田林网以及四旁（村旁、路旁、水旁、宅旁）林木的覆盖面积之和。计算公式如下：

$$t = T - t_3 - t_2 - t_1 = t_0$$

在上述两个指标的基础上，可推算出几个重要的统计分析指标。

（5）森林密度（ρ）。森林密度通常是森林覆盖面积与森林总面积之比。它可以概括地反映林区内森林生长的质量情况。更精确的森林密度指标用单位面积的树木棵数表示。其计算公式如下：

$$\rho = \frac{t}{T}$$

（6）森林采伐面积（q）。森林采伐面积指实际所采伐的森林面积。

（7）森林可采伐面积（Q）。当年可采伐的森林面积只包括过熟林、成熟林和一些低价改造林的面积。不包括中、近熟林龄组林分面积。

2. 土地资源利用统计指标。土地资源利用统计指标是用来反映土地利用及其变化状况的指标，它包括土地利用程度、土地集约经营程度和土地利用效果等三方面的内容。反映土地利用程度的统计指标如下：

土地利用率指已利用土地面积占土地总面积的百分比，综合反映土地开发利用程度。已利用土地面积是指人们从事农业生产、建设工矿企业、交通运输、城市、疗养、旅游等社会经济活动的用地面积。

（1）土地农业利用率指农用地面积（农用地包括耕地、园地、林地、牧草地和水产养殖用地）占土地总面积的比重，以反映土地农业利用程度，计算公式如下：

$$R_a = \frac{S_a}{S_t} \times 100\%$$

式中，R_a 为土地农业利用率；S_a 为农业用地面积；S_t 为土地总面积。

（2）农、林、牧用地结构指农、林、牧用地之间的比例关系，用以说明用地结构的合理程度。计算公式如下：

$$A : F : P = S_a : S_f : S_p$$

式中，S_a 为农业用地面积；S_f 为林业用地面积；S_p 为牧业用地面积。

（3）垦殖指数指耕地占土地总面积的百分比，用以反映土地在耕作上的开发利用的程度。计算公式如下：

$$I_c = \frac{S_p}{S_t} \times 100\%$$

式中，I_c 为垦殖指数；S_p 为耕地面积；S_t 为土地总面积。

（4）森林覆盖率指森林面积占土地总面积的比重，用以反映森林的拥有程度。计算公式如下：

$$R_f = \frac{S_f}{S_t} \times 100\%$$

式中，R_f 为森林覆盖率；S_f 为森林面积；S_t 为土地总面积。

（5）草原载畜量指每平方公里草原饲养牲畜的头数，用以反映牧区草原的利用程度。计算公式如下：

$$GC = \frac{T_a}{G_s} \times 100\%$$

式中，GC 为草原载畜量；T_a 为各种牲畜总头数；G_s 为草原面积。

（6）水面利用率指已利用水面面积占水面总面积的百分比。用以反映水面的利用程度。计算公式如下：

$$R_w = \frac{S_{wu}}{S_{wt}} \times 100\%$$

式中，R_w 为水面利用率；S_{wu} 为已利用水面面积；S_{wt} 为水面总面积。

（7）土地建设利用率指建设用地（包括居民点、工矿、交通、水利设施）面积占土地总面积的百分比。

（8）人口密度和交通密度：前者指每平方公里土地上的人口数量；后者指公路及铁路线总里程与土地总面积的比例（公里/平方公里），它们综合反映了土地资源的开发利用程度及经济发展水平程度。

3. 指标应用。

（1）土地集约经营程度的统计指标。土地仅仅是生产要素之一，它要与其他生产要素相结合才能在生产中发挥作用。在农业生产活动中，在同一面积土地上投入较多的生产资料和劳动，进行精耕细作，用提高单位面积产量的方法来增加产品总量，这种生产方法称为集约耕作。因此，所谓土地资源集约度，就是指在同一土地面积上投入的生产资料和劳动数量的多少。

由集约度的概念就可以知道，测度土地资源集约度指标的一般构成方式为：分子是各类投入量指标；分母为土地面积。就分母而言，既可以是土地总面积，也可以是各类土地的面积，但要保证投入使用范围与所投入的土地之范围的对应性。投入量可以用货币测度，也可以用实物量测度。用货币测度的好处在于可以将计量单位不同的投入品汇总，综合地反映土地的集约度（但劳动力一般不和其他物质投入合并），所以当用货币单位时，集约度统计指标的分子一般是资金投入；采用实物单位时，由于不同单位无法合并，分子种类很多，经常使用的有劳动力化肥施用量、地膜使用量和机械总动力等。

所以土地资源的集约度通常用各类投入量与土地面积的比例表示。而投入要素施用范围与土地范围对应，一般用货币测度。最能反映土地资源的集约度的指标是耕地资源集约度。

第一，复种指数指一年内在同一块耕地上种植农作物的平均次数，指全部农作物总播种面积与总耕地面积的比例关系，是结合自然条件用以反映耕地的集约经营程度。计算公式如下：

$$I_r = \frac{S_c}{S_p} \times 100\%$$

式中，I_r 为复种指数；S_c 为全部农作物总播种面积；S_p 为耕地总面积。

第二，耕地的资金集约度指资金投入量与耕地面积的比值。计算公式如下：

$$I_f = \frac{C_{tf}}{S_p}$$

式中，I_f 为耕地的资金集约度；C_{tf} 为生产耕地面积资金总量；S_p 为耕地面积。

第三，耕地的劳动集约度指劳动力投入量与耕地面积比。计算公式如下：

$$I_l = \frac{P_l}{S_p}$$

式中，I_l 为耕地的劳动集约度；P_l 为劳动力人数；S_p 为耕地面积。

第四，各种实物量表示的耕地资源集约度。包括：每公顷耕地拥有马力数，指在册拖拉机的总动力与耕地面积之比，反映耕地的农业机械化程度；有效灌溉面积比率，指有效灌溉面积与耕地面积之比，反映耕地灌溉程度；每公顷耕地肥料施用量，指肥料总施用量（折纯量）与耕地面积之比，反映肥料设施和培肥地力情况；每公顷耕地用电量，指种植业生产用电量与耕地面积之比，反映种植业生产的电气化程度；等等。

（2）反映土地利用经济效果的统计指标。

第一，单位播种面积产量或产值用以反映每亩播种面积经营利用的经济效果。计算公式如下：

$$P_a = \frac{P_i}{S_i} \times 100\%$$

式中，P_a 为单位播种面积产量（产值）；P_i 为某作物产量（产值）；S_i 为某作物播种面积。

第二，单位耕地面积产量或产值用以综合反映单位每亩耕地经营利用的经济效果。计算公式如下：

$$\overline{P}_a = \frac{P_t}{S_p} \times 100\%$$

式中，$\overline{P}_a$ 为单位耕地面积产量或产值；P_t 为总产量（产值）；S_p 为耕地面积。

第三，单位农用地总产值用以反映农用地（农、林、渔、牧）经营利用的经济效果。计算公式如下：

$$\overline{P}_g = \frac{P_a + P_f + P_{fi} + P_h}{S_a} \times 100\%$$

式中，$\overline{P}_g$ 为单位农用地总产值；$P_a + P_f + P_{fi} + P_h$ 为农、林、渔、牧业总产值；S_a 为农业用地面积。

第四，土地产出率为单位土地面积上的产值或产量。反映一个国家农业生产力水平的综合经济指标。计算公式如下：

$$R_o = \frac{O_t}{S_l} \times 100\%$$

式中，R_o 为土地产出率；O_t 为产值或产出；S_l 为土地面积。

第五，单位土地（农用地、耕地）面积净产值用以反映单位土地（农用地、耕地）面积上劳动创造的价值水平。计算公式如下：

$$\overline{ON} = \frac{V_a - V_c}{S}$$

式中，$\overline{ON}$ 为单位土地（农用地、耕地）面积净产值；V_a 为农产品产值；V_c 为消耗的生产资料价值；S 为农用地、耕地面积。

第六，单位土地（农用地、耕地）面积纯收入用以反映单位土地（农用地、耕地）面积的盈利率。计算公式如下：

$$\overline{RN} = \frac{O_a - C_p}{S}$$

式中，$\overline{RN}$ 为单位土地（农用地、耕地）面积纯收入；O_a 为农产品产值；C_p 为生产成本。

（三）土地市场

土地市场是指因土地交易产生的一切商品交换关系的总和。土地市场随土地制度的不同而不同。土地市场包括土地交易的客体或对象、土地交易的主体和土地交易的媒介要素。

土地市场的特点表现在：（1）交易实体的非转移性。由于土地位置固定，交易对象不移动，只产生权转移，实质是土地产权契约的交易。（2）地域性。土地位置的固定性，是一个地区性市场，其供求价格、价格水平和价格走势都是地区性的。（3）垄断性。土地容易形成垄断。不完全竞争和土地价格不完全由供求关系来决定，加之土地交易数额较大，土地市场具有垄断性。（4）供给弹性小。土地是一种不可再生资源，总量不变，土地的自然供给完全无弹性。由于土地的经济供给弹性很小，因此，在一定地域性市场内，土地价格主要由需求决定。对土地的需求增加，地租上升，地价随之上涨；反之，土地的需求减少，地租下降，地价下跌。（5）异质性。由于土地的自然异质性和空间区位的差异性，任何土地价格都只能是个别估价、个别成交。（6）引致性。土地是整个经济发展不可或缺的生产要素。因此，土地市场对经济发展具有明显的引导性。（7）权利主导性。土地位置的固定性使其不能像其他商品一样以实物流动的形式完成交易，土地市场中交易的只能是土地的权利。这种权利包括土地所有权、使用权、租赁权等。（8）不完全性。根据市场经济理论，只有完全的市场才能实现资源的优化配置，而土地市场并不是完全的（相对于一般商品市场而言）。在我国，城市土地归国家所有，农村土地归集体所有，为维护土地公有制，限制了土地所有权的交换行为，在土地市场上实际交易的是一定期限的土地使用权。因此土地市场具有不完全性。（9）专业性。土地市场具有很强的专业性，交易过程涉及许多复杂的法律、经济、技术等领域的知识。土地的估值、规划、转让等环节均需要专业的土地评估师、规划师、法律顾问等进行参与。

（四）土地价格

1. 土地价格的理论基础。土地价格的理论基础主要包括马克思土地价格理论和西方经济学的土地价格理论两个方面。马克思土地价格理论的要点包括：（1）自然状态的土地虽然不是劳动产品，没有价值，但有使用价值，并存在价格；（2）土地价格的实质是地租的资本化；（3）已利用的土地有土地物质和土地资本构成。土地价格是地租的资本化。

土地价格的内涵包括三个方面：（1）真正的地租，即绝对地租和级差地租；（2）土地投资的折旧；（3）土地投资的利息。土地价格就是以上三部分之和的资本化。

土地级差地租表达公式：

$$R_g = (P_p - C) \times Q_1 - (P_p - C) \times Q_0 = (P_p - C) \times (Q_1 - Q_0)$$

式中，R_g 为极差地租；P_p 为土地产品价格；C 为生产成本；Q_0 为劣等地的产量；Q_1 为优等地的产量。

现代西方经济体系的土地价格理论包括土地收益理论和土地需求理论两个方面。土地收益理论认为土地价格是土地收益即地租的资本化。这里的地租指经济地租，即土地总收益扣除总成本的余额。地价用公式表示为：

$$V_l = \frac{R - C_{te}}{r}$$

式中，V_l 为地价；R 为预期总收益，指在正常管理水平、正常市场状况、最佳土地利用形态时的收益；C_{te} 为预期总成本，包括各种税收、营运成本等；r 为资本化率，相当于稳定利率。

土地供求理论认为土地供给与需求是决定地价高低的主要因素。地价与土地的供给成反比，与需求量成正比。主要表现在，土地这一生产要素的价格完全由其需求决定。

2. 土地价格的特点和形式。土地价格的特点主要有：（1）土地价格是土地的权益价格；（2）土地价格不是土地价值的货币表现，不以生产成本定价；（3）土地价格主要由土地需求决定；（4）土地价格呈上升趋势；（5）土地价格具有强烈的地域性。

土地价格的形式主要有交易价格、评估价格、课税价格、抵押价格、土地所有权价格、土地使用权价格、基准价格、标定价格等。

3. 土地价格的影响因素。影响土地价格的因素主要有：（1）自身因素。如位置、地力、面积、地势、地质等，另外，气候、水文、植被等因素也会对土地价格产生一定影响。（2）社会经济因素。具体包括人口、经济发展速度、城市公共设施建设、居民收入状况等因素。其中，人口因素对土地价格的影响最大。（3）政策因素。主要包括国家经济发展政策、土地利用计划与规划、价格政策、税收政策等。（4）其他因素。

土地价格的变动趋势及规律性主要有：（1）土地价格呈总体上升趋势；（2）土地价格变动呈周期性特征；（3）土地价格变动具有明显的地区差异性；（4）地价在房地产价格中所占比重越来越大。

4. 实际土地价格的分析。

（1）市中心与郊区土地价格的差异。市中心的土地价格通常高于郊区，拥有更优越的区位条件、完善的基础设施、更高的经济发展水平和集聚的经济活动。市中心的土地稀缺性、高需求以及政府的土地出让政策共同推动了地价的上涨。城市规划和土地利用策略进一步影响了土地价格的形成，从用途分类上看，市中心区域往往规划有更多的商业和住宅用地；而郊区则可能有更多的工业和农业用地。此外，社会经济因素如人口密度、人均可支配收入和就业机会在市中心的集中，也增加了土地的吸引力和价值。随着城市发展，市中心与郊区之间的土地价格差异可能会发生变化，但市中心由于其独特的经济和社会优势，通常保持较高的土地价格水平。

（2）差异产生原因分析。经济学中，资源需要流动才能进行优化配置，而土地是不动产，它只能吸纳别的可流动的生产要素，因此，生产要素在不同土地的聚集程度等因素影响了"不可动"土地的价格。土地调查成果包括土地权属、土地利用现状及其变化情况、土地条件等，这些因素直接影响土地的价格。市中心地理位置优越，土地利用更为集中和高效，在土地资源的开发与利用情况上，市中心经济活动的密集，土地投入与开发利用程度高，对土地的需求量大；而郊区可能存在大量未开发或低效利用的土地，这导致了土地生产率也存在差异。并且，市中心土地供应相对有限，土地资源更为稀缺，而需求持续旺盛；郊区土地供给相对充足，需求相对较弱，因此价格相对较低。

此外，土地资源管理情况，包括土地供应政策、土地使用权出让方式等，都会影响土地价格。例如，政府可能会通过调整土地供应量和出让价格来影响土地市场，进而影响市中心和郊区的土地价格。

（3）土地生产率。土地生产率是反映土地生产能力的一项指标。又称土地生产水平。通常用生产周期内单位面积土地上的产品数量或产值来表示。在不同类型地区、不同的土地条件、不同的自然环境因素和社会经济条件下，土地生产率的差别是比较大的。即使在相同的自然条件下，由于物质投入、科学技术水平和经营管理水平不同，土地生产率也不同。根据最新《土地利用现状分类》国家标准，我国土地使用共分 12 个一级类、56 个二级类。其中一级类包括：耕地、园地、林地、草地、商服用地、工矿仓储用地、住宅用地、公共管理与公共服务用地、特殊用地、交通运输用地、水域及水利设施用地、其他土地。为了简化土地生产效率的测定，并根据已有研究，也可将土地生产分为农业生产类型和建设用地类型。

土地利用是指人们为了满足自身的需求，在特定的社会生产条件下，依据土地的自然特征和社会属性，对土地进行有计划的管理和开发，以及必要的改造活动。土地、劳动力和资本构成了土地利用的三大基本要素。不同的自然环境、社会背景、经济条件和技术进步都深刻地影响着土地利用的方式。因此，为了提高土地利用的效率，扩展土地利用的范围和深化土地利用的程度是相辅相成的两个方面，需要同步推进。而效率作为生产过程中的核心问题，在土地生产中也面临在产出既定的情况下追求成本最小化，或者是在成本既定的情况下追求收益最大化问题，土地利用效率反映了在土地资源作为生产要素的过程中，人们如何通过提升生产技术、优化各生产要素的配置比例，从而增强土地资源的使用效能，以实现土地产出的最大化。测算土地利用效率不仅有助于评估土地资源的使用状况，还能指导我们如何更合理地规划和利用土地，确保土地资源的可持续性和生产活动的高效率。这种评估对于制定土地管理政策、提高土地的经济和生态效益都具有重要意义。

反映土地生产效率的指标有如下：

第一，人口密度类指标。

第二，容积率类指标。

第三，土地产出率，是指在一定时间和特定区域（如地区或国家）内，单位面积土地上所生产出的有形物质产品和无形服务的价值总和。这个指标通常用来衡量土地的生产力水平，是一个综合经济指标，可以体现一个国家或地区的经济效率。土地产出率通常可以表示为"国内生产总值/公顷"或者"国内生产总值/平方公里"。

土地资源的集约度通常用各类投入量与土地面积的比例表示，指在一定面积土地上，投入的资金、劳动力或新技术措施的加强导致的效应反应。投入要素使用范围与土地范围对应，一般用货币测度。最能反映土地资源集约度的指标是耕地资源集约度。

上述介绍的三种单要素土地利用效率指标：人口密度类指标、容积率类指标和土地产出率指标，尽管在计算方法和数据要求方面较为简单，但是这些传统指标能否准确、全面地度量土地利用效率仍值得进一步推敲。

二、水资源

（一）水资源概述

水资源是人类赖以生存和发展的基础，它既是自然资源，又是至关重要的经济资源，对人类生产和生活具有广泛而深刻的影响。中国是一个水资源短缺的国家，人均水资源量仅占世界人均水平的1/4，在北方地区，水资源短缺已成为制约经济可持续增长的主要障碍。本节将以人类生产生活对水资源的利用为核心，提出水资源指标体系，并以此为基础分析经济活动对水资源利用的影响。

1. 水资源的定义。所谓水资源，顾名思义是水域资源两个概念的交集。水定义了它的自然属性；资源则指出其经济属性。简言之，水资源是指可以为人类所利用作为生产生活资源的水。1988年联合国教科文组织（UNESCO）和世界气象组织（WMO）给出的定义是："作为资源的水应当是可供利用或有可能被利用，具有足够数量和可用质量，并可适当地对某地对水的需求而言能长期供应的水源。"综合以上定义，并以分析水资源和人类活动相互影响关系为目标，本章将水资源定义为：在一定时期的经济技术条件下，人类可以用有经济意义的方式利用的、当年可更新的地表和浅层地下淡水资源。其用途分为三个方面：农业（灌溉、鱼塘补水）、工业（火电、一般工业）和生活（城镇和农村生活）。

全球水资源虽属于无限的自然资源，但可利用的淡水资源的总量是相当稳定的，且并不十分富足。地球上约有13.6亿立方公里的水，其中可供人类利用的淡水仅占2.7%。在可供人类利用的淡水中，有73%的淡水储藏于冰川及高山积冰之中，目前难以利用。当前世界性的水源污染、水质恶化，加剧了淡水资源的短缺。

2. 水资源的特点。

（1）流动性。水在日照和地球引力作用下不舍昼夜地运动着，在各种存在形式之间不停地转化。水的流动性导致对水资源进行准确统计十分困难，但却对人类利用水资源具有重要意义。例如河流的径流量数值的变动，反映河流水资源的流动性。

（2）稀缺性。水资源的稀缺性是指能够满足人类需求，被人类利用的水资源是有限的，不是取之不尽用之不竭的。在缺水地区，稀缺性突出表现为数量上的不足，在水资源丰富的区域，稀缺性主要源于污染造成的水资源质量问题，以及投资不足造成的供水普及率和清洁水源的可获得率不高等问题。水资源具有稀缺性是对水资源进行研究的基础。水资源的稀缺性可以通过水价在一定程度反映。

（3）不可替代性。人类生活用水是绝对不可替代的；某些生产用水在理论上可以替代，但往往会导致生产成本的大幅度提高。

（4）波动性。水资源的主要补给来自降水，而降水在不同年度之间的变化幅度是相当大的，这就给人类对水资源的利用带来很大的不确定性，可以通过降水量在季节以及年份之间的波动体现。

（二）水资源统计指标

1. 水资源总量。一定区域内的水资源总量指当地降水形成的地表和地下产水量，即地表径流量与降水入渗补给量之和，不包括过境水量。计算公式如下：

$$W = W_l + W_t - W_{rb}$$

式中，W 为水资源总量；W_l 为地表水资源量；W_t 为地下水资源量；W_{rb} 为重复计算量。

其中，地表水资源量指河流、湖泊、冰川等地表水体中由当地降水形成的、可以逐年更新的动态水量，即天然河川径流量；地下水资源量即地下产水量，指当地降水和地表水对饱水岩土层的补给量，应为河川基流、潜水蒸发、地下潜流等三项之和。地表水与地下水资源重复计算量，指地表水和地下水相互转化的部分，即在河川径流量中包括一部分地下水排泄量；地下水补给量中包括一部分来源于地表水的入渗量。

根据降水、地表水、地下水的转化和平衡关系，区域水资源总量可用下式计算：

$$W_t = P - E_s = R_s + U_p$$
$$W_t = R + E_g + U_g$$

式中，W_t 为区域水资源总量；P 为降水量；E_s 为地表蒸散发量；R_s 为地表径流量；U_p 为降水入渗对地下水的补给量；R 为河川径流量；E_g 为潜水蒸发量；U_g 为地下潜流量。

式中剔除了地表水和地下水互相转化的重复水量为河川基流量，原则上适用于山地、丘陵、平原等各种类型区域的水资源总量计算。

（1）地表水统计。水资源按其所处位置，可以分为地表水和地下水。地表水资源统计的主要指标是地表水资源量。所谓地表水资源量，是指水库、河流、湖泊、冰川等地表水体的动态水量。由于地表水体通常都是存在于特定河流流域之中的，所以有时也用天然河川径流量来统一地表水资源量。

第一，径流量指在特定时间内通过河流测流断面的总水量。用以反映一个国家或地区水资源的丰歉程度，如日径流总量、月径流总量、年径流总量等。以 m³、万 m³ 或亿 m³ 计。计算公式如下：

$$W = Q \times T$$

式中，T 为时间；Q 为时段平均流量。

径流量有时指流量，有时指径流总量。二者可用通用的计算公式：

$$Q_r = Q_p - Q_e$$

式中，Q_r 为径流量；Q_p 为降水量；Q_e 为蒸发量。

第二，径流模数也叫径流率。即在某一流域面积中，平均每平方公里每秒钟流出的水量。计算公式如下：

$$M = \frac{Q \times 10^3}{A}$$

式中，M 为径流模数；Q 为流量；A 为径流面积。

第三，径流变率又称模比系数，是各年径流模数与正常径流模数之比。如某年径流变率为：

$$K_i = \frac{M_i}{M_0}$$

式中，K_i 为某年的径流变率；M_i 为某年的径流模数；M_0 为多年平均径流模数。

第四，径流深度是指在某一观测时段内所测得的径流总体积，平均分布在测站以上的流域面积上所得到的水层高度，以毫米表示。计算公式如下：

$$Y = \frac{W \times 10^9}{A \times 10^{12}} = \frac{W}{A \times 1000}$$

式中，Y 为径流深度；W 为径流总量；A 为流域面积。

（2）地下水统计。地下水资源的主要统计指标是地下水资源量。所谓地下水资源量，是指降水、地表水体（含河道、湖库、渠系和渠灌田间）入渗补给地下含水层的动态水量。在确定流域分区或行政分区的地下水资源量时，要扣除山区和平原之间的重复计算。

地下水，就其补给条件而言，基本可分为两大类：一类是含水层埋藏较浅，直接受大气降水的补给，与地表水体有密切的联系，通常称之为浅层地下水；另一类是埋藏于地层深处，与降水、地表水和浅层地下水联系均很微弱，通常称之为深层地下水。一般我们所统计的地下水，都是人类可以大量提取的浅层地下水，因为浅层地下水参与水循环并可以逐年更新，与人类活动的关系最为密切。另一个反映地下水资源变化的重要指标是地下水水位。地下水水位随着降雨量、地下水开采量等自然因素和人为因素的变化不停变化，可以作为地下水开采量的一个较为直接的反映指标。

静储量是指在天然条件下，多年变化最低水位以下含水层中重力水的体积。计算公式如下：

$$Q = \mu \times H \times F$$

式中，μ 为承压含水层的疏干给水度；H 为承压含水层厚度；F 为计算区域面积。

2. 水资源利用统计指标。

（1）可利用水资源总量。可利用水资源总量是指某地区长年可用于生产和生活的淡水资源总量。它包括两个方面：一方面是可利用地表水总量；另一方面是可利用地下水总量。前者用年径流量表示；后者用地下水可开发量表示。计算公式如下：

$$W_{at} = R_y + R_{eg}$$

式中，W_{at} 为可利用水资源总量；R_y 为年径流量；R_{eg} 为地下水可开发量。

年径流量（R_y）指陆地上某个区域地表上水流的体积（按年计），包括从地下排出到地表上的水流。地下水可开发量是指以各种形式存在于地壳岩石或土壤空隙中的水可供开发的量。

（2）水资源利用总量统计。

第一，用水量。用水量（W_u）指出各种水源工程提供，分配给用户使用的包括输入水损失在内的毛用水量，计算单位是 m^3。用以度量人类从自然体系中的水资源系统输入到经济体系中的水资源，反映了在资源方面两个体系之间的直接交流。

第二，用水消耗量。用水消耗量（W_c）指在输水、用水过程中，通过蒸腾蒸发、土壤吸收、产品带走、居民的牲畜饮用等各种形式消耗掉而不能回归到地表水体或地下含水层的水量，用于测度进入经济系统但未以任何形式返回水资源系统的水资源量。

第三，全部用水量。全部用水量（W_{au}）指用水量与重复用水量之和，其中重复用水量指各次重复用水量的合计，反映生产生活中的实际用水量。

（3）水资源利用强度统计。

第一，用水系数。用水系数指生产单位产品所使用的水资源量，反映水资源利用强度。计算公式如下：

$$C_w = \frac{W_u}{q}$$

式中，C_w 为用水系数；W_u 为用水量；q 为使用这一数量的水资源所生产的产品数量。

该系数可用实物单位和货币单位计量。前者虽具有明确物理意义且不受价格影响，但不能将不同单位产品合并计算，在实际中难以应用。后者能克服这一点，不过会受到价格影响，因此在应用价值量用水系数时常进行时序比较和国际比较，进行价格调整以确保其可比性。

第二，人均生活用水量。人均生活用水量指人均每天满足生活需要的用水量，可理解为居民生活的用水系数。它反映居民生活用水的水资源利用强度（单位：升/人日），计算公式如下：

$$v = \frac{W_{ru}}{R \times N}$$

式中，W_{ru} 为居民生活用水量；R 为人口规模；N 为年天数。

（4）水资源利用效率统计。

第一，水资源总量利用率。水资源总量利用率指供水量与水资源量的比值，是反映水资源利用程度和稀缺程度的综合指标。水资源总量利用率高表明水资源利用效率低而且稀缺。计算公式如下：

$$R_{twu} = \frac{W_s}{W_r}$$

式中，R_{twu}为水资源总量利用率；W_s为供水量；W_r为水资源量。

第二，耗水率。耗水率是测度水资源利用效率的重要指标，特别是农业领域。计算公式如下：

$$R_{wc} = \frac{W_c}{W_u}$$

式中，R_{wc}为耗水率；W_c为用水消耗量；W_u为用水量。

第三，重复利用率（工业）。重复利用率（工业）（R_{wru}）是度量工业利用效率的重要指标。计算公式如下：

$$R_{wru} = \frac{W_{ru}}{W_{au}}$$

式中，R_{wru}为重复利用率；W_{ru}为重复利用水量；W_{au}为全部用水量。

第四，渠系水利用系数（农业）。完整的输配水灌溉渠道包括干渠、支渠、斗渠、农渠和毛渠。其中，农渠以上输配水量称为渠系水；农渠以下输配水量称为田间水。

一是渠道水利用系数（η_c）。某渠道的出口流量（净流量）与入口流量（毛流量）的比值，称为渠道水利用系数。换言之，某渠道下断面的流量与上断面流量的比值，称为该段渠道的渠道水利用系数。渠道水利用系数反映的是单一的某级渠道的输水损失。计算公式如下：

$$\eta_c = \frac{Q_n}{Q_g}$$

式中，η_c为渠道水利用系数；Q_n为渠道的出口流量（净流量）；Q_g为渠道的入口流量（毛流量）。

二是渠系水利用系数（η_{cs}）。渠系水利用系数反映了从渠道到农渠的各级输配水渠道的输水损失，它反映各级固定渠道的输水损失情况，是衡量渠道系统的输水效能、工程质量和管理水平的指标。其值等于同时工作的各级渠道的渠道水利用系数的乘积。计算公式如下：

$$\eta_{cs} = \eta_{tc} \times \eta_{bc} \times \eta_{lc} \times \eta_{sc}$$

式中，η_{cs} 为渠系水利用系数；η_{tc}，η_{bc} 为干、支渠的渠道水利用系数；η_{lc}，η_{sc} 为斗、农渠的渠道水利用系数。

三是田间水利用系数（η_f）。它是衡量田间工程质量和灌水技术水平的指标。是指农渠以下（包括临时毛渠直至田间）的水的利用系数，通常以 η_f 表示。若在田间工程配套齐全，质量良好，灌水技术合理的情况下，田间水利用系数可达到0.90；而水田可达到 0.90~0.95。

四是灌溉水利用系数。一定时期内灌区实际灌溉面积上有效利用的水量（不包括深层渗漏和田间流失）与渠首进水总量的比值。它反映全灌区各级渠道输水损失和田间用水状况，是衡量灌溉水利用程度、工程质量和管理水平的指标。

灌溉水利用系数，也可用下式表示：

$$\eta_{iw} = \eta_{cs} \times \eta_f$$

式中，η_{iw} 为灌溉水利用系数；η_{cs} 为渠系水利用系数；η_f 为田间水利用系数。

五是灌溉效率（E_i）。全年或灌溉季节内平均一个流量（1.3m/s）可灌的亩数；或指一次灌水期内，平均一个流量每昼夜可灌亩数。用机电灌溉时，其灌溉效率为每马力或千瓦所灌的面积。

3. 水力资源强度统计。

（1）理论水力资源。理论水力资源又称为理论平均水力，可用千瓦计，也可用千瓦小时计。计算公式如下：

$$Q_t = R_a \times \Delta h \times g$$

式中，Q_t 为理论水力资源；R_a 为年径流量各河段天然平均流量；Δh 为各河段天然落差；g 为重力加速度。

理论水力资源适用于无法测量或者测量难度较大的未开发利用的水力资源的统计，是对某地区此类水利资源的预测值，衡量的是某地区理论上可利用的水资源。但是可能因为地质情况、资金和科学技术发展水平等的限制，实际开发时并没有完全利用理论上的全部水力资源，该指标对实际经过开发利用后的水力资源可能并不适用，因此引入可开发水力资源有效利用率指标。

（2）可开发水力资源。可开发水力资源又称潜在水力资源，它由理论水力资源中，扣除边远地区和不切实际的部分而得。这一指标同理论水力资源相比，可测算出水力资源有效利用率指标。计算公式如下：

$$R_w = \overline{R}_w \times h$$

式中，R_w 为可开发水力资源；$\overline{R}_w$ 为平均可开发的水力资源；h 为年平均利用小时。

水利资源利用率：

$$R_{wu} = \frac{Q_r}{Q_t} \times 100\%$$

式中，R_{wu} 为水力资源利用率；Q_r 为可开发水力资源量；Q_t 为理论水力资源量。

（三）水资源的利用

水资源按照其用途可以分为三个方面：农业、工业和生活三大用途。具体如图 3 - 2 所示。

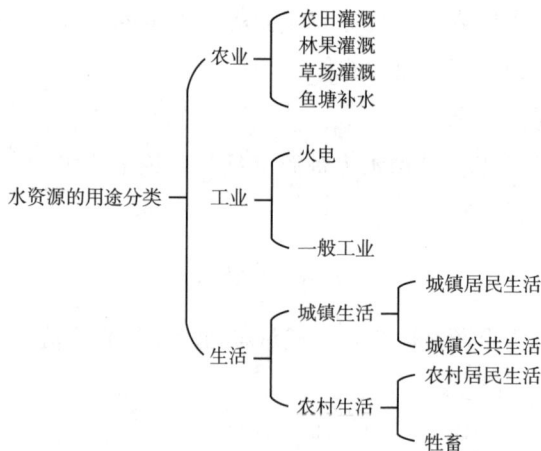

图 3 - 2　水资源的用途分类

（四）水平衡

地球上的水时时刻刻都在循环运动，从长期来看，全球水的总量没有什么变化。但是，对一个地区来说，有的时候降水量多，有的时候降水量少。某个地区在某一段时期内，水量收入和支出差额，等于该地区的储水变化量。这就是水平衡原理。根据水平衡原理，一条外流河流域内某一段时期的水平衡方程式为：

$$\Delta S = P - E - R$$

式中，ΔS 为流域储水变量；P 为流域降水量；E 为流域蒸发量；R 为流域径流量。从多年月平均来说，流域储水变量 ΔS 的值趋于零。

流域多年水平衡方程式为：

$$P_0 = E_0 + R_0$$

式中，P_0，E_0，R_0 分别为多年的平均降水量，蒸发量，径流量。

海洋的蒸发量大于降水量，多年平均降水量平衡方程式可写为：

$$P_0 = E_0 - R_0$$

全球多年平均水平衡公式为：$P_0 = E_0$。

（五）水循环

1. 水分循环。自然界的水分，由于具有三态（固态、液态、气态），并且在常温条件下可以相互转化，在太阳辐射和地心引力的作用下，产生了海陆水分循环（大循环）以及局部（陆地或海洋内部）水分循环（小循环）的自然现象。通过蒸发、降水、渗透、径流等环节，自然界的各种水体并不是孤立地存在着，而是相互之间具有密切的联系。自然界的水在不断地运动、变化、循环过程中，根据质量守恒原理，水分收支平衡。从全球来讲，水从地球形成之日起产生并依附于地壳、地表和大气中，不断进行物理和化学变化。但其总量基本未变，全球统计资料表明，多年平均降水量等于蒸发量。对于任一地区或流域来讲，在任一时段内，收入的水量与支出的水量之间的差额必等于其蓄水量的变化，这就是水量平衡原理。

2. 水量平衡方程。根据水量平衡原理可以导出陆地的、海洋的、全球的以及流域的水量平衡方程式。

（1）陆地的水量平衡方程式：

$$E_l = P_l - R$$

式中，E_l 为多年平均蒸发量；P_l 为陆地上的多年平均降水量；R 为河流流出的多年平均径流量。对于陆地，多年平均蒸发量（E_l）等于陆地上的多年平均降水量（P_l）与河流流出的多年平均径流量（R）之差。

（2）海洋的水量平衡方程式：

$$E_o = P_o + R$$

式中，E_o 为海洋多年平均蒸发量；P_o 为海洋多年平均降水量；R 河流流入海洋的多年平均径流量。对于海洋，多年平均蒸发量（E_o）等于海洋上的多年平均降水量（P_o）与河流流入海洋的多年平均径流量（R）之和。

（3）全球的水量平衡方程式：

$$E_l + E_o = P_o + P_l$$

该式表明，陆地和海洋上的多年平均蒸发量，等于降落到陆地和海洋上的多年平均降水量；或地球上的多年平均蒸发量（E）等于多年平均降水量（P）。

（4）流域的水量平衡方程式：

$$P = R + E \pm \Delta V$$

式中，ΔV 为流域内蓄水变量。在多水期，流域内蓄水变量 ΔV 为正值，表示在一个时段内，降水量除消耗于蒸发和径流外，还能使流域蓄水量增加；在少水期，ΔV 为负值，表示蒸发和径流除消耗掉降水外，还消耗了流域内的部分蓄水量，故使蓄水量减少。

如果计算多年平均值，有 $\sum (\pm \Delta V) = 0$，则方程式变为：

$$P = R + E$$

（5）区域水平衡通式。

对于一个区域来讲，水循环的过程如图 3-3 所示。

如图 3-3 所示，地表水、土壤水、地下水是陆地上普遍存在的三种水体，

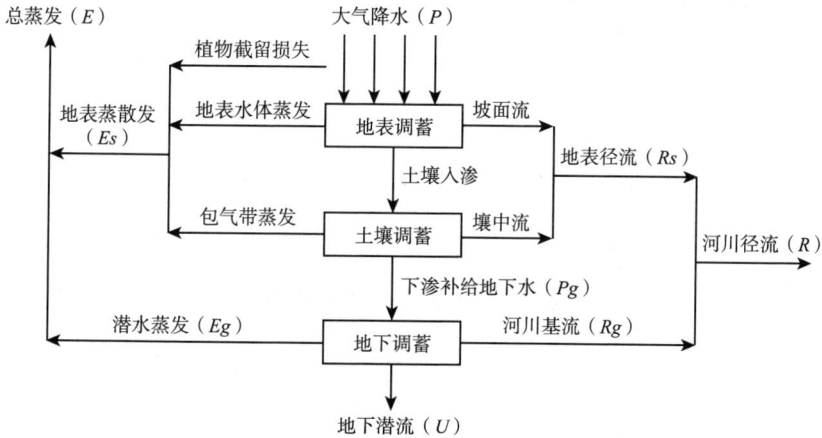

图 3 - 3 区域水循环概念模型

与人类的关系最密切。近代水文学将地表水、土壤水和地下水作为一个相互作用、相互转化的完整体系来看待。

因资料受限，难以将坡面流和壤中流分别作出定量估算，通常把两者合在一起称为地表径流。同样原因，把植物截留损失、地表水体蒸发和包气带（地面以下潜水面以上的地带，也称非饱和带，是大气水和地表水同地下水发生联系并进行水分交换的地带，它是岩土颗粒、水、空气三者同时存在的一个复杂系统。包气带具有吸收水分、保持水分和传递水分的能力）蒸散发合在一起，称为地表蒸散发量。

天然情况下，总补给量为大气降水量（P），总排泄量为河川径流量（R）、总蒸发量（E）和地下潜流（U）之和，总补给量与总排泄量之差则为区域内地表水、土壤水、地下水的蓄变量（ΔV）。

故区域的水平衡通式为：

$$P = R + E + U \pm \Delta V$$

在多年均衡情况下，区域蓄变量可以忽略不计，上式简化为：

$$P = R + E + U$$

按照地下水补给量与排泄量相等的原理，天然情况下地下水的降水下渗补给量（P_g），应为河川基流（R_g）、潜水蒸发（E_g）和地下潜流（U）三项之和，即：

$$P_g = R_g + E_g + U$$

河川径流量（R）可分为地表径流量（R_s）和河川基流量（R_g），即：

$$R = R_s + R_g$$

总蒸发量（E）包括地表蒸散发量（E_s）和潜水蒸发量（E_g），即：

$$E = E_s + E_g$$

所以，区域水平衡通式可改写为：

$$P = R_s + R_g + E_s + E_g + U$$
$$或\ P = R_s + P_g + E_s$$

式中，P 为降水量；R_s 为地表径流量；R_g 为河川基流量；E_s 为地表蒸散发量；E_g 为潜水蒸发量；U 为地下潜流量；P_g 为地下水的降水下渗补给量。

该式反映了大气降水、地表径流、地下径流（包括垂向运动）、地表蒸散发之间的平衡关系，有助于地表水和地下水的综合评价，可适用于山区、平原、闭合流域、非闭合流域等各种类型地区的水平衡要素分析。

（六）水资源承载力

1. 水资源承载力的概念。水资源承载力是指一个流域（地区或者国家）在不同阶段的社会经济和技术条件下，水资源合理开发利用的前提下，当地水资源系统能够维系和支撑的人口、经济和环境规模总量。

2. 水资源承载力的度量和计算。

（1）生态需水量（W_e）的计算。生态需水量是指水资源短缺地区为了维系生物群落的基本生存以及河流、湖泊等一定生态环境质量的最小水资源需求量。它通常由河道外的生态需水的估算和河道内的生态需水的估算扣除其重复的水量构成。

$$W_e = W_p + W_{ef} + W_q + W_{sh}$$

式中，W_e 为生态需水量；W_p 为植物需水量；W_{ef} 为水体生态流量需求；W_q 为水质维护需求；W_{sh} 为土壤湿度需求。

（2）可利用水资源量（W_a）。可以用水资源量是指在经济合理、技术可行和环境许可的前提下，通过技术措施可以利用的不重复的一次性水资源量。原则上讲，可利用水资源量可以通过流域可更新的地表水与地下水资源总量加上境外调水扣除生态需水量加以估算，计算公式如下：

$$W_a = aW_l + W_t - W_e$$

式中，W_a 为可利用水资源量；W_l 为地表水；W_t 为地下水资源总量；W_e 为生态需水量；a 为更新系数。

第一，流域水资源承载力的平衡指数（I_{wsd}）。

$$I_{wsd} = \frac{W_s - W_d}{W_s} = 1 - \frac{W_d}{W_s}$$

式中，I_{wsd} 为流域水资源承载力的平衡指数；W_s 为水资源供给量；W_d 为水资源需求量。

当流域可用水量小于流域社会经济系统的需求量（$W_s - W_d$）时，即时，有 $I_{wsd} < 0$，这说明流域可用水量不具备对这样规模的社会经济系统的支撑能力。流域水资源对应的人口及经济规模是不可承载的，但是，通过调水增加 W_s 和通过节水增加 W_d 可提高 I_{wsd}；反过来，说明流域可利用水量具备对这样规模的社会经济系统的支撑能力，与水资源对应的人口及经济规模是可承载的，供需良好。

第二，水资源承载力的分量测度。当水资源系统供需平衡达到临界状态 $W_s = W_d$ 时，可供水资源量 $\hat{W}_s$，可以进一步定义水资源承载力的各个分量，即：

$$\lambda_1 = \frac{P}{\hat{W}_{s1}}, \lambda_2 = \frac{GDP}{\hat{W}_{s2}}, \cdots, \lambda_n = \frac{H}{\hat{W}_{sn}}$$

式中，λ_1 为维持现状（目标）水平的人口规模所需要的最少可利用的水资源量 $\hat{W}_{s1}$；λ_2 为维系现在（目标）水平的经济规模所需要的最少可利用水资源量 $\hat{W}_{s2}$；λ_n 为维系现在（目标）水平的经济净福利所需要的最少可利用水资源量 $\hat{W}_{sn}$；如此等等。

第三，单位水资源承载力的度量。流域的综合水资源承载力 F 是其分量的集成，例如：

$$\lambda = \frac{\overline{GDP}}{W_s} = \frac{GDP/P}{W_s}$$

为了达到水资源承载力分量和总量可比性的目的，可以进一步转化水资源承载力分量为某单位水资源量的承载力指标参数。例如，当统一转化 W_0 为 10^8 m^3 的可比单位水资源量，有对应的水资源承载力的各个分量，计算公式如下：

$$F_1 = \frac{\hat{W}_{s1}}{W_0}\lambda_1, F_2 = \frac{\hat{W}_{s2}}{W_0}\lambda_2, \cdots, F_n = \frac{\hat{W}_{sn}}{W_0}\lambda_n$$

式中，F_i 为流域系统第 i 个水资源承载力分量。

三、气候资源

（一）气候资源概述

1. 气候资源的定义。气候资源通常指光、热、水、风、大气成分等，作为人类生产、生活必不可少的主要自然资源，可被人类直接或间接地利用，或在一定的技术和经济条件下为人类提供物质及能量。气候资源分为热量资源、光能资源、水分资源、风能资源和大气成分资源等。因其具有普遍性、清洁性和可再生性，已被广泛应用于国计民生的各个方面，在人类可持续发展中占据重要地位和作用。

2. 气候资源的特点。

（1）气候资源的自然属性。

首先，气候资源具有非劳动性。分布于大气圈中，表现为自然物质和能量，是自然过程所产生的天然生成物，没有凝结抽象劳动，是非劳动产品。

其次，气候资源具有整体性。气候资源是整个生态体系中极为重要的一部分，它与其他自然资源互存相连，共同构成庞大、复杂、流动、互相影响和联系的生态体系，在一定时间内，即使气候的微小变化也能引起生态系统成分的巨大变化，气候变化导致的气温和降水模式的改变是造成生态系统和人文系统脆弱的主要原因之一。

（2）气候资源的社会属性。

第一，气候资源是一种公共资源，具有共享性。它广泛存在于大气圈中，为地球上的所有生命体提供必要的生存条件。无论是人类、动物还是植物，都需要依赖气候资源来维持生命活动。同时，气候资源也是人类社会发展的重要基础，被广泛应用于农业、工业、交通、旅游等多个领域。这种共享性和公共性使得气候资源成为人类社会共同享有的宝贵财富。

第二，气候资源具有非排他性，表现在两个方面：一是资源享用上的非排斥性，即个人或团体在享用气候资源时，无法排除他人也同时享用；二是利用气候资源时不能影响或排斥其他人享用，否则与公众的共同利益相违背。这种非排他性使得气候资源成为一种典型的公共资源，需要全社会共同保护和合理利用。

第三，气候资源的开发利用具有外部性。这种外部性既可能表现为正外部性，也可能表现为负外部性。正外部性是指气候资源的开发利用对他人或社会产生的积极影响，如提高能源利用效率、减少环境污染等。负外部性则是指气候资源的开发利用对他人或社会产生的消极影响，如破坏生态环境、影响气候系统等。因此，在开发利用气候资源时，需要充分考虑其外部性，并采取相应的措施来减少负面影响，实现可持续发展。

第四，气候资源具有价值性。气候资源具有效用性，尽管气候资源通常被当作恒定资源或非耗竭性资源，认为它们在自然中大量存在，然而人类利用恒定资源的经济技术水平有限，开发利用量也极为有限，因而具有稀缺性。这两种特性决定气候资源是有价值的价值体，可以通过市场进行交易，例如碳排放权交易、太阳能发电项目的开发权。

（二）气候资源统计指标

1. 降水。降水指一定时段内落到地面上的降水所积成的水层深度，通常以毫米数（mm）表示。测算时固态水（如雪、冰雹）需折合成液态水。

在计算降水量的过程中，应考虑以下指标：

（1）月降水量。月降水量是将全月各日的降水量累加而得。计算公式如下：

$$R_m = \sum_{i=1}^{n} R_i$$

式中，R_m 为月降水量，单位为毫米（mm）；R_i 为第 i 日的降水量（mm）；n 为该月的总天数。

（2）年平均降水量。年平均降水量是指某个时段内的多年平均降水量（多采用30年序列）。计算公式如下：

$$R_{ay} = \frac{1}{N} \sum_{j=1}^{N} Y_j$$

式中，R_{ay} 为年平均降水量（mm/年）；Y_j 为第 j 年的年降水量总量（mm）；N 为统计年数（通常取 $N = 30$ 年）。

（3）年降水总量。年降水总量是指全年每日定时观测值之和，也就是将12个月的月降水量累加而得，用立方毫米（mm^3）表示。计算公式如下：

$$R_y = \sum_{k=1}^{12} M_k$$

式中，R_y 为年降水总量，单位为毫米（mm）；M_k 为第 k 个月的月降水量（mm）。

（4）流域平均雨量。流域平均雨量又叫面雨量，是整个区域内单位面积上的平均降水量，能较客观地反映整个区域的降水情况。常用两种方法求得。一是算术平均法：

$$S = \frac{\sum h_i}{n}$$

式中，S 为流域平均雨量；h_i 为该区域内各站同一时段内的雨量；n 为该区域内测站数。这种方法适用于流域内测站分布较均匀的情况。

另一种方法叫作"面积权重法"（又叫作泰森多边形法），将流域分为若干个多边形小区域，并保证每个小区域内有一个雨量测点。计算公式如下：

$$S = \sum A_i P_i$$

式中，A_i 为第 i 个小区域面积；P_i 为第 i 个小区域所包含的测站雨量。

（5）净雨量。净雨量指降雨量中扣除植物截留、下渗、填洼与蒸发等各种损失后所剩下的那部分量，也叫作有效降雨，在数量上等于它所形成的径流深度。在我国常称净雨量为产流量，降雨转化为净雨的过程为产流过程，关于净雨的计算称之为产流计算。产流计算的方法有降雨径流相关图法和初损后损法等。时段净雨量的计算：

$$R_s = P - f \times \Delta t$$

式中，R_s 为净雨量；P 为时段降雨量（扣除蒸发），单位：mm；f 为时段平均入渗率，单位：mm/h；Δt 为时段，单位：h。

2. 光能。

（1）日照时数。日照时间是指太阳光在一天当中从日出到日落实际的照射小时数。而日照时数是指在某个地点，一天当中太阳光达到一定的辐照度（一般以 120w/m^2 为标准）时一直到小于此辐照度所经过的小时数。日照时数小于日照时间。计算公式如下：

$$T_l = t_{sunset} - t_{sunrise}$$

式中，T_l 为可照时数（小时）；t_{sunset} 为日落时间；$t_{sunrise}$ 为日出时间。

日照数可分为可照时数和实照时数两种。可照时数相当于日出至日落时间间隔、其时间长短随纬度和季节而变化。实照数是指在可照时数中扣除云雾遮挡时间，太阳直射光直达地面时间间隔。实照时数小于或等于可照时数两者的百分比称作日照百分率，它表达了晴阴的天气状况。此外，可照时数与曙暮光时间之和为光照时数，它是用于分析植物光照期现象的基础变量。计算公式如下：

$$T_{rl} = T_l - T_s$$

式中，T_{rl} 为实照时数（小时）；T_s 为云雾遮挡时间。

$$T_g = T_l + T_t$$

式中，T_g 为光照时数（小时）；T_t 为曙暮光时间。

（2）日照百分率。日照百分率反映晴阴天气状况。计算公式如下：

$$R_l = T_{rl}/T_l$$

式中，R_l 为日照百分率；T_{rl} 为实照时数；T_l 为可照时数。

（3）平均日照时数。

第一，年平均日照时数是指某地的一年或若干年的日照时数总和的平均值。例如，某地 1985～1995 年实际测量的年平均日照时数是 2053.6h，日平均日照时数就是 5.63h。计算公式如下：

$$T_{yal} = \frac{1}{N} \sum_{i=1}^{N} S_i$$

式中，T_{yal} 为年平均日照时数（小时/年）；S_i 为第 i 年的年实际时数；N 为统计年数。

第二，日平均日照时数。

$$T_{dal} = \frac{T_{yal}}{365}$$

式中，T_{dal} 为日平均日照时数（小时/日）。

（4）峰值日照时数。峰值日照时数是将当地的太阳辐射量折算成标准测试条件（辐照度 1000w/m²）下的小时数。例如，某地某天的日照时间是 8.5h，但不可能在这 8.5h 中太阳的辐照度都是 1000w/m²，而是从弱到强再从强到弱变化的，若测得这天累计的太阳辐射量是 3600wh/m²，则这天的峰值日照时数就是 3.6h。因此，在计算太阳能光伏发电系统的发电量时一般都采用平均峰值日照时数作为参考值。计算公式如下：

$$T_{dp} = \frac{E_{all}}{1000\text{w/m}^2}$$

式中，T_{dp} 为峰值日照时数（小时）；E_{all} 为当日太阳辐射总量（单位：wh/m²）。

平均峰值日照时数：

$$T_{adp} = \frac{1}{N} \sum_{i=1}^{N} T_{dpi}$$

式中，T_{adp} 为多年平均峰值日照时数（小时）；T_{dpi} 为某年峰值日照时数。

（5）光照度。光照度（光照强度）指单位面积上所接受的光通量。光照度在一定程度上反映了植物所能选择吸收的可见光强弱。光照度的测量单位是勤克斯，在农业研究中，采用照度计测量范围接近，大致在 380~710 纳米波长之间，属于可见光的主要波长段。

第一，在计算地板、桌面、作业台面平均照度可以用下列基本公式进行，略估算出灯具照度。计算公式如下：

$$LI = \frac{LF}{S}$$

式中，LI 为灯具照度；LF 为光通量；S 为光照面积。

第二，在整体照明的情况下，可以用下列公式进行计算：

$$E_{av} = \frac{\Phi \times N \times CU \times K}{l \times w}$$

式中，E_{av} 为平均照度；Φ 为单个光通量；N 为灯具数量；CU 为空间利用系数；K 为维护系数；l 为地板长；w 为地板宽。

3. 风能。

（1）风能密度。风能密度是指垂直于气流的单位截面积上风的功率，即空气在 1 秒内以速度 V 流过单位面积所产生的动能。用符号 P_w 表示，单位为 w/m^2，计算公式如下：

$$P_w = \frac{1}{2}\rho \times V^3$$

式中，P_w 为风能密度；ρ 为空气密度；V 为风速。

（2）平均风能密度。风能密度是描述一个地方风能潜力的最方便最有价值的量，但是在实际当中风速每时每刻都在变化，不能使用某个瞬时风速值来计算风能密度，只有长期风速观察资料才能反映其规律，故引出了平均风能密度的概念。因为风速的随机性很大，用某一瞬时的风速无法来评估某一地区的风能潜力，因此我们将平均风速代入上式得出平均风能密度：

$$W = \frac{1}{T}\int 0.5\rho V^3 dt$$

式中，W 为该段时间 $0~T$ 内的平均风能密度；ρ 为空气密度（ρ 的变化可以忽略不计）；V 为对应 T 时刻的风速。

（3）总风能密度。总风能密度（P_{aw}）指按大于 0 米/秒的全部风速值计算出的风能密度，代表风能的自然贮藏量。但对风能利用系统来说，微风或风很大时，风能资源无效。因此我们用有效风能密度来表示。

$$P_{aw} = \frac{1}{T}\int_0^\infty \frac{1}{2}\rho v^3 f(v)\, dv$$

式中，P_{aw} 为总风能密度（单位：瓦特/平方米，w/m^2）；T 为统计时段总时长（如一年）；ρ 为空气密度；v 为风速（米/秒，m/s）；$f(v)$ 为风速概率分布函数（如威布尔分布）。

（4）有效风能密度。有效风能密度（P_{ew}）指当前技术条件下能利用的风速所产生的风能密度。我国目前风能利用系统设计的启动风速为 3m/s，切断风速为 20m/s，二者之间的风速称为有效风速，按有效风速计算的风能密度即是有效风能密度。

$$P_{ew} = \frac{1}{T}\int_{v_s}^{v_t} \frac{1}{2}\rho v^3 f(v)\, dv$$

式中，P_{ew} 为有效风能密度（单位：瓦特/平方米，w/m^2）；v_s 为风能系统启动风速；v_t 为风能系统切断风速。

4. 热量。热量是指地表或大气吸收太阳辐射后所产生的能量。热量资源主要是指农业生产可以利用的热量，通常以温度表示。根据能量守恒定律，某一活动面热量的吸收、转化和支出维持平衡，称为热量平衡。它包括地球表面、大气和地气系统的热量平衡。

地球表面热量平衡方程式为：

$$R_s = LE + P + A + \Delta$$

式中，R_s 为地表净辐射，为地表吸收的太阳总辐射与射出辐射的差额；LE 为蒸发耗热；P 为地面与大气间的热交换；A 为地面与下层土壤（或水）之间的热交换；Δ 为用于地面增温以及植物光合作用等所消耗的热量，通常不考虑。

5. 潮汐能。潮汐是一种世界性的海平面周期性变化的现象，由于受月亮和太阳这两个万有引力源的作用，海平面每昼夜有两次涨落。潮汐作为一种自然现象，为人类的航海、捕捞和晒盐提供了方便，更值得指出的是，它还可以转变成电能。潮汐能是指海水潮涨和潮落形成的水的势能，其利用原理和水力发电相似。潮汐能的能量与潮量和潮差成正比。或者说，与潮差的平方和水库的面积成正比。与水力发电相比，潮汐能的能量密度很低，相当于微水头发电的水平。一般说来，平均潮差在3m以上就有实际应用价值。

$$E_{tidal} = \frac{1}{2}\rho \times g \times A \times h^{2}$$

式中，E_{tidal}为单次潮汐周期内可获取的理论势能（焦耳，J）；ρ为海水密度（约1025kg/m³）；g为重力加速度（9.8m/s²）；A为潮汐水库的有效面积（平方米，m²）；h为潮差（米，m），即高潮位与低潮位的高度差。

四、矿产资源

（一）矿产资源概述

矿产资源属于不可再生的自然资源，其中一些金属（如金、铂，甚至铜、铁、锡、锌等）是可以重复利用的；而石油、煤炭、天然气等能源矿产则是不能重复利用的。

由于矿产资源的开发利用历史悠久，人类对其认识也在不断深化，不同学科领域的专家对矿产资源的理解、要求不尽相同，地质专家主要侧重于矿产资源的形成、赋存等方面；找矿专家主要强调矿产资源的赋存状态和数量，即矿产储量；而经济、管理专家则主要强调矿产资源的经济意义。因此，这就使得矿产资源的定义各有不同。

1. 常见定义。

（1）矿产资源是赋存于地壳内部或表面，呈固态、液态或气态的地质作用产物。它既包括在当前的技术经济条件下可以开发利用的物质，又包括在未来的条件下具有潜在价值的物质。

（2）矿产资源是指今后几十年中具有经济意义的原地资源，它包括经济上可采的（实际上的储量）及次经济和边界经济的资源。

（3）将勘探储量 A、B、C_1 和初步评价储量 C_2 合称为储量，将 P_1、P_2、P_3 等预测储量称为资源，资源总量等于储量加预测资源量加暂不能利用的资源量。

（4）矿产资源总量定为矿产储量加次经济矿产资源量加潜在的矿产资源量。

（5）在地壳内部或表面天然形成的固态、液态或气态物质的堆积体，它们现在或潜在有可能成为有经济价值的开采对象。

2. 内涵理解。综上所述，我们可以从以下几个方面去认识矿产资源的含义。

（1）矿产资源是赋存在地壳中有用的岩石、矿物和元素的聚集物，它们经过漫长的成岩成矿作用而富集，可作为一种物质财富或商品，在目前或可以预见的将来加以开发利用，即矿产资源的天然物质意义。

（2）矿产资源在开发利用的过程中，必须是在科学技术上能够实现的，在经济上是合理的。例如随着技术的进步，人类可利用的矿产资源，不论是从品种上还是从数量上，都是在不断增加的。同时，随着社会劳动生产力的提高，就可能使一些过去不宜开发的低品位矿物堆积物变成矿产资源。因此，在分析研究矿产资源时，必须综合考虑这两个方面，即矿产资源的技术经济含义。

（3）与其他一切事物一样，矿产资源量的确定，除了必须依据技术、经济条件外，还必须考虑政治条件和军事条件的变化，例如随着政治或国防上的需要，可能使一些在正常条件下不宜开采的矿产资源成为可供开采的矿产储量，也可能为了战略储备，禁止开发某些矿产，使一些可供开采的矿产储量变成实际上的矿产资源，即矿产资源的政治军事意义。

（4）矿产资源开发与人类的关系。随着人类对矿产资源开发利用程度的提高（包括数量和质量两个方面），矿产资源对人类的贡献也越来越大，若处理不好，对自然界的破坏作用也将越来越大，并造成自然对人类的反作用不断增强。应确保人类与自然的平衡，避免只顾眼前利益而引起的对矿产资源的盲目开采从而造成自然对人类的惩罚（包括产生资源危机和自然灾害），即矿产资源的社会意义。

由此可见，矿产资源应是一个包括地质、技术、经济、政治（含军事）、社会的综合概念，由以上各因素所决定的它在数量上的变化，使其也是具有动态性的概念。所以在我们今后考虑矿产资源问题时，必须考虑上述诸多因素，同时还应从动态的概念出发，分析矿产资源的现状和未来，合理地解决矿产资源的勘查、开发、利用和保护等问题。

3. 定义。综上所述，我们可以将矿产资源这个术语归纳为：赋存在地壳内部或表面，由地质作用形成的呈固态、液态或气态的天然富集物。它既包括在当前技术经济条件下可以开发利用的天然物质（储量），也包括在今后几十年中可能具有经济意义的天然物质资源，还包括根据地质理论推断可能存在的、具有经济价值的天然物质潜在资源，其资源总量则为这三者之和。矿产资源的开发利用，受科学技术、社会需求、经济条件、政治军事形势以及环境保护等因素的影响。从数量上看，它又随这些条件或因素的变化而变化。因此，矿产资源既具有客观存在的自然物质的属性，又具有社会、经济、政治乃至军事的属性，从本质上看，是一个技术经济概念。

4. 矿产资源的特点。

（1）矿产资源的自然特征。地球在不同的地质时期、不同的地区，都有形成矿产资源的可能性，但其时空分布是不均匀的，具有它自己的规律和特性。其自然特征是指在自然界展现出来的，不受政治、经济影响的特征，概括起来有以下几点。

第一，成矿的长期性与不可再生性。矿物元素聚集成具有工业利用价值的矿床，是一个漫长的地质历史过程。据研究，现在世界上储藏量和开采量都最大的铁矿，多形成于距今26亿～30亿年、18亿～26亿年的太古代、元古代时期，成矿期均以亿年计算。据 A. 伊力诺夫计算，乌拉尔卡姆斯克二叠纪形成的厚度 350～400m 的盐矿，沉积成矿期达 1.5 万～1.7 万年；据 H. 别洛乌斯提供的资料，西西伯利亚一个矿层厚仅 1～15m 的铁矿层，成矿期长达 1000 万～1500 万年，顿涅茨煤田的石炭纪煤系，成煤期长达 5000 万～6000 万年。大洋底部的锰结核的核粒增长速度，每万年仅 1mm 左右。石油形成也需 100 万年左右。因此，从人类世纪的角度来看，矿产资源是不可再生的。

与此相反，人类开采、消耗矿产却十分快速，一个矿区开采期仅百年、数十年甚至几年。故此，企图在人类世纪内恢复和再造所消耗的矿产，不过是一种幻想而已。矿产资源的不可再生相对于其他自然资源则更加明显。例如，耕种的土地，年年耕种，而土地面积并不减少；有的虽然减少了但可再生；森林被砍伐以后，虽然减少了，但仍可再种而获得。

第二，矿产聚集过程的共生性与伴生性。大多数矿产都不是单独产出，而是以多种矿物相伴出现的。其原因不外有两条：一是具有近似地球化学性质的成矿元素，在成矿过程中的相聚作用；二是多元成矿条件相互叠加，使不同来源的成矿物质聚集，形成多组分的综合性矿床。

一是矿种共生：元素在地壳中聚集时，常具有成组出现的特点，其中有些造矿的元素和矿物常表现为典型的共生组合。成矿条件有利时，这些元素富集达到工业品位，形成两种或两种以上矿产共生的综合矿床。因此。矿种和元素共生是矿床共生的基础。

由于多种成矿物质共生或伴生所形成的综合矿床，在世界和我国都是屡见不鲜的。江西著名的铜矿基地的矿床内，除铜外还伴有大量的金、银、钼、硫等；河西走廊龙首山下的金川镍矿，除镍以外还有钴、金、银、铂、钯、锇、铱、钌等共计21种稀有金属矿物；著名的个旧锡矿是锡、铜、铅、锌多种金属伴生；海南岛石碌富铁矿，除铁以外，也伴有钴和铜。

二是矿床共生：矿床（类型）共生是指一个矿床或矿区范围内。由于有多种成矿条件和环境的配合，因而有一系列不同矿种和（或）不同成因类型的矿床紧密共生在一起。如长江中下游一系列火山岩浆、火山沉积、火山热液及矽卡岩性铁、铜矿床共生。

我国著名的白云鄂博含稀土矿物的铁矿就是多次成矿作用叠加在一起而形成的。据研究，这里的稀土矿物和铁主要是在14亿~15亿年前（太古代、元古代）沉积、变质作用形成的，但距今2亿~3亿年的华力西运动期间，受岩浆热液作用，又有少量铁和稀土矿产生成。

第三，区域分布的不均匀性。全球各地矿产资源丰缺不齐，贫富不均，乃是一种普遍现象。世界上许多已知矿产分别集中在地壳的某些地区而形成著名的成矿区域，成矿区域的范围常与一定的大地构造单元、一定的构造－岩浆带或一定的构造－岩相带相符合，前者常赋存某些内生矿床，后者常赋存某些外生矿床或变质矿床。

从现在已知的情况来看，东南亚、我国和南美玻利维亚是世界性的锡矿成矿区，锡的总储量占世界的70%左右；环太平洋的铜储量约有2.47亿t，占世界斑岩型铜矿总储量的95%左右；大约90%的铁矿石的探明储量集中分布于俄罗斯、巴西、加拿大、澳大利亚、印度、美国、南非、瑞典、委内瑞拉等几个国家；铬矿则偏集于南非、津巴布韦和俄罗斯；钴矿主要集中于扎伊尔、新喀里多尼亚、赞比亚、古巴、俄罗斯和加拿大；铝土矿主要集中于赤道两侧地区，几内亚、澳大利亚、巴西、牙买加、印度、苏里南、喀麦隆、印度尼西亚、哥伦比亚等国的铝土矿，其储量要占世界总储量的86.35%。可以说，在世界上称得上矿产齐全的国家是不存在的，没有一个国家的矿产资源能够完全做到自给自足。

第四，赋存状态的隐藏性和成分的复杂多变性。绝大部分矿床都隐藏在距地表一定深度，甚至很大深度以下的地壳深处，而且在自然界中绝无完全类同的矿床。这个特点就增加了资源勘探和开发利用工作的复杂性和艰巨性，工作的探索性强，风险性大；费时多，耗资也大。因此，为使投资取得最佳经济效果，必须特别重视矿山的准备工作，使可行性研究真正起到保证拟建矿山技术经济效果好，风险性小。

（2）矿产资源的经济特征。矿产资源的技术经济特征，是指人们对矿产资源的开发与利用过程中所展示的社会经济方面的特征。矿产资源作为天然的生产要素是人类社会经济系统的有机组成部分，其经济特征如下：第一，矿产资源是人类生产和生活资料的基本源泉。第二，各种矿产资源在地理分布上的不均衡状态，对资源的合理配置及生产力的合理布局，对国际矿产品市场、资源形势，以至于国际政治、经济关系都有着重大影响。第三，矿产资源的不可再生性决定了矿产资源的相对有限性和稀缺性，决定了人类在社会生产活动中必须十分注意合理地开发、利用和保护矿产资源。第四，矿产资源受地质、技术和经济条件制约而具有动态性。现阶段发现的矿产和探明的储量只能反映现阶段人类对自然的认识，随着地质工作的不断深入和科学技术的不断进步，人类对矿产资源开发利用的广度和深度会不断扩展。

主要矿产资源的经济特征如下；

第一，主要金属矿产。

一是黑色金属矿产。

铁：是世界上发现较早、利用最广的金属，是现代钢铁工业的基本原料，按重量计算铁占所有被利用金属的90%以上。铁矿石经过冶炼后，可制造各种生铁、铁合金、熟铁、碳素钢、合金钢、特种钢和工具钢等。

工业用铁是将铁矿石、焦炭和助熔剂（如石灰石等）置于高炉中冶炼而得，根据铁中含碳量的不同，可分为生铁（含碳量在1.7%以上）、工业纯铁（含碳量一般在0.04%以下）和钢（含碳量在0.04%～1.7%），纯铁用于制造发动机和电动机的铁芯，铁粉用于粉末冶金，钢铁用于制造机器和工具。铁及其化合物还用于制造磁铁、药物、墨水、颜料、磨料和染料等。

锰：钢铁工业不可缺少的原料，早期人类利用锰作为陶瓷和颜料的原料，目前世界锰矿产量的90%～95%都用于炼钢和炼铁工业的脱氧、脱硫及合金化原料，锰可使钢具有韧性、延展性、坚硬性，炼1t钢需要6kg锰，此外，锰在化学工业、轻工业、医药、焊接、肥料、国防工业、照相以及水的净化和农业等领域也得到广泛应用。

铬：钢铁工业的重要原料，铬铁合金具有坚固性、耐磨性、耐热性等，铬铁合金中含铬越高，上述优点越显著。铬矿用在制作耐火材料，其熔点高达2200℃以上，在高温下体积稳定，对任何炉渣不起反应。

钒：金属钒熔点高、耐腐蚀性强、加工性能优良。据统计，80%以上的钒用作冶炼低合金钢、工具钢和其他合金钢的原料。产品广泛用于冶金、化工、飞机和汽车制造、原子能动力工程、国防工业和其他技术领域。

钛：目前世界上90%的钛矿用于钛白工业，它是油漆墨、造纸和塑料生产的重要原料。钛金属和钛合金是十分优良的金属构件材料，主要用于航空、航天工业，海水淡化及发电装置的冷凝系统等方面。

二是有色金属矿产。

铜：具有良好的导电和导热性能，延展性好，耐腐蚀性强并易于铸造，用途十分广泛，是电气、建筑、运输、机械制造、军事等工业不可缺少的金属原材料。

铝土矿：铝金属是世界上仅次于铁的第二种重要金属，由于其密度小、导电导热性能好，易于机械加工，广泛用于国民经济的各个行业。目前世界铝消费量的60%以上用于建筑、交通运输和包装业。铝是电器工业、飞机制造业、机械工业和民用器具不可缺少的原材料。铝土矿也可用作耐火材料、研磨材料、化学制品及高铝水泥原料。

铅锌矿：铅和锌两种金属的地球化学性质和生成的地质条件相同或相似，常在多金属矿床中共生，因此，这两种金属经常放在一起研究。

铅具有柔性、韧性和防腐性，因而在电气工业用于制造蓄电池、电缆包皮和熔断保险丝，在化学和冶金工业中用于制造管材和设备的防腐内衬，在原子能工业中用于核能装置和对核辐射的防护，在建筑工业中用作减音和减震填料等，铅与锡、锑、铜等可制作各种合金。

锌具有防腐性，主要用于镀锌、木材的涂料和制作各种合金。锌的化合物广泛用来制造油漆、颜料和染料。

镍：除了化学稳定性、热稳定性及机械安定性都很高外，还具有较强的磁性、导电性及导热性能。镍是冶炼高镍合金钢和合金结构钢等的重要材料，广泛用于飞机、舰艇、导弹、雷达、宇宙飞船、坦克、拖拉机、汽车等各种军工制造业和机械制造业。由于镍具有俘获热中子的性能，可制造原子能反应堆中的热中子机械断续器，在化学工业中，镍粉被用作氢化催化剂。近年来，在制造电视机、录音机及其他通信器材等方面，镍的用量也在不断增长。

钴：具有较高熔点（1495℃）和良好稳定性的磁性金属，是生产耐热合金、硬质合金、防腐合金、磁性合金和各种钴盐等的重要原料，广泛用于航天、航空、电器、机械、化学和陶瓷等工业。钴的同位素 Co^{60} 是常用的放射源，广泛用于工业、医疗和科研中。

钨：具有很高的熔点及很高的硬度、强度和耐磨性能。钨在高温下的抗张强度超过任何金属，其导电及导热性能好，热扩散系数低，还具有抗磁及耐腐蚀等优点。钨用途很广，主要用于生产碳化钨、钨金属及各种钨合金钢等，碳化钨是制造冲压磨具、机械抗磨部件、钻头、穿甲弹等的材料，金属钨是电器工业的重要材料，钨合金钢用于制造高速切削工具和机械中抗磨、抗击、耐腐的结构材料、耐高温阀门、汽轮机、高温容器，此外还用于化学制品、染料、陶瓷制品和石油催化剂等。钨的用途还在日益扩大，其应用领域已广及冶金、机械、航天、核能、造船、电气、军事工业及日常生活。

钼：其物理化学性质与钨相似，在高温下钼蒸气压很低，蒸发速度慢，导电及导热性强，膨胀系数小。硬度及强度极限比钨低，加工性能稳定，在无氧化剂的条件下，对无机酸具有突出的耐腐蚀性能。世界钼消费量的90%用于冶金工业，其余10%用于化工等行业。钼加入普通合金钢中能提高产品的可淬性和韧性，增强其耐磨和耐腐蚀能力及高温条件下的硬度和强度。铸铁加钼可提高抗张强度、韧性和抗破碎性能，许多镍基和钴基合金中，均含有一定量的钼。钼作为难熔金属，还用于品种繁多的电器及电子元件。在非冶金方面，钼主要用作润滑剂、催化剂及颜料等。

锡：银白色，具强光泽，相对密度大，熔点低，质软具延展性，抗腐蚀，化学性质稳定。锡盐无毒，易熔，摩擦系数小。金属锡在常温下不氧化，具防锈特性，易与其他金属混熔，制成合金，因而广泛用于食品、汽车制造、航空工业、化学工业、玻璃工业、电气工业等方面。在冶金方面，主要用于生产马口铁及巴比特合金等耐磨合金、焊料等。各种锡盐可用于珐琅、印染、电锁、食品及军工工业。在化工方面，主要用于生产各种化合物和化学试剂。在轻工业方面，主要用作牙膏等的软管包装材料、干电池、罐头、灯泡等的焊料及各种电镀材料。在建材方面主要用于浮法玻璃工艺。

锑：一种银白色的脆性金属，化学性质稳定不溶于水和稀酸，只溶于王水及浓硝酸。主要用作合金的添加剂，以增强合金的强度、硬度及抗腐性。在160余种锑合金中，最重要的为巴比特合金（锑铅合金）、不列颠合金（锡锑合金）及铝锑合金等。巴比特合金除用于蓄电池板、轴承、印刷、耐酸及耐磨元件、电缆包皮外，还可用于制造榴霰弹、曳光弹等。不列颠合金可代替白银作餐具及装饰品等。

铋：性脆、熔点低、易发挥。在航空工业上用作制造飞机上的薄质软管及雷达零件材料，也是低熔合金、制造轴承及消防和电气安全设备所需的重要低熔合金材料和有色玻璃的原料，其化合物还用于制药业等。

汞：常温下唯一呈液态的金属。具有挥发性、吸附性、络合性、变形性、电离势和负电性大、极化力强、比热小、蒸发热小等多种特性，广泛用于工业、农业、科技、医药卫生、军工等众多领域。汞在电气和仪器工业方面主要用来制造紫外光灯、水银灯、水银真空泵、反光镜、交通信号灯的自动控制器、水银整流计、温度计、气压计以及其他测量控制仪器。其化合物可用于制作皮革、木材的防腐剂及抗腐油漆，化学工业中用汞作催化剂、电极及颜料等。医学中用汞作升汞、甘汞、各种药膏及医用汞膏等，并可用于各种医学仪器。此外，汞还用于精密铸件的铸模、钚原子反应堆的冷却剂、镉基轴承合金等。农业则用其化合物作种子的媒染剂。

三是贵金属。

金：黄金是人类最早发现和使用的贵金属，由于黄金的特殊性能，很早就用来制造货币和装饰品或作为硬通货加以储备，它在工业用途和需求方面日趋广泛，在宇宙航行及原子能、半导体等工业中有特殊用途。但主要用途仍然是做金器、首饰和储备。

银：最初仅作为一种稀贵的物品被收藏，后来大量用于制造货币、首饰、器皿和宗教物品等。现在，银是重要的工业金属，在电子、计算机、通信、军工、航空航天、影视、照相等部门得到广泛应用，尽管如此，银在社会经济活动中仍具有一定的硬通货性质。

铂族金属：对在地球化学性质和物理化学性质上有许多相似之处的铂、钯、锇、铱、钌、铑这六种金属的统称。这些金属具有熔点高、耐腐蚀、热电性稳定和良好的催化性能等优良特性，其用途极为广泛，特别是国防、化工、仪器仪表、电子、机械制造和医疗等工业所必需的重要材料，此外，也大量用作珠宝首饰。

四是稀有金属、稀土金属和分散元素。稀有金属是指在地壳中含量较少、分布较散、提炼较难的金属，它包含的金属非常广泛；稀土金属由于含量稀少，提取分离困难，不易得到单个元素，因此取名"稀土"，其实稀土元素并不稀少，在地壳中比铜、铅、锌、锡的含量还高；分散元素是指在自然界中形不成独立矿床而以杂质状态分散于其他矿物中的元素。一般来说，稀有金属的概念涵盖了稀土金属和分散元素。

稀有金属：广泛用于航天和航空、核工业、军事和民用等尖端技术。例如锂，是一种特殊的高能金属，用于原子反应堆、轻合金及电池等。其同位素锂6是生产氢弹不可缺少的原料，金属锂也是宇宙火箭、人造卫星的高能固体燃料添加剂。目前主要应用于炼铝工业、玻璃陶瓷制造和润滑剂生产中的锂，占市场消费量的80%以上。碳酸锂作为炼铝的添加剂，可以大量降低电力消耗，降低成本，提高产量。在陶瓷工业中，用于生产抗冲击陶瓷、耐温陶瓷和高温强固玻璃等。锂制造的多用途润滑油，可以在 −50～150℃ 的范围内使用。铝锂合金（含锂 2%～3%）是火箭、飞机的重要结构材料。

稀土金属：用途很广，特别是在石油、冶金、玻璃和陶瓷、电子、化学工业以及照明和核技术领域等方面都有重要的用途。稀土微量元素对农作物的增产作用值得重视，我国稀土农用面积累计达到 400 多万 hm^2，粮食作物因此而增产 9 亿 kg。稀土在超导材料的领域发展很快，1986 年研制成功的一种镧、钡、铜和氧的化合物，在温度 36K 下成为超导体，随后，又发展一种钇、钡、铜和氧的陶瓷化合物，在 90～100K 温度下成为超导体，预计不久的将来，以稀土合金为基础的超导体会进入商业生产，在发电、电贮存和电动机等许多领域得到广泛使用。

分散元素：多与有色金属，特别是铅锌为主的多金属矿伴生在一起，如镉、铊、铟、锗是精炼锌的副产品，铼、硒、碲是精炼铜的副产品，镓是加工铝土矿和锌的副产品，从煤中也能提炼镓和锗。世界上对这些金属的消费，少的只有几十吨（如锗、镓、铟），多的也不到 2 万 t（如镉），但都广泛使用在电子、航天和军事工业以及各种工业部门中，具有很高的战略价值。

第二，主要非金属矿产。非金属矿产广泛用于建筑、冶金、化工、轻工、石油、机械、农业、医药、环保等多种部门，并已越来越多地进入光导、激光、新能源、国防和航天等尖端工业领域。非金属矿业在国民经济中占有十分重要的地位，其开发应用水平已成为衡量一个国家科学技术、国民经济发达程度和人民生活水平的重要标志之一。

磷：重要的化工矿物原料，广泛用于农业、医药、轻工、纺织、冶金、国防等领域。其最主要用于农业，80% 以上用于制造磷肥，其余用于生产黄磷、赤磷、磷酸和其他磷产品。

石墨：具有涂覆、润滑、可塑、导电、耐高温、耐腐蚀、化学稳定等性能。目前其应用领域主要是：在铸造业中作铸件模子涂料；在冶金工业中作坩埚、石墨砖及钢铁冶炼保护渣；在机械工业、纺织与食品工业中用作润滑剂，在电气工业中作电极、碳棒、拉丝润滑剂及高电阻物等；在化学工业中作化学反应用石墨管道、催化剂橡胶及塑料填充剂等；在轻工业中作磨光剂和防锈剂、油漆原料和油墨填料；在原子能和国防工业中作原子能反应堆的中子减速剂、防原子辐射外壳、火箭发动机尾喷管喉衬、人造卫星结构材料等。此外，石墨还是人工合成金刚石的原料、铅笔芯原料及防腐剂等。石墨最主要的消费领域是铸造涂料及冶金坩埚，其用量占石墨总消费量的2/3。

硼：一种重要的矿物原料，硼与硼化合物具有多种优异性能，广泛用于化工、冶金、建筑、轻工、电子、医药、农业，以及国防等尖端工业领域。以硼矿为原料，可制取硼砂、硼酸、硼化合物和元素硼等，在冶金工业方面，用于生产硼钢、冶金助熔剂、金属焊接剂和助导电剂；在化工、建筑、轻工、电子、医药等行业，用于玻璃、搪瓷、洗涤剂、印染、涂料、防腐剂、杀菌剂、激素、电子元件的制造；在农业上用于制取微量元素硼肥；在国防与尖端工业中，用作原子能保护材料、装甲防护材料和高能喷气燃料等。

芒硝：泛指各种含钠硫酸盐类工业矿物，是轻工业和化学工业的重要原料，主要用于制取无水硫酸钠、硫化碱及硫酸铵等化工产品。广泛用于洗涤剂、造纸、玻璃、纺织、印染、油漆、人造纤维、橡胶、医药、冶金和建材等工业领域。

石灰岩：一种用途非常广泛的非金属矿产。据统计，在人类社会的经济活动中，石灰岩的用途已超过300种。如在建材工业中用作制造水泥和烧制石灰的原料，在冶金工业中作熔剂，在化学工业中用于制碱、制造电石及制造氮肥和磷肥，在油漆、塑料、造纸、涂料、橡胶等轻工业部门作填料等；在食品、玻璃、陶瓷、印刷等工业部门和农业、环保等方面也得到广泛应用。石灰岩用于水泥工业主要是作原料，与黏土质原料、硅质原料、镁粉配合，煅烧成水泥熟料，其用量约占水泥原料的80%。

玻璃硅质矿产：指石英SiO_2含量很高的天然矿物原料，通常包括石英砂、石英砂岩、石英岩、脉石英、粉石英等。玻璃硅质矿产是生产玻璃的重要原料，在玻璃配料中一般占60%~70%。玻璃硅质矿产除用于玻璃制造业外，还用于耐火材料、陶瓷、铸造、石油，化工环保、研磨等行业。

花岗石：饰面石材的一种商品名称，泛指具有装饰功能，可加工成所需形态的岩浆岩、火山岩和部分深变质岩，如各种花岗岩、橄榄岩、蛇纹岩、辉长岩、闪长岩、玄武岩、安山岩、辉绿岩、片麻岩等。这些岩石的共同特点是：

结构致密坚硬、颗粒均匀、耐酸。长期以来，花岗石被大量用作工业建筑和民用建筑材料以及墓碑和雕刻工艺品材料。花岗石具有许多优异的性能，如变形小，能保持加工后的高精度；受损伤后只局部脱落，不影响整体的平直性；膨胀系数小，耐用性高，弹性模数大，刚性好，内阻尼系数大，能防震，消震，耐酸、碱、盐的腐蚀；不导电、不导磁，场位稳定，可切割、研磨、抛光、胶合镀膜，色彩鲜艳美观，光洁度高等，这些性能使花岗石成为现代建筑材料中的优选，成为当今世界豪华建筑物中最流行的墙体装饰材料。在机械、化工、电子、精密仪器、冶金、航空、轻工等工业部门，花岗石也得到广泛的应用。

大理石：泛指大理岩、白云质大理岩、蛇纹石化大理岩、结晶灰岩及白云岩等可以加工成材、具有装饰功能的碳酸盐岩石。大理石在装饰石材中是应用历史最悠久，应用范围最广泛，用量最大的一种石材。它以古朴典雅的风貌，缤纷的色彩，以及硬度小，易于开采、加工等特点，千百年来一直在石材业中占据主导地位。其用途很广，诸如作为高级建筑室内外装饰板材、电器绝缘材料和雕刻工艺美术品原料。高度致密均质的大理石可加工成塑像或纪念碑，白色大理石加工磨细成粉可作造纸填充料，大理石开采加工中的废料还可作为水磨石、水刷石、汰石子、干黏石等的优良骨料。

重晶石：具有相对密度大、硬度低、化学性质稳定和性脆等特点。其他化工产品（硫酸钡、碳酸钡、氯化钡、锌钡白等）广泛用于颜料、油漆、玻璃、橡胶填料、塑料改性剂、医药、制糖、陶瓷、制革和军工等方面。重晶石在建材工业方面是铺设高级公路用混凝土的配料，在核工业方面用于核子防御系统。重晶石粉大量用作石油、天然气钻井泥浆加重剂。

石膏：应用范围涉及建材、化工、陶瓷、橡胶、造纸、农业、卫生以及文教等领域，用量最大的是建筑工业。在建筑工业中，石膏可用作硅酸盐水泥的缓凝剂，制作石膏板，石膏墙等多种轻型材料；在造纸和油漆工业中，石膏主要用作填充料和添加剂；在陶瓷工业中，石膏可用来制造高级瓷器模型、模具；在农业方面，石膏可替代硫酸铵作速效肥料和作土壤调节剂等，医药卫生业常用石膏作骨料及牙料和固定绑带等，石膏还可用来雕塑艺术品，在某些情况下，石膏可以作为制取硫酸的代用品。目前我国90%的石膏用于水泥行业作缓凝剂。

宝石、玉石：宝石是指硬度高、透明的天然矿物晶体，如金刚石、红宝石、蓝宝石、祖母绿、水晶等；玉石是指具有美丽的颜色和花纹，强烈光泽的矿物集合体（岩石）。宝石、玉石矿产较多地用于艺术品，也用于工业，如金刚石（又名钻石）具有高硬度、高透明度、高熔点，高热导率、高折射率、强色散、强金刚光泽等优良特性，广泛应用于机械工业、国防工业以及尖端技术。

第三，主要能源矿产。能源矿产是人类取得能量的主要源泉，在世界一次能源消费结构中约占93%。能源矿产一般分为常规能源矿产和非常规能源矿产（也称新能源矿产），前者包括煤、泥炭、石油、天然气和油页岩；后者包括核能矿产和地热资源。

煤：煤既是动力燃料，又是化工和制焦炼铁的原料，素有"工业粮食"之称。根据煤化程度，煤可分为褐煤、烟煤和无烟煤3种，烟煤又分为炼焦用烟煤和非炼焦用烟煤。无烟煤挥发分低，固定碳高，相对密度大，燃点高，燃烧时不冒烟，主要是民用和制造合成氨的原料。低灰、低硫和可磨性好的品种不仅可作为高炉喷吹及烧结铁矿石的燃料，而且还可以制造各种碳素材料，某些优质无烟煤制成的航空用型煤还可用于飞机发动机和车辆马达的保温。炼焦用烟煤包括气煤、肥煤、焦煤、瘦煤及其过渡型煤（如1/3焦煤）等。非炼焦用烟煤包括烟煤中煤化程度最高的贫煤和煤化程度最低和较低的长焰煤、不黏煤及弱黏煤等。煤化程度高的主要用作发电燃料，也作民用及工业锅炉的掺烧煤；而煤化程度低的则主要用于气化或发电，也可用作动力煤和民用燃料等。褐煤的煤化程度仅高于泥炭，通常用作发电、气化（制管道煤气和氢）、低温干馏等工业及其他化学加工的原料，也可直接用作燃料和吸附剂等。

石油：石油是多种烃类（烷烃、环烷烃、芳香烃）的复杂混合物，常含有氧、氮、石蜡及有机硫等组分，其平均碳含量为84%～87%，氢含量11%～14%。石油经炼制加工可得汽油、煤油、柴油、润滑油、固体石蜡及沥青等产品，也是制造溶剂、塑料、合成橡胶、合成纤维等的原料。炼油剩余物石油焦可作电极，沥青可作建筑材料。石油有"工业的血液"之称，是当今世界最重要的能源，又是近代有机化工的重要合成原料。

天然气：天然气是岩石圈中天然生成的气体的总称，但地质学的定义是指天然形成的可燃性气态碳氢化合物。通常把以生物成因为主的可燃的油田气和气田气称为天然气。天然气主要属烃类化合物，甲烷是其主要成分。天然气作燃料，与煤、石油相比，具有干净清洁、使用方便、燃烧效率高、当量热、价格低等优点。天然气还是重要的有机化工原料，其中的甲烷是生产合成氨、甲醇的主要原料。天然气凝析油是裂解乙烯的优质原料，用凝析油裂解乙烯，收率高，成本低，投资少。天然气还可用来制造橡胶工业所需的炭黑。

铀：在军事上铀主要用来制造核武器，还可作核潜艇、核驱逐舰、核航空母舰等的燃料。铀的日常用途最主要的是作为核电反应堆的燃料。铀裂变时产生的同位素及其射线，在工农业生产和科学技术领域中有广泛的用途。例如，在工业上利用射线实现生产自动控制，对产品进行无损伤检查等；在农业上利用射线培育良种，促使作物生长，防治病虫害等；食品工业用射线照射食品，使其保鲜，并延长保存期；在医学上用于灭菌消毒，临床诊断及治疗，在地质勘查工作中用来找矿等。

油页岩：也叫"油母页岩"，是一种含有可燃性有机质的黏土岩或泥灰岩，为低热值能源矿产。可直接燃烧发电，是人造石油的重要原料之一，经低温干馏后可得类似石油的页岩油、绿油及氨等。页岩油再经炼制可得汽油、煤油、柴油、润滑油和石蜡等。油页岩灰渣还可作建材配料。

地热：从地热直接利用规模来说，最大最普遍的是地热水沐浴、医疗保健，其次是地热水养殖和种植、地热采暖。此外，还从热水中提取盐类、有益化学组分和硫磺等。地热用于发电非常普遍，但低于150℃的中低热发电经济效益低，在商业上没有竞争力。

5. 矿产资源的分类。矿产资源的分类是根据矿产的性质、用途、形成方式的特殊性及其相互关系而分别排列出的不同次序、类别和体系，它反映出人类在一定历史时期内识矿、找矿、采矿的生产实践水平、科技发展水平和认识水平。

《山海经·五藏山经》是世界上最古老、最丰富的有关矿产及其分布和分类的书籍，它将矿产分为金、玉、土、石四大类，此外，对矿的产出环境进行了初步分类。现代，由于研究角度不同，矿产资源的分类体系各异。例如，根据矿产的成因和形成条件，分为内生矿产、外生矿产和变质矿产三大成因体系；根据矿产的物质组成和结构特点，分为无机矿产和有机矿产；根据矿产的产出状态，分为固体矿产、液体矿产和气体矿产；根据矿产特性及其主要用途，分为能源矿产、金属矿产、非金属矿产和水气矿产。

地质学中矿产资源分类最初是以矿床形态或矿床形成的位置作为分类的依据，随着矿床实际资料的增多，物理学和化学的进展，出现了矿床的成因分类；矿管部门将矿产资源按储量分类；而人们一般习惯于按矿产资源物质属性分类。

（1）成因分类。矿床成因分类一般以三个基本要素，即成矿作用、成矿环境和成矿物质及其来源为依据，其中成矿作用是划分矿床成因类型的基本依据。第一级分类与成矿作用相对应；第二级分类则进一步考虑成矿地质环境的差异；第三级分类更要反映出各类矿床的主要特征和标志（见表3-2）。

表3-2 矿床成因分类

第一级分类	第二级分类	第三级分类
内生矿床	岩浆矿床	岩浆分结矿床
		岩浆熔离矿床
		岩浆爆发矿床
	伟晶岩矿床	
	接触交代（矽卡岩）矿床	
	热液矿床	岩浆气液矿床
		非岩浆热液矿床
	火山成因矿床	火山岩浆矿床
		火山-次火山气液矿床
		火山-沉积矿床
外生矿床	风化矿床	
	沉积矿床	
	可燃有机矿床	
变质矿床	接触变质矿床	
	区域变质矿床	
	混合岩化矿床	

第一，内生矿床。由内生成矿作用形成的矿床叫内生矿床。除了到达地表的火山成矿作用外，其他各种内生成矿作用都是在地壳内部，即在较高温度和

压力下进行的。

岩浆矿床。指各类岩浆在地壳深处，经过分异作用和结晶作用，使分散在岩浆中的成矿物质聚集而形成的矿床。与岩浆矿床有关的主要矿产有铬、镍、钴、铂族元素、钒、铁、钛、铜、铌、钽和稀土元素等金属矿产，以及金刚石、磷灰岩和一部分建筑材料等非金属矿产。上述矿产中，有些只产自岩浆矿床，例如原生铬铁矿和原生金刚石矿。

伟晶岩矿床。指由粗大晶体组成的脉状岩体，其成分与其有关的母岩基本一致，当其中的有用组分富集并达到工业要求时，即成为伟晶岩矿床。伟晶岩矿床在矿床成因分类中，作为一个单独的矿床类型，有着特殊的工业意义，它是某些稀有元素、稀土元素和放射元素矿产的重要来源。自然界常见的是花岗伟晶岩，长石、石英和云母等矿产则是本类矿床中最普遍存在的有用矿产，许多宝石类矿产，如黄玉、绿柱石、水晶、电气石等也产于伟晶岩矿床中。

接触交代（矽卡岩）矿床。指在以中酸性－中基性侵入岩类与碳酸盐类为主的围岩接触带中或其附近，通过含矿水气溶液的交代作用而形成的矿床。矿体在空间上或成因上都与一种特殊的接触变质岩（矽卡岩）有密切的生成联系，故本类矿床又称为矽卡岩矿床。相当一部分铁、铜、铅、锌、钨、锡、钼、钴、砷、铍、硼、石棉、压电石英、金云母等矿产都赋存于接触交代矿床中。就我国而言，已知赋存于接触交代矿床中的富铁矿、富铜矿储量已分别占全国同类矿产储量的第一位和第二位。我国具有世界优势的钨、锡、钼、铍等矿产中的大型乃至特大型矿床多属接触交代矿床。

热液矿床。指含矿热水溶液在一定的物理化学条件下，在有利成矿的构造和岩石建造中，经过充填和交代等作用而形成的矿床。热液矿床类型众多，工业价值很大，大部分有色金属矿产，若干稀有和分散元素矿产，以及放射元素矿产都产自本类矿床，不少铁、镍、钴和许多非金属矿产（硫、石棉、重晶石、萤石、水晶、明矾石及冰洲石等）也产于本类矿床中。

火山成因矿床。指与火山岩、次火山岩有成因联系的矿床。因其成矿条件具有特殊意义，不少国内外学者将这类矿床划为一个独立的类型。火山成因矿床种类多，分布广，很多金属矿床（铁、铜、金、银、铅、锌、锰、钼、镍、铀、硼、锂、锡、铍、稀土、铌或钽）及黄铁矿、金刚石、明矾石、沸石、叶蜡石、石膏、重晶石、高岭土等非金属矿床都属此类型。

第二，外生矿床。由外生成矿作用形成的矿床叫外生矿床，按其作用的性质又可以分为风化矿床、沉积矿床和可燃有机矿床。

风化矿床。指出露在地表附近的岩石或矿床，长期受物理和化学风化作用，发生破坏和分解以及物质溶解、淋溶和迁移等富集而成的矿床。风化产物不仅是许多沉积矿床成矿物质的重要来源之一，而且某些风化产物本身就是重要的工业矿床。例如，巨型的风化镍矿床就占世界全部镍矿储量的一半以上，红土型铝土矿和红土型铁矿也具有重要的工业价值，陶瓷工业主要原料高岭土也产于风化矿床中，至于若干重要稀土元素矿床和红土型金矿床也都属于风化矿床。

沉积矿床。指地表岩石和矿石在风化作用下被破碎或分解后的有机、无机有用物质，以及火山喷出的有用物质，经流水、风、冰川及生物等合力作用，原地或异地分异沉积和成岩作用形成的各类沉积物或沉积岩。当其中有用物质富集到符合开采要求时，便成为沉积矿床。

沉积矿床中蕴藏着十分丰富的金属和非金属矿产资源。人类开采的矿产中有 75%~85% 来源于沉积矿床，其中铁矿大约为 90%（包括变质的沉积铁矿床），铅锌矿为 40%~50%，铜矿为 25%~30%，锰矿和铝矿的大部分也产自沉积矿床。

可燃有机矿床。指由可燃有机物形成的外生矿床。它是过去地质历史时期某一阶段，地球上极为茂密的生物群（动物和植物）死亡后，在适宜的环境中堆积起来，经过特定的物理作用、化学作用和成矿作用而形成的能够为人类提供燃料的地下资源，包括煤、油页岩、石油和天然气等能源矿产。

第三，变质矿床。地质环境的改变（如温度、压力等），使早期形成的岩石、矿床在矿物成分、结构和形状等方面均发生不同程度的变化，其结果是产生某种有用矿物富集，这种矿物集合体就称为变质矿床。其包括三类：接触变质矿床、区域变质矿床和混合岩化矿床。

接触变质矿床。主要是指由于岩浆侵入而引起围岩温度增高所产生的变质作用形成的矿床，其成矿作用主要是重结晶和重组合作用，如石墨矿床、刚玉－红柱石矿床、大理石矿床。

区域变质矿床。指在大范围区域构造运动产生的高温、高压以及岩浆活动的综合作用下，原有岩体或矿床经受强烈的改造而产生有用矿物的富集，形成区域变质矿床。该类矿床分布广泛，矿产种类多，主要有铁、铬、镍、铂、金、铀等，此外，还有铜、铅、锌、银、磷、硼、菱镁矿、石墨、石棉等。

混合岩化矿床。指在深度区域变质作用下，由深部上升的流体与原岩发生一系列混合岩化作用，导致一部分成矿物质迁移富集而形成的矿床。主要矿产有刚玉、石墨、磷灰石、白云母、绿柱石、硼、铁、铜、铀、稀土元素等。

变质矿床在矿产资源中占有很重要的位置，如前寒武纪变质铁矿广布于全球各大陆，占世界铁矿总储量的 2/3 以上，为富铁矿石的重要来源。与变质铁矿有关的层状金矿，也是金矿床的重要类型之一。变质的块状硫化物矿床在变质岩区分布十分广泛，变质沉积型铜矿和变质火山型铜矿都属规模巨大的矿床，此外还有菱镁矿、变质锰矿、变质磷矿、变质硼矿、石墨、蓝石棉、金刚石、云母、宝石，以及某些稀有分散元素矿床等。

（2）物质属性分类。按矿产资源的物质属性的不同，又可分为金属矿产、非金属矿产、能源矿产和水气矿产。

第一，金属矿产。通过选矿和冶炼等工序，从中可提取一种或多种金属单质或化合物的矿产。它是钢铁、有色金属等原材料工业的物质基础。金属矿产又可分为以下几种。

黑色金属。即一般用于炼铁及铁合金的金属矿物，包括铁、锰、铬、钛、钒等。

有色金属。除用于炼铁及铁合金以外的所有金属。共分为四类，即重金属、轻金属、贵金属和稀有金属。稀有金属和贵金属常各自成为一类，因此，有色金属通常是指重金属和轻金属。重金属。一般指相对密度大于 5 的金属，有铜、镍、钴、铅、锌、铋、锡、锑、钼、钨、汞等，这些金属及其合金广泛用于机械、电工、化工等部门。轻金属。一般指相对密度小于 5 的金属，有铝、镁、钛、钠、钾、钡、锶等，前 4 种在工业上多用作还原剂，铝、镁、钛及其合金广泛用于航空和航天部门。

贵金属。实际上是有色金属的一类，因在地壳中储量很少，曾认为是最贵重的金属，包括金、银和铂族元素，铂族元素指铂（Pt）、钯（Pd）、铑（Rh）、铱（lr）、钌（Ru）、锇（Os）。这类金属多数具有很强的化学稳定性和很好的延展性。

稀有金属。主要是指锂、铍、铌、钽、铷、铯、锆、铪8种金属，由于在地壳中这些元素少，不易富集成矿，提取比较困难，区域分布又很不平衡，所以人们称这些金属为稀有金属。

稀土金属。是元素周期表第Ⅲ副族元素钪、钇及原子序数从57～71的15个镧系元素（镧、铈、镨、钕、钷、钐、铕、钆、铽、镝、钬、铒、铥、镱、镥）的合称。它们的共同特点是化学性质相似，一般不形成独立的矿物，共生于其他矿物之中。

分散元素。一般指镓、锗、铟、镉、硒、碲、铼、铊等，这些元素在地壳中含量很低，很难富集成矿，很多情况下都是呈分散状态伴生在其他矿产中，因此称为分散元素。

第二，非金属矿产。能提取某种非金属元素或可直接利用其物化或工艺性质的矿产。只有少数非金属矿产用于提取非金属元素或化合物，如硫、磷、砷等，大多数非金属矿产是利用它的物理性质、化学性质或工艺特性。按工业用途，非金属矿产大致可分为以下几类：

冶金工业原料。如萤石、菱镁矿和耐火黏土等。

化工原料及化肥原料。如黄铁矿、磷灰石等。

工业制造用的矿物原料。如金刚石、石墨、石棉、云母等。

压电及光学原料。如压电石英、光学石英、冰洲石和萤石等。

陶瓷及玻璃工业原料。如长石、石英砂和高岭土等。

建筑材料。如长石、石灰石、大理石、珍珠岩和花岗岩等。

此外，还可分为铸石材料、水泥原料和研磨材料等，包括水晶、冰晶石、磷、硫、硼、黏土、白云石、硅藻土、硬玉、琥珀、叶蜡石、蛇纹石、孔雀石、绿柱石等。

第三，能源矿产。蕴含某种形式的能，并可转换成人类生产和生活必需的热、光、电、磁和机械能的矿产。按其性质可分为以下几种。

蕴藏太阳能的矿产。如石油、天然气、煤炭、油页岩等。

以热能形式储藏在地球内部的地热能。如地下喷出的温泉、蒸汽等。

通过人工原子核反应可以放出大量能量的核物质。如铀、钍等元素以及氘、氚等同位素。

第四，水气矿产。以气体或液体为载体形式的矿产资源，包括地下水、工业矿水、二氧化碳、硫化氢、氦气和氡气等。其中地下水具有水资源和矿产资源的双重属性。

矿水包括工业矿水和医疗矿水，矿物质含量达到工业开采价值的工业矿水，又称卤水。卤水化学成分以氯化钠为主，有的还伴生有钾、镁、芒硝、石膏，以及硼、锂、锗、镓、铷、铯、溴、碘等成分。医疗矿水是指温度大于或等于25℃，或所含的某一化学成分达到医疗界限值的矿水。

饮用天然矿泉水是指来自地下深处，含有一定的矿物盐和微量元素，或含二氧化碳，通常情况下其化学成分、流量、温度等相对稳定，以及污染物、微生物等含量符合食品卫生要求的矿水。

水气矿产因数量和用途的相对有限，或把其归为水资源（如地下水、矿泉水），或把其归为天然气资源或地热资源，一般不作为单独矿产类型加以研究。

（3）储量分类。根据当前技术经济条件与地质可靠程度，将矿产资源划分为不同的类型和级别。它是定量区分和评价矿产资源储量的统一标准，也是矿山建设规划、设计、生产的依据。各国矿产资源分类分级方案差异很大，以美国和苏联两大模式最具代表性。

第一，美国从经济可行性出发，将矿产资源分为经济资源（储量）及次经济资源两大类，而次经济资源中又分为准边界的和边界下的两个亚类，因此美国把凡是不符合在当前技术经济条件的和推测的那部分矿产统归于矿产资源量，仅将已探明的、目前可采的那一部分矿产资源划归矿产储量。

第二，苏联首先从地质可靠程度将矿产资源总量划分为已查明的矿产储量和尚未发现的资源量两大类；然后根据其经济可行性将储量分为能利用的（平衡表内）和暂不能利用的（平衡表外）储量两类。能利用的储量是指符合当前生产技术经济条件的储量，相当于美国的经济资源量；暂不能利用的储量是指由于有益组分或矿物含量低，矿体厚度薄，矿床开采技术条件或水文地质条件特别复杂，或该种矿产的加工技术方法尚未解决，因而当前在技术上不可行，或经济上不盈利，但将来可以利用的储量。

我国以往是沿用苏联的分类规定，后又结合我国实际情况，于 1983 年由地矿部制定了矿产资源预测量的分类方案；1993 年国家矿产储量委员会在《固体矿产地质勘探规范总则》中对矿产储量分类分级提出了一个方案；于 1999 年 12 月 1 日又实施了新的《固体矿产资源/储量分类》国家标准；2020 年修订为《固体矿产资源储量分类》（GB/T 17766—2020），该标准既适应了市场经济的需求，又充分考虑了我国的国情，是我国矿产资源储量分类的一项重大改革。该标准界定固体矿产资源为在地壳内或地表由地质作用形成的具有利用价值的固态自然富集物。下面重点说明我国矿产资源储量分类情况。

第一，分类依据。

一是地质可靠程度。地质可靠程度指矿体空间分布、形态、产状、矿石质量等地质特征的连续性及品位连续性的可靠程度。地质可靠程度是不同勘查阶段（普查、详查、勘探）的结果，是可行性评价和分类的基础。分为资源量、推断资源量、控制资源量和探明资源量 4 种：

资源量。经矿产资源勘查查明并经概略研究，预期可经济开采的固体矿产资源，其数量、品位或质量是依据地质信息、地质认识及相关技术要求而估算的。

推断资源量。经稀疏取样工程圈定并估算的资源量，以及控制资源量或探明资源量外推部分；矿体的空间分布、形态、产状和连续性是合理推测的；其数量、品位或质量是基于有限的取样工程和信息数据来估算的，地质可靠程度较低。

控制资源量。经系统取样工程圈定并估算的资源量；矿体的空间分布、形态、产状和连续性已基本确定；其数量、品位或质量是基于较多的取样工程和信息数据来估算的，地质可靠程度较高。

探明资源量。在系统取样工程基础上经加密工程圈定并估算的资源量；矿体的空间分布、形态、产状和连续性已确定；其数量、品位或质量是基于充足的取样工程和详尽的信息数据来估算的，地质可靠程度高。

二是可行性评价阶段。分为概略研究、预可行性研究和可行性研究 3 种。

概略研究。通过了解分析项目的地质、采矿、加工选冶、基础设施、经济、市场、法律、环境、社区和政策等因素，对项目的技术可行性和经济合理性的简略研究。

预可行性研究。通过分析项目的地质、采矿、加工选冶、基础设施、经济、市场、法律、环境、社区和政策等因素，对项目的技术可行性和经济合理性的初步研究。

可行性研究。通过分析项目的地质、采矿、加工选冶、基础设施、经济、市场、法律、环境、社区和政策等因素，对项目的技术可行性和经济合理性的详细研究。

第二，分类及类型。根据可行性评价阶段和地质可靠程度两个要素，把矿产资源储量分为储量、可信储量、证实储量三大类。

一是储量。探明资源量和（或）控制资源量中可经济采出的部分，是经过预可行性研究、可行性研究或与之相当的技术经济评价，充分考虑了可能的矿石损失和贫化，合理使用转换因素后估算的，满足开采的技术可行性和经济合理性。

二是可信储量。经过预可行性研究、可行性研究或与之相当的技术经济评价，基于控制资源量估算的储量；或某些转换因素尚存在不确定性时，基于探明资源量而估算的储量。

三是证实储量。经过预可行性研究、可行性研究或与之相当的技术经济评价，基于探明资源量而估算的储量。

第三，资源量和储量类型划分。

一是资源量类型划分。按照地质可靠程度由低到高，资源量分为推断资源量、控制资源量和探明资源量（见图3-4）。固体矿产资源按照查明与否分为查明矿产资源和潜在矿产资源。查明矿产资源是指经矿产资源勘查发现的固体矿产资源。其空间分布、形态、产状、数量、质量、开采利用条件等信息已获得。潜在矿产资源是指未查明的矿产资源，是根据区域地质研究成果以及遥感、地球物理、地球化学信息，有时辅以极少量取样工程预测的。其数量、质量、空间分布、开采利用条件等信息尚未获得，或者数量很少，难以评价且前景不明；潜在矿产资源不以资源量表述。尚难利用矿产资源是指当前和可预见的未来，采矿、加工选冶、基础设施、经济、市场、法律、环境、社区或政策等条件尚不能满足开发需求的查明矿产资源。尚难利用矿产资源不以资源量表述。

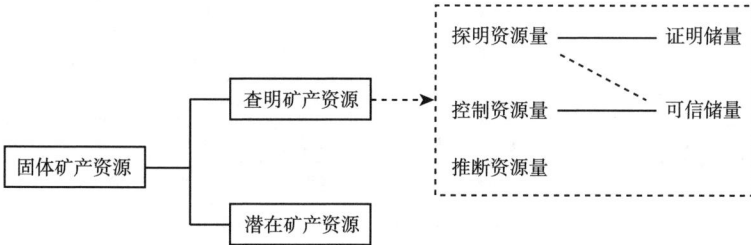

图 3 - 4　固体矿产资源类型

二是储量类型划分。考虑地质可靠程度，按照转换因素的确定程度由低到高，储量可分为可信储量和证实储量（见图 3 - 5）。

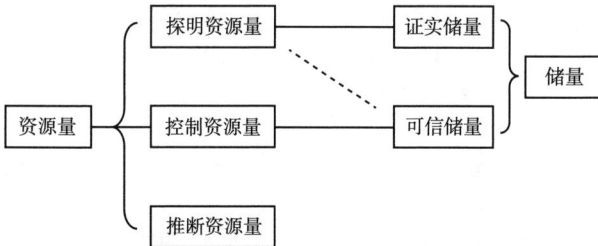

图 3 - 5　资源量和储量类型及转换关系

第四，资源量和储量的相互关系。

资源量和储量之间可以相互转换（见图 3 - 5）。在资源量转换为储量时应考虑的转换因素主要包括采矿、加工选冶、基础设施、经济、市场、法律、环境、社区和政策等。

探明资源量、控制资源量可转换为储量。

资源量转换为储量至少要经过预可行性研究，或与之相当的技术经济评价。

当转换因素发生改变，已无法满足技术可行性和经济合理性的要求时，储量应适时转换为资源量。

矿产资源分类及中国拥有的矿产种类见表 3 - 3。

表 3 – 3 矿产资源分类及中国拥有的矿产种类

矿产资源	非能源矿产资源	金属矿产资源	黑色金属	铁、锰、铬、钛、钒、镍、钴、钼、钨
			有色金属	铜、锌、铅、锡、铋、锑、汞
			轻金属	铝、镁
			贵金属	金、银、铂、钌、铑、钯、锇、铱
			稀有金属	锂、铼、锆、镓、铌、铟、铊等
		非金属矿产资源	研磨原料	金刚石、刚玉、石英砂等
			绝缘材料	云母、云棉、大理石等
			填料与涂料	滑石、重晶石、高岭土等
			过滤及漂白原料	活性黏土、漂白土等
			精密仪器及装饰材料	红宝石、蓝宝石、水晶、钻石等
			化工原料	盐类、硫、硼、磷等
			冶金辅料与陶瓷原料	耐火黏土、菱镁矿、石墨、萤石等
			建筑石料	各种黏土与岩石
	能源矿产资源	有机矿物燃料	煤炭	泥煤、烟煤、无烟煤、石煤、油页岩、沥青砂
			石油	原油、天然气
		核燃料	核裂变燃料	铀、钍
			核聚变燃料	镭
	其他水气矿产	地热		
		液态	地下水、矿泉水	
		气态	二氧化碳气、硫化氢气、氦气、氡气	

资料来源:《矿产资源分类纲目》,1994.

(二) 矿产资源统计指标

1. 矿产资源分布统计指标。

(1) 矿产资源总储量分布 (见表 3 – 4)。与矿产资源总储量统计类似,要反映矿产资源总储量分布,也要借助于矿产资源潜在价值,反映各地区矿产的丰饶程度,具体指标包括:各地区的矿产资源潜在价值、各地区矿产资源潜在价值占全国的百分比、各地区单位面积矿产资源潜在价值,以及各地区人均矿产资源潜在价值。

表 3 - 4 　　　　　　　　　　　　矿产资源潜在价值的地区分布

地区	探明储量潜在 （亿元）	国土面积 （万平方公里）	平方公里国土面积 潜在价值（万元）	人均潜在价值 （万元）
全国	985148	960.18	1026.00	8.1889
东部	119161	129.83	917.82	2.4003
中部	388395	285.25	1361.60	9.0337
西部	477592	545.10	876.15	17.2600

中国各地虽然都有矿产形成，但储量和丰度却有很大差异。如表 3 - 4 所示，从总量上看，经济相对较为落后的西部地区的矿产资源最丰富，几乎等于东部和中部矿产总量的加和。实际上，西部地区的地质勘查工作程度较低，其矿产资源储量的潜力还很大。由于西部地广人稀，因而人均矿产潜在价值非常高，是东部的近 8 倍，是中部的近 2 倍；而从单位国土面积的矿产潜在价值看，中部则跃居榜首。无论从单位国土面积还是人均拥有量看，经济较发达的东部地区的资源配给量都明显不足。

（2）矿产资源的分布密度。矿产资源的分布密度指在一定地区内所占有矿产资源数的比例，这个指标上更能反映一个地区资源财富的多寡。计算公式如下：

$$I_m = \frac{Q_i}{S}$$

式中，I_m 为矿产资源的分布密度；Q_i 为某一地区的矿产资源总量；S 为某一地区的面积数。

（3）矿产资源分矿种储量分布。不同矿产的形成需要有不同的地质条件，因此，各种矿产的地区分布和丰度显出很大差异。反映各矿种的分布，需要分矿种统计以下指标：各地区的储量，各地储量占总储量的比重；各地各种规模矿床的数量，各地各种规模矿床占矿床总数的比重。

中国矿产资源地区分布的主要特点是广泛但极不均衡。中国 50% 的铁矿集中在辽宁、河北、山西和四川等 4 省份；55% 的钨矿集中在湖南和江西 180% 的煤炭储量集中在山西、内蒙古和新疆等省份；70% 的矿产集中在云南、贵州、湖北和湖南 4 省份。一些尚未开发利用的大型、超大型矿床主要分布在西部边远地区。总的来说，各类矿产的分布与经济格局不协调，这种不平衡造成南磷北调，北煤南下、西煤东运的局面，给经济布局和交通运输带来一系列困难。

下面给出几种常见的矿产资源。

第一，煤炭资源。煤主要由碳、氢、氧、氮、硫和磷等元素组成，碳、氢、氧三者总和约占有机质的95%以上，此外，煤炭中还往往含有许多放射性和稀有元素如铀、锗、镓等，这些放射性和稀有元素是半导体和原子能工业的重要原料。

煤炭对于现代化工业来说，无论是重工业，还是轻工业；无论是能源工业、冶金工业、化学工业、机械工业，还是轻纺工业、食品工业、交通运输业，都发挥着重要的作用。

大气中的二氧化硫污染主要由包括煤炭在内的燃料燃烧所致。燃烧前脱硫可由煤炭洗选及转化中完成。燃烧中脱硫可以用加入脱硫剂的办法除掉部分硫分，常用的脱硫剂为白云石和石灰石。更常用的脱硫技术为排烟脱硫，即将排放的含硫烟气或废气通入吸收剂和吸附剂去掉硫氧化物。

煤在燃烧过程中会产生气溶胶状态污染物烟尘。烟尘可致人体呼吸道疾病，或作为其他污染物及细菌载体，还可影响植物生长及降低大气的能见度。防治方法是改进燃烧设备和燃烧方式，减少烟尘排放量，还要安装除尘装备，降低烟尘排放浓度。

第二，铁矿资源。铁在生活中分布较广，占地壳含量的4.75%。纯铁是柔韧而延展性较好的银白色金属，用于制发电机和电动机的铁芯，铁及其化合物还用于制磁铁、药物、墨水、颜料、磨料等。铁还是一种人体必需的微量元素。

一是铁资源效率。钢铁生产流程的铁资源效率等于统计期内流程最终合格钢材产品铁量除以输入该流程铁矿石等天然资源铁量。计算公式如下：

$$r = \frac{P}{R}$$

式中，r 为流程铁资源效率；P 为流程最终合格钢材产品铁量；R 为生产 P 吨合格钢材产品输入流程的铁矿石等天然资源铁量。

二是铁锈浪费率。每年因为铁锈浪费的铁资源很多，一段时间内铁锈浪费掉的铁资源占这一时间段浪费和没有因铁锈浪费掉的总量的比为铁锈浪费率。

计算公式如下：

$$R_{tx} = i_l/i_{l+s}$$

式中，R_{tx} 为铁锈浪费率；i_l 为铁锈浪费掉的铁资源；i_{l+s} 为铁锈浪费掉的铁资源和没有因铁锈浪费掉的铁资源的总和。

研究铁锈浪费率可以很好地反映铁资源的饱和情况，对于下一阶段的开采以及增加铁资源开采出来之后的利用情况有积极意义。

第三，天然银资源。天然银多半是和金、汞、锑、铜或铂成合金，天然金几乎总是与少量银成合金。纯银是一种美丽的银白色的金属，它具有很好的延展性，其导电性和导热性在所有的金属中都是最高的。银常用来制作灵敏度极高的物理仪器元件，各种自动化装置、火箭、潜水艇、计算机、核装置以及通信系统，所有这些设备中的大量的接触点都是用银制作的。银在电子电器材料、感光材料、化学化工材料、工艺饰品以及在生物体中的作用方面都有贡献。

第四，稀土资源。稀土由 14 种自然元素，以及合成元素组成。稀土其实并不稀有，但将其变成有用的材料，程序复杂、烦琐且成本高昂因此得名"稀土"。稀土应用广泛，在军事、冶金工业、石油化工、玻璃陶瓷以及农业方面都有涉及。

我国稀土资源丰富，稀土生产应用和出口量都很大。由于稀土是不可再生资源，要控制好出口量。计算公式如下：

$$R_{exp} = Re_{exp}/Re_t$$

式中，R_{exp} 为稀土出口率；Re_{exp} 为稀土出口量；Re_t 为稀土总量。

2. 矿产资源数量统计指标。

（1）矿产资源的品种数。矿产资源的品种数指在一定区域内所探明拥有的矿产品种的数目，该指标反映了一个地区或国家拥有矿产资源贫富的情况。我国在矿产资源品种上比较丰富，有 170 余种，是世界上少数几个品种数比较齐全的国家之一。

（2）矿产资源的储量。矿产资源储量分为已经查明的具有现行经济价值的可利用储量、已经查明的暂不能利用的储量以及尚未发现的矿产资源等三部分。

一是可利用储量。可利用储量是指已经查明的现行可以开采的那一部分矿产资源，反映矿产资源为国民经济发展所提供的供给能力。

二是潜在储量。潜在储量指以现在的科学技术还不能有效利用和未能发现的那部分矿产资源，反映矿产资源的后续能力。

三是保有储量。保有储量指探明的矿产储量（包括工业储量和远景储量）在扣除已开采部分和地下损失量后的年末实有储量，这反映的是某一时点上矿产资源的状况，是反映国家矿产资源现状的重要指标。计算公式如下：

$$Q_e = Q_b + \Delta Q_i$$

式中，Q_e 为年末保有储量；Q_b 为年初保有储量；ΔQ_i 为年内因普查勘探重算等原因增减数—开采量—损失量。

（3）矿产储量动态指标。矿产储量动态指标指年末保有储量与年初保有储量之比。这个指标反映了矿产储量的变动趋势和程度。

地热资源是指贮存在地球内部的不可再生热能，一般集中分布在构造板块边缘一带，起源于地球的熔融岩浆和放射性物质的衰变。全球地热能的储量与资源潜力巨大，每年从地球内部传到地面的热能相当于 100PW·h，但是地热能的分布相对比较分散，因此开发难度很大。由于地热能是储存在地下的，因此不会受到任何天气状况的影响，并且地热资源同时具有其他可再生能源的所有特点，随时可以采用，不带有害物质，关键在于是否有更先进的技术进行开发。目前地热能在全球很多地区的应用相当广泛，开发技术也在日益完善。

对于地热能的利用，包括将低温地热资源用于浴池和空间供热以及用于温室、热力泵和某些热处理过程的供热，同时还可以利用干燥的过热蒸汽和高温水进行发电，利用中等温度水通过双流体循环发电设备发电等。

第一，地热流体可开采量计算。盆地型地热田可采地热流体评价中考虑回灌水量，计算公式如下：

$$Q_y = Q_{wk} \times (1 + R_e)$$

式中，Q_y 为地热流体可开采量，m^3/d；Q_{wk} 为单井地热流体可开采量，m^3/d；R_e 为回灌比例，其中砂岩地区取 20%~50%，灰岩地区取 60%~80%。单井地热流体可开采量采用最大允许降深或开采系数法确定。

第二，最大允许降深法。可采地热流体量采用最大允许降深法，设定一定开采期限内（50～100年）。计算区中心水位降深与单井开采附加水位降深之和不大于100～150m时，求得的最大开采量，为计算区地热流体可开采量。计算公式如下：

$$Q_{wk} = \frac{4\pi T S_1}{ln(6.11\,\bar{t})} = \frac{4\pi T S_1}{ln\left(\dfrac{6.11Tt}{\mu^* R_1^2}\right)}$$

$$Q_{wd} = \frac{2\pi T S_2}{ln\left(\dfrac{0.473R_2}{r}\right)}$$

式中，Q_{wk}为地热流体可开采量，m^3/d；Q_{wd}为单井地热流体可开采量，m^3/d；S_1为计算区中心水位降深，m；S_2为单井附加水位降深，m；R_1为开采区半径，m；R_2为单井控制半径，m；μ^*为热储含水层弹性释水系数；t为开采时间，d；T为导水系数，m^2/d；r为抽水井半径，m。

第三，开采系数法。地热远景区采用可开采系数法，开采系数的大小，取决于热储岩性、孔隙裂隙发育情况，一般采用5%～10%。计算公式如下：

$$Q_{wk} = Q_c X$$

式中，Q_{wk}为地热流体可开采量，m^3/d；Q_c为地热流体总存储量，m^3；X为可采系数。

第四，采储比。采储比是开采量与年初保有储量之比，该指标反映矿产资源的开发利用的程度。计算公式如下：

$$R_e = \frac{Q_e}{Q_b}$$

式中，R_e为采储比；Q_e为开采量；Q_b为年初保有储量。

第五，开采年限。开采年限指在一定的区域内，一定技术条件下对某一矿产资源进行有经济的开采的最大年限。

第六，人均矿产资源占有量。各矿产资源总量与年中平均总人口数之比。计算公式如下：

$$\overline{R}_m = \frac{R_t}{P_t}$$

式中，$\overline{R}_m$ 为人均矿产资源占有量；R_t 为各矿产资源总量；P_t 为年中平均总人口数。

$$P_t = (A_e + A_n)/2$$

式中，P_t 为年中平均总人口数；A_e 为年初人口数；A_n 为年末人口数。

3. 矿产资源质量统计指标。

（1）品位。矿石中金属或有用组成部分的单位含量，称为品位。它常用%、g/t、g/m^3、g/l 等表示，是表示矿石质量的指标。

第一，最低工业品位或最低平均品位。矿石的应用价值和品位关系很大。最低工业品位，是指在计算储量的既定地段或单个工程中，能够偿还开采和加工有用矿物全部费用的有用组分的最大含量。它是区分可利用矿产资源储量和暂不能利用矿产资源储量的分界品位。

第二，边界品位。在采矿工业中，边界品位即矿石与围岩的分界品位，它是被圈定矿体的单个样品有用组分含量的最低要求。边界品位介于最低工业品位与尾矿品位之间，它的高低直接影响着矿体的形状、矿体的平均品位和矿石储量。

品位指标在使用上不是固定不变的。在矿山生产初期，一般优先开采品位较高的富矿，因此边界品位就定得较高；在矿山生产后期，可采储量日益减少，矿山产量趋向降低，为了维持生产，延长矿山寿命，有可能将品位指标再行降低，直到矿床储量用尽为止。

（2）平均品位指标。因矿石的品位分布不均，所以常用平均品位指标来反映矿产资源的贫富程度，计算公式如下：

$$G = \frac{\sum G_i \times Q_i}{Q_t}$$

式中，G 为矿产平均品位；G_i 为矿产不同品位；Q_i 为不同品位矿石储量；Q_t 为矿石总储量。

4. 矿产资源利用统计指标。

（1）回采比。回采比指矿山或露天矿山的开采量与消耗量之比，计算公式如下：

$$K = \frac{\sum_{i=1}^{n} k_i \times q_i}{\sum_{i}^{n} Q_i}$$

式中，k_i 为各矿的回采比；q_i 为各矿采出储量；Q_i 为各矿消耗储量。

（2）开采回采率。开采回采率指采矿过程中采出的矿石或金属量与该采区拥有的矿石或金属储量的百分比。主要反映各矿产资源的利用程度，开采回采率越高，说明采出的矿石越多，丢失在矿井里的矿石越少，矿山的资源开发利用效益越好。计算公式如下：

$$R_r = \frac{Q_i}{Q_t} \times 100\%$$

式中，R_r 为开采回采率；Q_i 为区域矿产采出量；Q_t 为区域矿产储量。

（3）综合利用系数。矿产资源的一个主要特点就是资源的伴生和共生性资源多，对这些资源的综合利用有利于经济和社会的发展，特别是解决资源紧缺具有重大的意义。矿产综合利用主要是指在矿产开发过程中对共生、伴生矿产进行综合勘探、开采利用，对以矿产资源为原料、燃料的工业企业排放的废渣、废液、废气及生产过程中的水、气进行综合利用。在统计上，我们通常以综合利用系数来反映矿产综合利用程度。

综合利用系数有不同计量表示方法，主要常用的有产出率法和回收率法。

第一，产出率法。产出率法指矿石中具有有用成分的最大程度的综合利用为基本原则，即为在选冶过程中有价产品的产出率之和。计算公式如下：

$$K_c = \sum_{i=1}^{n} y_i$$

式中，K_c 为有价产品最大程度回收时各产出率的综合和；n 为有益产品的数；i 为第 i 种产品；y_i 为第 i 种有益产品的产率。

第二，回收率法。回收率法是一种用于评估资源、能源或材料在特定过程中被有效回收或利用效率的方法，其核心是通过计算回收部分与原始总量的比例，量化回收效果，从而优化流程并提升可持续性。计算公式如下：

$$K_n = \frac{1}{n}\sum_{i=1}^{n}\varepsilon_i$$

式中，K_n 为产品的平均回收率；n 为产品数；ε_i 为第 i 种的产品回收率。

（4）矿产资源消费统计指标。

第一，全国矿石消费总量。全国矿石消费总量（O_{tc}）指我国经济活动过程中所生产的各种矿石量与净进口的矿石及矿产品实物量之和（表观实物消费量），其中包括18种主要矿产的矿石消费量。

第二，人均矿石消费量。人均矿石消费量由全国矿石消费总量除以年末总人口所得，其中包括18种主要矿产的人均矿石消费量。计算公式如下：

$$O_{atc} = O_{tc}/A_a$$

式中，O_{atc} 为人均矿石消费量；O_{tc} 为全国矿石消费总量；A_a 为年中平均总人口数。

第三，矿产品进、出口总量。矿产品进、出口总量包括18种主要矿产品的进、出口量。

第四，矿产品进出口总值。矿产品进出口总值包括18种主要矿产品的进、出口值。

第五，矿产资源对外依存度。矿产资源对外依存度指矿石及矿产品净进口量占矿产资源消费总量的比重，其中包括主要矿产的对外依存度。

第六，矿产资源经济评价。矿产资源是经济发展最基本的资源，对它的质量统计应在对经济统计的基础上进行，因此应该加入矿产资源的经济评价内容。

矿产资源经济评价是指根据国民经济需要、当前的生产技术水平与合理利用矿产资源的原则，运用技术经济方法，全面分析各种因素（自然、技术与社会经济）对矿产资源开发利用的影响，论证其工业意义及开发利用的经济价值，为资源开发利用的合理性提供依据。

按其评价的广度和深度不同，分为地区矿产资源总体评价和单项矿种评价。前者对确定地区工业结构和工业布局，以及该地区在全国地域分工中的地位和特点有重大意义；后者为制定某一工业部门发展规划，以及矿山开发和工业布局提供依据。

在进行矿产资源经济评价时，无论是总体或单项评价，都必须从矿产资源的储量、品位（质量）、埋藏条件、地区分布、矿种结合状况以及地区的自然、经济地理条件等方面进行综合分析。评价内容包括：

一是储量大小及其对需要的保证程度，着重搞清在当前技术条件下的可采储量和在适当开发强度下的服务年限。

二是品种质量及其对用户的适合程度，着重搞清是否符合用户要求及其加工工艺特征。

三是开采条件的难易程度，着重查明矿床的水文地质条件、矿层埋藏条件及可采矿层的厚度等。

四是空间分布及其地域组合特征，着重搞清矿床在水平与垂直方向上分布的分散程度和不同品种、质量的矿产在地域上交错分布的特点。

五是矿产地与开发有关的建设条件，特别是自然地理与经济地理条件。

5. 矿产资源价值评估指标。矿产资源是不可再生资源，有限的存量意味着供给的有限性，无论从矿产资源的自然属性还是经济属性来看，矿产资源都是一种稀缺性的资源，矿产资源的价值评估因而具有重要的意义。

矿产资源是容易明确其个体的资源，在此意义上，价值估算可以采用价格乘以实物量的方式获得；矿产资源实物量由储量决定，因此，价值估算关键在于价格的确定。但也有观点认为，矿产资源不应该作为可以分部拆分的对象看待，在价值估算中难以简单地体现为数量和价格的乘积，不是寻找单位实物量的价格，而是需要通过其他方式实现对整个资源价值的评估。到目前为止，矿产资源价值评估的研究已经取得了很大进展，但仍然没有形成公认的比较成熟的方法。以下介绍的两种方法中，第二种属于确定单位资源价格的方法，第一种则是进行整个资源价值评估的方法。除此之外，还有体现极差地租思想的方法，边际机会成本方法等。

（1）租金法。现代西方资源经济理论认为，作为参与生产过程的一种矿产，矿产资源应和劳动、资金等其他生产要素一样获得报酬，这一报酬被称为租金或矿山地租，归矿产资源所有者所有。将寿命期内各时期所获得的该租金累计起来，就是该资源的价值。具体计算时，首先需要确定各时期从资源获得的收益，经过折现值并进行加总，然后从中扣除针对该资源最初投入的投资。计算公式如下：

$$RV = \sum_{t=1}^{n} \frac{A_t}{(1+r)^t} - I$$

式中，RV 为矿产资源价值；n 为矿山开采年限；A_t 为开采年限内第 t 年的净收益；r 为折现率；I 为最初基建投资。

（2）逆算净价法。矿产资源的定价与其资源产品的定价之间存在着密切的关系，在许多情况下，其价格是从其资源产品的价格倒推得来。逆算净价法就是沿用这样的思路，此方法以单位资源获得的纯利益作为矿产资源价值，所谓净价，即指单位资源收益减去生产成本的余额，计算公式如下：

$$P = P_s - P_c$$

式中，P 为资源价格；P_s 为资源产品供给价格；P_c 为资源产品单位成本（包括平均利润）。

逆算净价法因简便易行而应用广泛，但它只是提供了一种思路，具体操作还需具体情况具体分析。不过，逆算净价法在中国的使用也受到了一些学者的批评，因为在市场经济发达的国家，资源产品的价格是在竞争市场上形成的，基本体现了其真实的价值；而中国的情况则不同，传统的"资源无价"或"资源低价"的主要表现就是资源产品的低价，因此，以资源产品为基础的资源定价法可能会造成价值的低估。

五、生物资源

（一）生物资源概述

1. 生物资源的定义。生物资源是在当前的社会经济技术条件下人类可以利用与可能利用的生物，包括动植物资源和微生物资源等。生物资源具有再生机能，如合理利用，并进行科学的抚育管理，不仅能生长不已，而且能按人类意志，进行繁殖更生；若不合理利用，不仅会引起其数量和质量下降，甚至可能导致灭种。在生物资源信息栏目中，设有动物资源信息、植物资源信息、微生物资源信息、自然保护区与生物多样性信息等子栏目。

2. 生物资源的特点。

（1）生物资源的自然属性。

第一，再生机能：生物资源具有再生机能，即在合理利用和科学抚育管理的前提下，能够持续生长和繁殖。这种再生机能是生物资源得以持续存在和为人类提供长期服务的基础。

第二，多样性：生物资源具有极高的多样性，包括物种多样性、遗传多样性和生态系统多样性。这种多样性为生物资源的利用提供了广泛的选择空间，同时也为生态系统的稳定和人类的生存提供了重要保障。

第三，适应性：生物资源具有强大的适应性，能够在不同的环境条件下生存和繁衍。这种适应性使得生物资源能够在各种生态系统中发挥重要作用，并为人类提供丰富的生态服务。

（2）生物资源的社会属性。

第一，显著的经济价值：生物资源是许多行业的基础，为食品、医药、化工、纺织等多个领域提供了丰富的原材料。

第二，高价值的科学研究：生物资源具有极高的科学研究价值。通过对生物资源的研究，科学家可以深入了解生物多样性的奥秘，揭示生物进化的规律，为生物技术的创新和发展提供理论支持和实践基础。同时，生物资源的研究还可以为医学、农业、环保等领域提供新的思路和方法，推动相关学科的发展和创新。

3. 生物资源的分类。

（1）植物资源。植物资源是在当前的社会经济技术条件下人类可以利用与可能利用的植物，包括陆地、湖泊、海洋中的一般植物和一些珍稀濒危植物。植物资源既是人类所需的食物的主要来源，还能为人类提供各种纤维素和药品，在人类生活、工业、农业和医药上具有广泛的用途。

（2）动物资源。动物资源是在当前的社会经济技术条件下人类可以利用与可能利用的动物，包括陆地、湖泊、海洋中的一般动物和一些珍稀濒危动物。动物资源既是人类所需的优良蛋白质的来源，还能为人类提供皮毛、畜力、纤维素和特种药品，在人类生活、工业、农业和医药上具有广泛的用途。

（3）微生物资源。微生物资源是在当前的社会经济技术条件下人类可以利用与可能利用的以菌类为主的微生物，所提供的物质，在人类生活和工业、农业、医药诸方面能发挥特殊的作用。

4. 生物多样性。生物多样性是生物及其与环境形成的生态复合体以及与此相关的各种生态过程的总和，由遗传（基因）多样性、物种多样性和生态系统多样性等部分组成。遗传（基因）多样性是指生物体内决定性状的遗传因子及其组合的多样性。物种多样性是生物多样性在物种上的表现形式，可分为区域物种多样性和群落物种（生态）多样性。生态系统多样性是指生物圈内生境、生物群落和生态过程的多样性。遗传（基因）多样性和物种多样性是生物多样性研究的基础，生态系统多样性是生物多样性研究的重点。

（二）生物资源统计指标

1. 生物资源的分布。

（1）分布面积。分布面积表示生物资源分布的大致范围和实际覆盖面积。它一方面通过显示该资源在全球或一定区域出现频率的大小来区分资源是广布种还是特有种或者稀有种。不同的分布类型具有不同的资源价值特征。广布种具有较大的现实或潜在资源量，有利于大规模开发；特有种构成地方特产生物资源的主体，有重要的开发价值；稀有种应为主要的资源保护对象，开发应在保护的前提下进行。另一方面，实际覆盖面积是估算资源蕴藏量的重要参数，它影响人类对资源的开发规模。

（2）种群密度。种群密度是指植物、动物和微生物在一定区域内单位面积上的分布数量。对于植物，种群密度比较易于计算，对于不断移动的动物，直接统计数量困难较大，可以应用标志重捕法。在调查样地，捕获一部分个体进行标志，经过一定期限进行重捕。根据重捕中标志的比例与样地总数中的标志比例相等的假定，来估计样地中被调查动物的总数。计算公式如下：

$$N : M = n : m$$
$$N = (M \times n)/m$$

式中，M 为标志数；N 为该区域个体数；m 为再捕中标志数；n 为再捕数量。

2. 林木资源。

（1）林木蓄积指标。总蓄积量包括两个指标：一是活立木总蓄积量，指一定范围内土地上全部在生长树木的总蓄积量，包括林分蓄积、疏林木蓄积、散生木蓄积和四旁树（村旁、路旁、水旁、宅旁）蓄积。活立木区别于枯立木倒木的标志是活立木还具有生长能力。二是森林总蓄积量，指一定的森林面积上存在着的林木树干部分的总材积，既包括活立木蓄积，也包括枯立木倒木蓄积。一般来说，森林总蓄积量是反映一个国家或地区森林资源总规模和水平的基本指标，也是反映森林资源丰富程度、衡量森林生态环境优劣的重要依据。

第一，木材蓄积量（H）。木材蓄积量指一定时点有林地可能产出木材的数量，是一定森林面积上存在着的林木树干部分的总材积。按平均高度和平均直径的资料计算，通常用立方米来计量。它是反映一个国家或地区森林资源总规模和水平的基本指标之一，也是反映森林资源的丰富程度、衡量森林生态环境优劣的重要依据。计算公式如下：

$$H = N \times \frac{\pi}{4} \times d^2 \times h \times f$$

式中，H 为木材蓄积量（立方米，m^3）；N 为林分单位面积上的树木株数（株/公顷）；d 为林木平均胸径（米，m），即树干离地面 1.3 米处的平均直径；h 为林木平均高度（米，m）；f 为形数（无量纲，通常取 0.4 ~ 0.5），反映树干形状与理想圆柱体的偏差。

第二，木材蓄积利用系数（α）。木材蓄积利用系数是采伐量（C）与蓄积量（H）之比，反映森林资源的利用和保有情况。计算公式如下：

$$\alpha = \frac{C}{H} \times 100\%$$

第三，立木总蓄积量。立木总蓄积量指一定范围内土地上全部树木蓄积的总量，包括森林蓄积、疏林蓄积、散生木蓄积和四旁树蓄积。立木资源核算以森林蓄积量为单位进行统计，计算公式如下：

$$S_0 + N_c = S_c$$
$$A = A_1 + A_2 + A_3$$
$$D = D_1 + D_2 + D_3 + D_4 + D_5$$
$$N_c = A - D$$

式中，S_0 为期初存量；N_c 为净变化量；S_c 为期末存量；A 为期内增量；A_1 为期内生长量；A_2 为期内进阶生长量；A_3 为期内重估增加量；D 为期内减量；D_1 为木材采伐量；D_2 为非木材采伐消耗量；D_3 为灾害损失量；D_4 为自然损失量；D_5 为期内重估减少量。

（2）林木生长量统计。

第一，木材生长量（G）。木材生长量指一定时期（年）内材积依树龄增加而增加的数量。计算公式如下：

$$G = H_t - H_{t-1} + C$$

式中，G 为年木材生长量（m^3/年）；H_t、H_{t-1} 为第 t 年和 $t-1$ 年的木材蓄积量；C 为期间采伐量和自然损失量（m^3）。

第二，森林采伐量（C）。森林采伐量指一定时期（年）内实际采伐林木的数量。计算公式如下：

$$C = \sum_{j=1}^{m} v_j$$

式中，C 为年森林采伐量（m^3/年）；m 为年内采伐的总株数；v_j 为第 j 株被采伐树木的材积（m^3）。

第三，林木采伐生长比例（β）。林木采伐生长比例是采伐量 c 与生长量 g 之比，表示人们人工造林的努力程度和森林资源自身再生的能力，可以反映森林资源的木材量增减趋势。如果比例大于 1，就发生了过伐现象。计算公式如下：

$$\beta = \frac{C}{G}$$

第四，林分单位面积林木生长量（G_s）。林分单位面积林木生长量反映森林资源生长动态情况。林分单位面积林木生长量 G_s 等于年生长量 G 与森林总面积 S_f 之比，计算公式如下：

$$G_s = \frac{G}{S_f}$$

（3）森林资源质量指标。

第一，森林的健康状况。对森林资源的健康状况的评价统计也具有现实的意义。我们选择森林病虫害胁迫干扰因子来测度抵抗力，也就是通过森林生态系统对病虫害发生的抵抗能力来评价森林生态系统的抵抗力。

设病虫害的发生强度是 $R(0 \leqslant R \leqslant 1)$，则定义其抵抗力 DF 的大小为：

$$DF = (1 - R) \times 100 (0 \leqslant DF \leqslant 100)$$

式中，DF 为森林生态系统的抵抗力；R 为森林生态系统的病虫害发生强度。也可以采用病、虫、鼠害面积与森林资源总面积之比来表示森林资源灾害率。

第二，择伐林地面积比例。择伐林地面积比例是根据森工林区的情况每年择伐林地面积（T_s）占采伐总面积（T_c）的比例。计算公式如下：

$$\delta = \frac{S_s}{S_c} \times 100\%$$

式中，δ 为人工林比重；S_s 为每年择伐林地面积；S_c 为采伐总面积。

第三，郁闭度。郁闭度反映森林资源生态功能的强弱，是林冠正投影面积与林地面积之比。林分及疏林郁闭度分为 1.0 ~ 0.1。以现实的森林资源中 0.7 以上等级郁闭度林分面积比例代表这个指标。计算公式如下：

$$D_c = \frac{S_{ca}}{S_f}$$

式中，D_c 为郁闭度；S_{ca} 为林冠正投影面积；S_f 为林地面积。

第四，人工林比重。在天然成、过熟林资源急速减少的情况下，合理发展人工林是必要的。所以人工林所占比重也能从侧面反映森林资源的多少。计算公式如下：

$$m = \frac{S_m}{S_f}$$

式中，m 为人工林比重；S_m 为人工林面积；S_f 为森林总面积。

第五，单位面积立木蓄积量。这个指标反映森林立木资源生产率，说明林木资源是否达到要求。计算公式如下：

$$H_s = \frac{S_c}{S_{nf}}$$

式中，H_s 为单位面积立木蓄积量；S_c 为现有森林地蓄积量；S_{nf} 为现有林地面积。

第六，树龄结构比例。树龄结构比例（P_{tas}）指幼龄林，中龄林，近熟林，过熟林的面积比例。反映林木生长结构的合理度。

第七，径级组比例。径级组比例（R_{dc}）指用材林中不同胸径组林木的比例，可按蓄积量或林木株数计算。用以反映用材林林木结构的质量结构。

（4）森林资源利用统计指标。森林资源利用统计主要反映社会经济活动对森林资源的开发利用情况，分林地资源利用统计和林木资源利用统计。

第一，林地资源利用统计。

一是森林覆盖率。森林覆盖率是指一个国家或地区森林面积占土地总面积的百分比。森林覆盖率指标不仅反映森林覆盖土地的程度，还反映森林资源的丰富程度和生态平衡状况。中国现行的森林覆盖率计算公式如下：

$$R_{fc} = \frac{S_f}{S} \times 100\%$$

式中，R_{fc} 为森林覆盖率；S_f 为森林面积；S 为土地总面积。

二是各类林地面积结构。林业用地包括有林地、疏林地、未成林造林地、灌木林地、苗圃地和无林地。把上述各类林地面积与林地总面积进行对比，便可反映林业用地的利用情况。一般来说，林地利用率越高，有林地面积比重越高；而疏林地、无林地的面积比重越低。充分利用无林地是林地管理和经营的主要目的。计算公式如下：

$$R_{ufi} = \frac{S_{fi}}{S_{af}} \times 100\%$$

式中，R_{ufi} 为第 i 类林地（有林地、疏林地等）的面积占比（%）；S_{fi} 为某类林地的面积（公顷、亩等）；S_{af} 为统计区域内林业用地总面积。

三是采伐迹地更新率。森林是可再生资源，这一特性可使森林资源在某种程度上自我更新、自我复制。森林采伐和火灾后，必须及时更新才能促进森林覆盖的恢复，保证森林资源的永续利用。采伐迹地更新率是人工更新和人工促进天然更新造林合格面积与相应时期采伐面积和火烧迹地的面积之比。计算公式如下：

$$R_{rc} = \frac{S_a}{S_c + S_b} \times 100\%$$

式中，R_{rc} 为采伐迹地更新率（%）；S_a 为人工更新或人工促进天然更新的合格面积（需满足造林标准，如成活率≥85%）；S_c 为统计期内采伐迹地总面积；S_b 为统计期内火烧迹地总面积。

四是林地生产率。林地生产率指单位林地面积的年产量或产值，它从林业生产角度反映林地利用程度和效果，以产量表示的林地生产率成为林地生产率实物指标；以产值表示的林地生产率成为林地生产率价值指标。计算公式如下：

首先，实物指标：

$$P_{fm} = \frac{Q_{fm}}{S_f}$$

式中，P_{fm} 为单位林地年产量，单位：m³/（公顷·年）或吨/（公顷·年）；Q_{fm} 为年产出量（木材、林果等）；S_f 为对应林地的面积。

其次，价值指标：

$$P_{fv} = \frac{Q_{fv}}{S_f}$$

式中，P_{fv} 为单位林地年产值，单位：元/（公顷·年）；Q_{fv} 为年总产值（含木材销售、林下经济等）。

第二，林木资源利用指标。

一是森林资源开发率。森林资源开发率也叫林地利用率，反映林地利用的程度，也反映林地资源的利用潜力。计算公式如下：

$$\varepsilon = \frac{S_u}{S_f} \times 100\%$$

式中，ε 为林地利用率；S_u 为森林资源的利用面积；S_f 为森林总面积。

二是森林采伐强度。森林采伐强度反映对森林林木资源的开发利用程度，它会对森林资源间接效益开发利用带来影响。计算公式如下：

$$u = \frac{S_{cf}}{S_{ccf}}$$

式中，u 为森林采伐强度；S_{cf} 为年内采伐森林面积；S_{ccf} 为当年可采伐的森林面积。当年可采伐的森林只包括过熟林，成熟林和一些低价改造林。中、近熟林龄组分不可列入。

三是森林资源利用率。森林资源利用率是衡量林木资源开发利用质量的重要指标，比值越高，表明森林资源利用越得当。计算公式如下：

$$R_{uf} = \frac{Q_w}{Q_c} \times 100\%$$

式中，R_{uf} 为森林资源利用率；Q_w 为木材产品数量；Q_c 为采伐蓄积量；其中采伐蓄积量指报告期森林主伐、低产林改造和成林抚育间伐的实际采伐蓄积量。

四是伐区出材率。伐区出材率是指在一定伐区范围内，实际采伐获得的可用木材材积（如原木、锯材等）占伐区总蓄积量的百分比，反映采伐过程中木材资源的有效利用程度。计算公式如下：

$$R_{em} = \frac{Q_{ef}}{Q_{cf}} \times 100\%$$

式中，R_{em} 为经济出材率；Q_{ef} 为经济材产量；Q_{cf} 为商品材产量。

五是采伐剩余物综合利用率。采伐剩余物综合利用率是从再利用的角度反映对森林资源利用水平的高低。计算公式如下：

$$R_{cfr} = \frac{Q_{em}}{Q_{hr}} \times 100\%$$

式中，R_{cfr} 为采伐剩余物综合利用率；Q_{em} 为剩余物综合利用量；Q_{hr} 为采伐剩余物总量。

（5）森林资源可持续经营。

第一，森林资源的最优轮伐期。轮伐期表示林木经过正常的生长发育到达可以采伐利用为止所需要的时间。

一是林地期望价法。林地期望价法即土地纯收益最高的经济成熟龄的计算方法。它是指经营某块林地时，能够永久取得的土地净收益的现值（用一定的贴现率）合计，该净收益现值达到最高时的收益，这时的轮伐期就是最优的收获期。林地期望价法的计算公式为：

$$B_u = \frac{A_u + D_a(1+i)^{u-a} + D_b(1+i)^{u-b} + \cdots - C(1+i)^u}{(1+i)^u - 1} - \frac{V}{i}$$

式中，A_u 为以 u 年为轮伐期的主伐收入；u 为轮伐期；i 为利率（贴现率）；a，b，$\cdots$ 为砍伐年度；D 为间伐收入；V 为管理费；C 为造林费。

此方法以实行森林永续间伐作业为前提，并假定每个轮伐期（u）内林地的收入与支出相同，从造林开始进行计算，利息按复利公式计算，各项收入和费用的计算过程如下：

主伐收入（U）：

每隔 u 年收获一次，永续作业时，主伐收入合计的现值为：

$$U = \frac{A_u}{(1+i)^u} + \frac{A_u}{(1+i)^{2u}} + \cdots + \cdots$$

这形成一个无穷级数，可得无限定期主伐收入现值合计：

$$S = \frac{A_u}{(1+i)^u - 1}$$

间伐收入（D）：

每个轮伐期 u 内都有若干次间伐，分别发生在第 $a, b, \cdots$ 年度。每个特定的年度，如 a 年发生的间伐，在永续作业时，又每隔 u 年发生一次，则（前价）现值合计为：

$$\frac{D_a}{(1+i)^a} + \frac{D_a}{(1+i)^{a+u}} + \frac{D_a}{(1+i)^{a+2u}} + \cdots = \frac{D_a(1+i)^{u-a}}{(1+i)^{u-a} - 1}$$

造林费：

造林费 C 是在每个轮伐期初发生一次，每隔 u 年一次，其现值（前价）合计公式：

$$C + \frac{C}{(1+i)^u} + \frac{C}{(1+i)^{2u}} + \cdots = \frac{C(1+i)^u}{(1+i)^u - 1}$$

管理费：

每年发生一次，其合计为：

$$\frac{V}{(1+i)} + \frac{V}{(1+i)^2} + \frac{V}{(1+i)^3} + \cdots = \frac{V}{i}$$

利用以上公式即可求出森林土地纯收益最高时的成熟龄 u。

二是森林生物资源（林木）的最优收获期模型。假定该森林所有者只求这片人工林净收益规模最大。他希望选择一个采伐时间 t，使得 W_0 最大化。因此应用下式求解：

$$W_0 = \frac{P_t - C_t}{(1+r)^t} - K_0 = V_0 - K_0$$

式中，P_t 为时间 t（年）的木材销售价值；C_t 为时间 t（年）的木材采伐成本；K_0 为购买这片材地的初始投资；V_0 为木材采伐净现值（没有减材地初始投资）。上式中使 W_0 取最大值时的 t 值即得最优收获期。

第二，合理年伐量的确定。用材积控制法计算允许采伐量，按平均生长量计算年伐量。此法由德国学者马尔丁提出，故也称马尔丁法。其理论基础是：采伐量小于或等于生长量。由于难以测定森林林分的连年生长量，他提出了以各龄级林分平均生长量之和代替各林分连年生长量之和的近似解决办法。计算公式如下：

$$V_a = \sum_{i=1}^{n} Z_i = \sum_{i=1}^{n} \frac{V_i}{t_i K}$$

式中，V_a 为年伐蓄积；Z_i 为 i 龄级林分的平均生长量；V_i 为 i 龄级林分蓄积；t_i 为 i 龄级年龄中值；K 为改进系数（根据过熟林面积占经营单位总面积的比例确定）。

由此可得年伐面积为：

$$S_a = \frac{V_a}{v_j}$$

式中，v_j 为成过熟林平均单位面积蓄积。

3. 海洋渔业资源统计。海洋渔业资源是指海洋鱼类、头足类、甲壳类、贝类和大型藻类等具有经济价值和可开发利用的海洋水生生物资源。对渔业资源的统计主要有以下指标：

（1）渔获量（F_c）。在渔业生产过程中，人类于天然水域中获得的具有经济价值的水生生物的质量或重量。包括通过捕捞、捕杀、采集养殖等经济活动获得，用于商业、工业和维持生计等一切用途的名义渔获量。

（2）单位捕捞努力渔获量，即每个捕捞努力量所获取的渔获量，是表示资源密度的主要指标，在渔获量预报中，常以此作为相对资源量指标。单位捕捞努力渔获量越大，则表示该地区渔业资源越丰富。计算公式如下：

$$F_{pc} = \frac{F_{tc}}{F_{tec}}$$

式中，F_{pc} 为单位捕捞努力渔获量；F_{tc} 为总渔获量；F_{tec} 为总捕捞努力量。

（3）渔获率是指某一水域一定时间内的渔获量占同期捕捞对象资源总量的百分比，是衡量渔业资源利用程度的指标之一，渔获率越高代表对渔业资源的利用程度越高。但这一指标存在的问题之一是如何对同期捕捞对象资源总量进行统计。计算公式如下：

$$R_f = \frac{F_{ci}}{F_{trc}}$$

式中，R_f 为渔获率；F_{ci} 为一定时间内渔获量；F_{trc} 为同期捕捞对象资源总量。

在以上指标中，渔获量、单位捕捞努力渔获量和渔获率都是渔业资源开发利用的统计指标，虽然并不能代表全部的渔业资源，但在一定程度上可以反映渔业资源存量及其变动。

4. 生物多样性统计指标。β 多样性可以定义为沿着环境梯度的变化物种替代的程度。不同群落或某环境梯度上不同点之间的共有种越少，β 多样性越大。精确地测定 β 多样性具有重要的意义。这是因为：它可以指示生境被物种隔离的程度；β 多样性的测定值可以用来比较不同地段的生境多样性；β 多样性与 α 多样性一起构成了总体多样性或一定地段的生物异质性。

（1）Whittaker 指数（β_w）。

$$\beta_w = \frac{Q_{ts}}{M_\alpha} - 1$$

式中，Q_{ts} 为所研究系统中记录的物种总数；M_α 为各样方或样本的平均物种数。

（2）Cody 指数（β_c）。

$$\beta_c = \frac{G(h) + L(h)}{2}$$

式中，$G(h)$ 为沿生境梯度 h 增加的物种数目；$L(h)$ 是沿生境梯度 h 失去的物种数目，即在上一个梯度中存在而在下一个梯度中没有的物种数目。

（3）Wilson Shmida 指数（β_t）。

$$\beta_t = \frac{G(h) + L(h)}{2^\alpha}$$

该式是将 Cody 指数与 Whittaker 指数结合形成的。式中变量含义与上述两式相同。

（4）生物的种数。早在 20 世纪 60 年代，生态学家就发现岛屿上的物种数明显比邻近大陆的少，并且面积越小，距离大陆越远，物种数目就越少。在气候条件相对一致的区域中，岛屿中的物种数与岛屿面积有密切关系，许多研究表明，岛屿面积越大，种数越多。普雷斯顿（Preston，1962）将这一关系用简单方程描述：

$$Q_s = CAZ$$

该公式经过对数转换后，变为：

$$logQ_s = ZlogA + C$$

式中，Q_s 为面积为 A 的岛屿上某一分类群物种的数目，C、Z 为常数。参数 C 取决于分类类群和生物地理区域，其生物学意义不大；而参数 Z，即经过对数转换后直线的斜率，则具有较大的生物学意义。

（5）珍稀濒危物种保护率。珍稀濒危物种保护率（R_{res}）是指凡是列入国家珍稀濒危物种名录的珍贵、稀有和濒临绝种的动植物种得到有效保护的比例。

（6）野生动植物资源。野生动植物资源的主要指标有：野生动植物种类的耗减，种群数量的耗减，珍稀濒危物种、极危物种的增加数，野生动植物栖息地特别是湿地的耗减数。

第三节　资源统计指标的应用

自然资源的统计指标不仅仅是对资源数量和质量的描述工具，更在实际应用中具有极高的实用价值。本节将着重介绍自然资源价值测算、自然资源资产负债表的编制以及森林资源的有效开发的经济分析。这些应用展示了如何通过指标体系，科学评估自然资源的资产价值和开发潜力，为社会各领域提供关于资源利用的重要参考。

一、自然资源价值测算方法

（一）影子价格的概念

影子价格（shadow price）是一种经济分析中使用的计算价格，它反映了项目投入和产出的真实经济价值，市场供求关系，资源稀缺程度，以及资源合理配置的要求。在自然资源的背景下，影子价格可以表示为使用自然资源时社会经济为之付出的代价，如果资源的市场价格不能反映其经济价值，或者项目并未支付费用，那么这个代价应该用影子价格来表示。

（二）影子价格的意义

在自然资源价值评估中，影子价格法是一种重要的方法。它通过线性规划等数学方法来确定资源的最优配置，并据此计算资源的影子价格。这种方法特别适用于那些在市场上没有明确价格的自然资源，如空气、水体和生物多样性等。影子价格法能够帮助决策者理解和量化自然资源的价值，从而在资源管理和政策制定中做出更加明智的选择。

此外，影子价格法在自然资源核算中也有应用，它可以通过货币形式体现自然资源的存量及流量，实现不同种类自然资源在地区间和类别上的横向对比与价值汇总。这种方法有助于企业和政府更好地理解和管理自然资源的价值，促进资源的可持续利用和保护。

（三）如何确定影子价格

根据影子价格的定义，它描述某种稀缺资源的稀缺程度，是在其他条件不变的情况下，单位资源变化所引起的目标函数的最优值的变化，计算公式如下：

$$W_{nr} = \frac{\partial_y}{\partial_x}$$

式中，W_{nr} 为某一种自然资源影子价格；∂_y 为某地由于增加了单位该自然资源所产生的经济收益的增量，∂_x 为该自然资源的单位增量。该定义是基于线性规划中的合理利用稀缺资源以求达到系统中最好的经济效益的规划问题，但在实际应用测算中，如果按照该定义公式来计算，过程将是复杂的，这是由于准确地测算 Y 的变动需要涉及多个部门和考虑多种因素，在实际核算过程中，可以取某地在接受边际稀缺资源增加时所产生的最大经济价值进行计算作为影子价格。

（四）影子价格使用存在不足

影子价格法在自然资源统计应用中确定资源价格确实是一种方法，但它也有一些缺点和局限性：

1. 数据要求高。影子价格法需要大量的历史数据来支持生产函数的构建，包括技术水平、资本投入、劳动投入等，这些数据可能难以获取，尤其是对于发展中国家或数据不透明的地区。

2. 模型假设限制。影子价格法通常基于一定的经济模型，如柯布－道格拉斯生产函数，这些模型可能无法完全捕捉到现实经济中的复杂性，尤其是当经济结构发生变化时。

3. 技术变化的忽略。在计算影子价格时，可能需要假设短期内减排技术和新能源技术水平不变，这可能不适用于技术迅速发展的现实情况。

4. 政策影响。影子价格的计算可能受到政策变化的影响，尤其是在碳排放权交易等受政策影响较大的领域。

5. 市场成熟度。在一些市场尚未成熟的领域，如碳排放权交易市场，实际成交价格可能与影子价格存在较大差异，导致影子价格难以反映真实的市场价值。

6. 模型精度。在使用普通最小二乘法进行模型回归时，可能存在精度不足的问题，需要通过更先进的方法，如岭回归，来提高模型的准确性。

7. 应用范围。影子价格法更多地用于理论研究和探索阶段，实际应用中可能存在局限性，尤其是在缺乏详细数据和市场机制不完善的情况下。

8. 价格波动。在金融市场中，影子价格可能会因为市场利率的波动而产生较大的不稳定性，影响其在实际中的应用。

因此，尽管影子价格法提供了一种评估资源价值的方法，但在实际应用中需要考虑其局限性，并结合其他方法和实际情况来确定资源价格。

（五）自然资源的需求函数

$$P_t = \alpha - \beta Q_t$$

式中，$\alpha > 0$，$\beta > 0$；P_t 为价格；Q_t 为需求量。短期内符合一般需求函数。长期则是稀缺性体现，资源作为原材料而非商品，价格随需求的增加升高。

二、自然资源资产负债表

（一）自然资源资产负债表的起源与发展

自新中国成立以来，我国对自然资源的核算不断深化。自然资源被分类并由不同部门负责管理。矿产资源从 1956 年起就建立了储量分类和平衡表制度。森林资源自 1973 年起已进行了 18 次全面清查，采用面积和体积两种计量方式。

土地和水资源的调查也随着土改和水利工程的推进而深入。改革开放后，自然资源的经济价值被重视，自然资源资产化管理成为趋势。党的十八届三中全会提出建设生态文明的要求。国家统计局等部门响应，探索编制自然资源资产负债表，并在 2015 年印发《编制自然资源资产负债表试点方案》，在多个地区进行试点。2018 年，国家统计局试编了全国自然资源资产负债表，并印发了《自然资源资产负债表编制制度（试行）》。2019 年完成了全国和省级报表编制，自然资源部也开展了多次试点工作。

（二）编制自然资源资产负债表的假设

自然资源资产负债表的编制框架中包含几个关键的假设，为编制工作提供了基础和指导原则：

1. 政府主体假设。在编制自然资源资产负债表之前，需要明确编制的责任主体。由于自然资源资产通常是全民所有的，政府代表国家行使管理职能，因此各级政府部门是自然资源资产负债表的编制主体。这意味着政府部门负责主导自然资源资产负债表的编制工作，并利用这些信息来更好地管理和保护自然资源。

2. 可持续发展假设。自然资源是有限的、不可再生的。因此，自然资源资产负债表的编制必须基于可持续发展的理念，确保自然资源的利用不会导致资源枯竭，以实现长期的、可持续的发展目标。

3. 编制周期假设。自然资源资产负债表的编制应以自然年为周期，这样可以清晰地反映一个地区在一年内自然资源的存量及其变化情况。同时，考虑到自然资源资产负债表在领导干部自然资源资产离任审计中的应用，也可以采用领导任期作为编制周期。

4. 价值计量假设。自然资源资产负债表的编制要求对自然资源的实物量进行客观评估，并以此为基础，利用价值计量手段来核算自然资源的价值量。这个假设认为自然资源的价值可以用货币形式来衡量，将自然资源视为资产，并用市场价格进行赋值。这样做可以使不同类型的自然资源在相同的单位下具有可比性，有助于自然资源的统筹规划和利用。

这些假设共同构成了自然资源资产负债表编制的理论基础，确保了编制工作的科学性、合理性和实用性。通过这些假设，可以更有效地管理和评估自然资源的利用情况，为实现可持续发展提供支持。

（三）自然资源资产负债表类别

1. 自然资源资产核算模式。纳入自然资源资产（负债）核算体系的有水资源、土地资源、林木资源和能源矿产资源，由国家统计局根据《自然资源资产负债表编制制度（试行)》牵头组织核算，纳入核算体系的自然资源资产数据则由自然资源部、国家林业和草原局、水利部、中国气象局提供。

各种资源资产的存量及变动表的平衡关系服从于"四柱平衡"，即"期初存量＋本期增量＝本期减量＋期末存量"。本着"先实物核算，后价值核算"的原则，在对林木资源资产进行价值评估的基础上，还可以编制出相应的价值量表（见表 3 – 5）。各管理部门根据自然资源资产核算模式的基本平衡公式设置和登记统计台账。自然资源资产核算模式的基本平衡公式是：

$$NAS_{is} + NAS_{ip} = NAS_{dp} + NAS_{cs} \tag{3-1}$$

式中，NAS_{is} 是自然资源资产期初存量；NAS_{ip} 是自然资源资产本期增加量；NAS_{dp} 是自然资源资产本期减少量；NAS_{cs} 是自然资源资产期末存量。

表 3 – 5　　　　　　　　　　林木资源存量及变动

数量	总计	森林										
		乔木林						竹林		灌木林		其他林木
		合计		天然		人工		天然	人工	天然	人工	蓄积
	面积	面积	蓄积	面积	蓄积	面积	蓄积	面积	面积	面积	面积	
年初存量												
本年增加												
本年减少												
年末存量												

自然资源资产负债表的编制具有多项优点，主要体现在以下几个方面：

（1）高衔接性和易推广性：该模式与现有的自然资源核算体系高度衔接，平衡关系清晰，编表方法简单易学，并且有政府文件背书，权威性高，便于推广应用。

符合资产化管理要求：它符合自然资源资产化管理的要求，有助于推动自然资源的合理利用和保护。

（2）与国际核算框架接轨：自然资源资产负债表与联合国的核算框架相衔接，与现行国民经济核算体系之间的衔接度高。

（3）试点经验丰富：基于多地的试点经验，基层接受程度高，这有助于报表体系的进一步实施和完善。

（4）提供环境责任审计依据：资源质量附表能够为环境责任审计和生态文明建设绩效考核提供依据，增强了对自然资源管理和保护的监督和评估。

然而，自然资源资产负债表的编制也存在一些缺点：

（1）不反映自然资源负债：当前的自然资源资产负债表未能反映自然资源负债，未能完全达到通过报表编制来揭示资源环境负债的要求，因此有时也被称为自然资源资产平衡表。

（2）权属关系和资本化管理要求不明确：该模式未能明确自然资源的权属关系和资本化管理要求，这可能会影响到自然资源的合理分配和有效管理。

2. 自然资源净资产核算模式。由于各省份编制的报表反映的是自然资源资产存量及其变动，尚未反映《生态文明体制改革总体方案》要求中的"自然资源负债"，所以大家关注的焦点便集中在什么是自然资源负债，以及如何核算自然资源负债。

在自然资源负债的认识上，有四种观点：资源耗减观认为负债即资产耗减；资源环境补偿观认为负债是对资源过度消耗和环境破坏的补偿；现时义务观认为负债是核算主体应承担的现时义务；权属责任规则认为负债基于资源资产的权属关系，分为"属己"和"属他"。

自然资源净资产核算模式的核算内容不仅与自然资源资产核算模式相同，而且还可以核算自然资源负债和自然资源净资产，基本平衡公式是：

$$NetNAS = NAS - NLB \qquad (3-2)$$

式中，$NetNAS$ 为自然资源净资产；NAS 为自然资源资产；NLB 为自然资源负债。值得注意的是，自然资源资产核算模式的平衡公式与自然资源净资产核算模式的平衡公式之间存在互相转化与互相稽核的关系，根据式（3－1），设本期自然资源的增减量分别为自然增减量和人为增减量，则式（3－1）可以表述为：

$$NAS_{cs} = NAS_{is} \pm \Delta NAS_n \pm \Delta NAS_h \qquad (3-3)$$

式中，NAS_{cs} 为自然资源资产期末存量；NAS_{is} 为自然资源资产期初存量；ΔNAS_n 为本期自然资源资产自然变化量；ΔNAS_h 为本期自然资源人为变化量。从追究资源环境责任的角度，"本期自然资源人为变化量"就含有自然资源负债。如果人为增量＞人为减量，就形成人为自然资源资产净增加量，表明本期不仅没有产生自然资源负债，反而减少了自然资源负债（如果有的话）；如果本期人为增量＜本期人为减量，表明产生了自然资源负债或自然资源负债增加，增加额是二者之差。根据这样的设定，当人为增量＞人为减量时，这时没有自然资源负债产生，式（3－1）就变成：

$$NAS_{cs} = NAS_{is} \pm \Delta NAS_n + \Delta NAS_{hi} = NetNAS \qquad (3-4)$$

式中，NAS_{cs} 为自然资源资产期末存量；NAS_{is} 为自然资源资产期初存量；ΔNAS_n 为本期自然资源资产自然变化量；ΔNAS_{hi} 为本期自然资源人为净增量；$NetNAS$ 是自然资源净资产。当人为增量＜人为减量时：

$$NAS_{es} = NAS_{is} \pm \Delta NAS_n - NLB \qquad (3-5)$$

$$NAS_{cs} = NetNAS \qquad (3-6)$$

$$NAS_{cs} = NAS_{is} \pm \Delta NAS_n \qquad (3-7)$$

根据式（3－2）、式（3－5）、式（3－6）和式（3－7）可以将式（3－1）变成：

$$NetNAS = NAS_{is} \pm \Delta NAS_n - NLB = NAS = NLB \qquad (3-8)$$

式中，$NetNAS$ 为自然资源净资产；NAS_{is} 为自然资源资产期初存量；ΔNAS_n 为本期自然资源资产自然变化量；NLB 为自然资源负债；NAS 为自然资源资产。

在自然资源净资产核算模式中，自然资源负债充当了折旧的角色。表3－6是自然资源净资产核算模式下的林木资源资产负债表格式。

表 3-6　　　　　　　　　　　　林木资源资产负债表

项目	A 部门	B 部门	C 部门	D 部门	E 部门	F 部门
一、林木资源资产						
（一）商品林 （天然商品林）						
（二）公益林 （保护地公益林）						
（三）竹林						
（四）其他林木						
林木资源资产合计						
二、下调估计						
（一）林木资源自然耗减						
（二）自然灾害						
下调估计合计						
三、林木资源负债						
（一）超额采伐林木						
（二）盗伐林木						
（三）其他						
林木资源负债合计						
四、林木资源耗减合计						
五、林木资源净资产						
（一）商品林 （天然商品林）						
（二）公益林 （保护地公益林）						
（三）竹林						
（四）其他林木						
林木资源净资产合计						

　　自然资源净资产核算模式可以编制实物量表和价值量表，形成全面的报表体系。该模式的优点包括：与联合国核算框架接轨，衔接现行国民经济核算体系，权威性高；符合自然资源资产化管理要求；明确自然资源负债概念，促进环境责任落实；有助于环境审计和领导干部自然资源资产离任审计。然而，该

模式尚处于试点阶段，未获广泛认可；且核算对象间缺乏多维度平衡和数据间的相互稽核，导致试算平衡不足。

3. 自然资源资产负债核算模式。

由于前两种核算方式没有将自然资源的所有权（也就是产权）考虑在内，这与《决定》中提出的要编制自然资源资产负债表和完善自然资源产权制度的要求还有一段距离。自然资源资产是具有权属性、可计量性和动态性三个特征的自然资源。权属性表明，任何自然资源资产不可能是"无主"的，如果没有权益主体，自然资源资产就不能纳入核算。因此，许多学者，特别是会计领域的专家，认为有必要根据会计恒等式的逻辑来研究如何编制自然资源资产负债表。

在自然资源总资产负债核算模式中，自然资源负债是一个权属的概念，与自然资源净资产核算模式中负债作为耗损的概念不同，它包含了资源环境补偿、现时义务和权属责任所涉及的内容。自然资源资产负债核算模式提出了权属与权益两个概念。根据企业资产负债平衡公式"资产 = 负债 + 所有者权益"这一会计第一表的理论依据，自然资源总资产负债核算基本平衡公式"自然资源资产 = 自然资源权属"是其延伸应用：

$$NAS = NEO$$

式中，NAS 为自然资源资产；NEO 为自然资源权属。由基本平衡公式统一形成报表暨账户核算系统，该系统应用复式记账规则将不同类别的账户连接起来，既能够提供各类自然资源资产赋存状态与去向分布及其存量增减变化信息，也能够提供各种自然资源权属的形成与分布及其存量增减变化信息。当存在自然资源负债时，基本公式就变成：

$$NAS = NLB + NER$$

式中，NAS 为自然资源资产；NLB 为自然资源负债；NER 为自然资源权益。

自然资源资产负债表是一张静态报表，反映的是自然资源资产及负债权益在期初和期末的存量。其编制与核算主体是各级政府。表 3 - 7 右端下方自然资源权益按照权益关系的类型分类，可分为上级托管国有权益、本级国有权益、集体所有权益等。

表 3 – 7　　　　　　　　　　　　自然资源资产负债表（主表）

自然资源资产	期初		期末		自然资源权属	期初		期末	
	实物量	价值量	实物量	价值量		实物量	价值量	实物量	价值量
一、甲类资源					自然资源负债				
…					…				
甲类资源合计					负债合计				
二、乙类资源					自然资源权益				
…					…				
乙类资源合计					权益合计				
总计					总计				

　　自然资源资产变动表属于动态报表，是对自然资源资产负债表（静态报表）中其期初数与期末数差异形成的来源说明，对应自然资源资产负债表左端的自然资源资产项目，它的期初数和期末数与主表左端的数据相等。此处自然资源资产变动表的平衡公式与前述式（3 – 1）相同（见表 3 – 8）。

表 3 – 8　　　　　　　　　　　　自然资源资产负债表（副表）

自然资源资产项目	期初	本期增加				本期减少				期末
		原因 1	原因 2	…	小计	原因 1	原因 2	…	小计	
一、甲类资源										
…										
甲类资源合计										
二、乙类资源										
…										
乙类资源合计										
总计										

　　自然资源负债与权益变动表也是一张动态报表，它反映报告期间的自然资源权属总量及其分项的增减变动情况，报表的期初存量、期末存量分别与主表右边的期初存量、期末存量相等。自然资源负债与权益变动表的平衡公式为：

$$NLBE_{is} + NLBE_{ip} = NLBE_{dp} + NLBE_{cs}$$

式中，$NLBE_{is}$ 为自然资源负债与权益期初存量；$NLBE_{ip}$ 为自然资源负债与权益本期增加量；$NLBE_{dp}$ 为自然资源负债与权益本期减少量；$NLBE_{cs}$ 为自然资源负债与权益期末存量。

常见的报表格式为对称式（并列式），即各项目的名称在左端，对应的数量自左向右分别是期初数、增加数、减少数，到最右端是期末数（见表 3 – 9），其中，增加数与减少数说明了期初数与期末数差异的原因。

表 3 – 9　　　　　　　　自然资源负债与权益变动表（分表）

自然资源负债与权益项目	期初	期内增加数				期内减少数					期末
		新发现	重估	向上重估	其他	自然灾害	开发开采	人为超采	向下重估	人为损害	
一、自然资源负债											
（一）A 自然资源负债											
其中：企业承担											
事业单位承担											
政府承担											
…											
自然资源负债合计											
…											
二、自然资源权益											
（一）国有自然资源权益											
1. 水资源权益											
2. 土地资源权益											
3. 林木资源权益											
4. 矿产资源权益											
…											
自然资源权益合计											
自然资源负债与权益总计											

自然资源资产负债核算模式通过简化的公式"自然资源资产 = 自然资源权属"来统一管理，使得政府能够更有效地掌握资源状况并明确责任，它要求账户结构相反和采用复式记账法，从而提高了数据的准确性，确保了核算信息的质量。此外，这种模式还有助于建立政府宏观管理和企业微观核算之间的清晰

联系。然而，它也存在一些缺点，比如对于非会计专业人士来说，这种模式可能不够直观，难以理解；并且它没有将生态环境修复与补偿的内容纳入核算体系，这限制了其全面性。

4. 自然资源审计。自然资源资产负债表审计是指对自然资源资产负债表的真实性、合法性和合规性进行的独立检查和评估。这项审计工作的核心目的是确保自然资源资产负债表准确地反映了自然资源的数量、质量和价值，以及与自然资源相关的负债和权益。以下是自然资源资产负债表审计的概念意义：

（1）提高透明度和问责制：审计提高了自然资源管理的透明度，确保了政府和企业在自然资源的使用和管理上的责任和义务得到履行。这有助于公众了解自然资源的使用情况，并监督管理者的行为。

（2）促进资源的可持续管理：通过审计，可以评估自然资源的利用是否符合可持续发展的原则，是否在保护环境的同时促进了经济的发展。审计结果可以指导未来的资源管理和政策制定。

（3）支持决策制定：审计提供的准确信息可以帮助政府和企业做出更明智的决策，如资源分配、环境保护措施的实施、投资项目的评估等。

（4）评估经济影响：自然资源资产负债表审计有助于评估自然资源对经济的贡献，包括直接的经济价值和间接的生态服务价值。这有助于更全面地理解自然资源的经济重要性。

（5）风险管理：审计可以识别与自然资源相关的潜在风险，如资源耗竭、环境污染等，并提出相应的风险管理措施。

（6）促进国际合作：自然资源资产负债表审计的结果可以为国际合作提供基础数据，帮助各国在资源管理和环境保护方面进行比较和协调。

（7）提高公众意识：审计结果的公开可以提高公众对自然资源价值和保护重要性的认识，促进社会对环境保护的参与和支持。

（8）法律和政策的执行：审计确保自然资源的管理和使用遵守了相关的法律法规和政策要求，有助于法律和政策的有效执行。

（9）优化资源配置：审计可以揭示资源配置的效率问题，推动资源向更高效和可持续的用途转移。

（10）环境责任的明确：审计有助于明确各方在自然资源管理和环境保护方面的责任，特别是在领导干部自然资源资产离任审计中，可以评估其在任期内对自然资源资产负债的影响。

综上所述，自然资源资产负债表审计对于确保自然资源的合理利用、保护生态环境、促进经济的可持续发展具有重要的意义。

三、森林资源的有效开发——基于木材的经济分析

森林资源是一种可再生的自然资源，可以提供多种产品和服务。木材可以作建筑材料、燃料，可以造纸。树木吸收大气中的二氧化碳并放出氧气。森林为动植物提供生存场所，还起到水土保持的作用。只要不受外力破坏和超负荷开发使用，森林资源就可供人类永续利用。但森林资源的更新期或生长期较长，人工林一般为 10~40 年；天然林达 100~200 年。所以，森林的经营往往是多年积累，一次性消耗利用，但也可以轮伐。由于人口不断增加，对木材和粮食的需求量增加，人类对森林资源的破坏已经到了非常严重的程度。森林的破坏加剧了全球变暖，减少了生物多样性，造成了水土流失。

木材既是一种产出又是一种物质资本。砍伐并出售木材可以得到收入，让树木继续生长可以使它长得更大，将来卖更多的钱。因此，森林管理者需要作出的决策是：现在砍还是将来砍。森林投资期很长，从种植到收获一般需要 25 年。森林有巨大的外部效应，影响人们的积极性，使有效管理森林资源很难。

树木的成长以体积来衡量。树木的成长分若干时期。幼年期树木的体积增长很慢，此后一个时期树木的体积增长很快，当树木成熟以后，其体积的增长减缓以致停止。

需要作出的决策是：应当在什么时候砍伐？生物学家通过计算平均年增长量（mean anal increment，MAI）来确定。MAI 等于每十年树木生长累积体积除以树木累积生长年数。生物学决策规则是，在 MAI 最大时进行砍伐（即表 3 - 10 中的第 70 年时）。

表 3 - 10 　　　　　　　　　　木材平均年增长量（MAI）

树木年龄/a	木材体积/（m³/hm²）	MAI/[m³/（hm² · a）]
5	0	0
10	0. 3	0. 026
15	2. 7	0. 175
20	8. 6	0. 431
25	17. 4	0. 694
30	27. 7	0. 923
35	38. 6	1. 104
40	49. 6	1. 240
45	60. 2	1. 339
50	70. 4	1. 408
55	79. 9	1. 453
60	88. 9	1. 481
65	97. 2	1. 496
70	105. 0	1. 500
75	112. 2	1. 497
80	119. 0	1. 487
85	125. 3	1. 474
90	131. 1	1. 457
95	136. 6	1. 438
100	141. 7	1. 417

注：木材体积 = $105^{(1-70/AGE)}$；AGE 为年龄；MAI = 木材体积/AGE。

经济学家认为上述生物学决策准则没有考虑许多经济因素，例如树木的价值、贴现、种植和砍伐成本。经济学认为，最优砍伐时间是净效益的现值最大之时。当延迟砍伐一年的边际收益等于其边际成本时净效益现值最大。

最优砍伐时间还取决于砍伐后是否马上重新种植树木。如果重新种植，延迟砍伐的成本增加了一项，即延迟再种植的成本。

我们首先考虑森林只被砍伐一次，砍伐后不再种植的情况（见表 3 - 11）。

表 3 – 11　　　　　　　　　　一次砍伐，净现值最大化

树木年龄/a	净现值 NPV/(元/hm²)	年增长量/[m³/(hm²·a)]	年增长率/%
5	0	0.001	280
10	25	0.182	70
15	209	0.835	31
20	551	1.508	18
25	911	1.944	11
30	1195	2.153	8
35	1370	2.207	6
40	1446	2.170	4
45	1444	2.083	3
50	1387	1.971	3
55	1294	1.850	2
60	1183	1.728	2
65	1064	1.611	2
70	944	1.500	1
75	829	1.397	1
80	723	1.301	1
85	625	1.214	1
90	538	1.133	1
95	461	1.060	1
100	393	0.992	1

注：$NPV = (价格 - 成本) \times 体积/(1 + r)^{AGE}$，价格 $= 200$ 元/m³，成本 $= 60$ 元/m³，$r = 4\%$，r 为贴现率。

在表 3 – 11 中，树木 40 岁时，净现值 NPV 最大，为 1446 元，这时木材的当前增长率等于贴现率 4%。按照经济学家的意见，应在树木 40 岁时就砍伐。如果等到 70 岁时，NPV 已经降为 944 元。因此，经济学家认为应更早砍伐。贴现使砍伐提早了。更高的贴现率使砍伐时间更短。高贴现率导致较早砍伐是因为较高的贴现率使人们对树木的增长速度更不耐烦。贴现率的使用表示一种比较：树木在砍伐前价值的增长率和砍伐后把出售木材的收入用于投资的增长率（等于贴现率）。当木材的增长率低于投资的增长率时，就应当砍伐。

在现实中，树木被砍伐之后又被再种植，这样循环往复以至无穷。延长砍

伐期将增加以后的生长—砍伐周期的机会成本。最优砍伐时间是延期砍伐的边际收益等于其边际成本之时。当边际机会成本增加时，最优砍伐时间就提前了（见表 3 – 12）。

表 3 – 12　　　　　　　　无穷时间反复种植、反复砍伐

树木年龄/a	NPV_∞/（元/hm²）
5	0
10	76
15	469
20	1013
25	1459
30	1727
<u>35</u>	<u>1836</u>
40	1827
45	1742
50	1614
55	1464
60	1307
65	1154
70	1009
75	876
80	755
85	648
90	554
95	472
100	401

注：$NPV_\infty = NPV_t / [1 - (1 + r)^{-AGE}]$。

在表 3 – 12 中，以 35 年为一个伐木周期的时候，净效益现值的总和达到最大，为 1836 元。如果以 40 年为一个伐木周期，则净效益现值的总和下降到 1827 元，比单伐的最佳砍伐时间提前了。即在无穷时间反复种植、反复砍伐的情况下，砍伐时间又提前了。

无穷循环的净现值是第一、第二⋯以至无穷时期砍伐的净现值之和。

$$NPV_\infty = NPV_1 + NPV_2 + \cdots$$

假设每一周期的砍伐量和树木价值都一样，贴现率为 r，每一周期的长度为 T 年，上式可写为：

$$NPV_\infty = NPV_1 + NPV_\infty (1 + r)^T$$

解出 NPV_∞：

$$NPV_\infty - NPV_\infty (1 + r)^T = NPV_1$$

$$NPV_\infty \left[1 - (1 + r)^T \right] = NPV_1$$

$$NPV_\infty = NPV_1 / \left[1 - (1 + r)^T \right]$$

我们以森林资源为代表来讨论可再生资源的使用和管理问题。可再生资源并不意味着无穷无尽。森林的问题在于何时砍伐最适宜。在这个问题上生物学家和经济学家的意见不同。经济学家认为应在树木的净效益的现值最大时砍伐，而当延迟砍伐一年的边际收益等于其边际成本时净效益现值最大。

第四节　资源指标体系

在本节中，将结合前几节讨论的各类自然资源统计指标，构建起一个完整的资源指标体系。本节包括了资源指标体系的概述、主要内容及其在综合评价中的应用，通过系统化的指标体系帮助读者更全面地了解自然资源的整体状况。这种综合评价体系不仅能够为资源的科学管理提供理论依据，也能够为资源保护和合理利用的政策制定提供实际参考。

一、资源指标体系概述

（一）定义

资源统计指标是指反映实际存在的自然资源管理领域的一般特征和总体现象的数量概念和具体数值。资源指标体系是由若干个相互联系的资源统计指标组成的结构系统。

(二) 构建目的

资源指标体系构建的目的在于：一是加强对资源发展状况趋势的认识，更好地节约资源、保护环境；二是满足自然资源管理工作的需要，为经济社会发展和宏观调控提供决策支持；三是建立自然资源统计信息共享机制，推进自然资源统计信息采集、使用、管理和发布的统一管理，实现自然资源统计信息的有效共享。

(三) 构建意义

在农业社会文明阶段，人类对自然资源的开发利用主要是以土地资源为核心的可再生资源，还包括气候资源、水资源、生物资源等。随着人类进入工业文明时代，人类开始了对不可再生资源的开发利用，主要以矿产资源为核心资源。由于前期人类对自然资源的"掠夺式"开发利用，导致了一系列环境污染和生态破坏问题。资源指标体系的建立对于促进资源永续利用，促进社会高水平可持续发展具有重大战略意义。

与此同时，随着我国经济社会的快速发展和自然资源管理工作的不断深入，自然资源统计工作作为反映自然资源利用、管理状况和经济运行、社会发展情况的重要手段，作为制定宏观调控措施的重要参考依据，在履行积极参与宏观调控的职责中作用重大。"自然资源统计指标"已成为反映自然资源管理和自然资源形势的"晴雨表"。因此，研究建立自然资源部统一的指标体系，以指导、规范和理顺统计工作，提高统计数据的可比性和权威性，充分发挥自然资源统计工作预警、监督和服务的作用，具有非常重要的现实意义。

(四) 构建原则

1. 目的性。资源指标体系的建立要适应自然资源管理发展新形势的要求，满足自然资源统计工作的需要。

2. 科学性。资源指标体系必须符合自然资源管理本身的性质、特点，并依据有关社会科学、自然科学的理论，科学界定统计指标的解释、计量单位、计算方法等。

3. 合理性。资源指标体系考虑需要和可能，既要从新时期自然资源统计调查任务的需要出发，又要依据自然资源管理的实际水平和技术水平来确定。同时也要考虑国家政策，以及保持与自然资源管理业务指标和财务指标的一致性。

4. 稳定性和连续性。资源指标体系要保持自然资源统计指标在时间和空间维度上的稳定性和连续性，以保证统计数据的可对比分析。

5. 可比性。指标的选择和设计应尽量选取国际标准、国家标准或行业标准，以保证统计指标内涵、外延以及统计口径一致，以便于统计信息的国际、国内比较和交流。

二、主要内容

（一）土地资源指标体系

考虑到土地资源主要包括耕地资源、林地资源和草地资源，在对土地资源指标选取的过程中，为了简化将综合考虑体现这三类资源状况的相关指标，不再分开讨论。

对于土地资源数量统计指标，选用人均耕地面积和人均土地面积。其次对于土地资源利用指标，选取了土地农业利用率，农、林、牧用地结构，垦殖指数，森林覆盖率，草原载畜量，水面利用率，人口密度和交通密度等。利用指标中包含土地的集约经营及经济利用指标。

（二）水资源指标体系

对于水资源统计指标，选取了水资源总量、地表水以及地下水统计、水资源利用统计和水资源强度统计指标。水资源总量体现了包括地表水、地下水在内的水资源数量的总体情况。其中地表水部分通过径流量、径流模数、径流变率、径流深度测量；而地下水由静储量表示。水资源利用统计方面包括用水系数、用水消耗量、全部用水量的用水量统计，以及水资源总量利用率、重复利用率、渠系水利用系数、田间水利用系数、灌溉水利用系数在内的水资源利用效率。水资源强度统计包括理论水力资源、可开发水力资源。

（三）气候资源指标体系

对于气候资源本底指标，选取了降水量、气温、光照强度和风能密度，综合衡量了气候资源的数量。对于气候资源利用指标，目前缺少广泛应用的气候资源利用效率或强度的指标。

（四）矿产资源指标体系

在矿产资源方面，主要从矿产资源的分布、数量、质量、利用、价值评估五个维度出发进行指标体系构建。矿产资源的分布统计指标包含矿产资源总储量分布、矿产资源分矿种储量分布、几种典型的矿产资源分布及其典型指标；矿产资源数量统计包括矿产资源的品种数、矿产资源的储量统计；矿产资源质量统计指标包括品位、矿产资源的分布密度；矿产资源利用统计指标包含回采比、开采回采率、综合利用系数、矿产资源消费统计；矿产资源价值评估指标包含租金法、逆算净价法下的矿产资源价值计算。

（五）生物资源指标体系

对于生物资源指标，选取了种群密度和生物多样性指数。其中，种群密度可以反映在一定区域内动植物和微生物等的数量和空间分布状况；生物多样性指数则体现了生物种类上的丰富程度。对于生物资源利用指标，目前缺少广泛认可用于衡量生物资源利用程度或利用效率的指标，生物利用率指标是对该类指标的一般概括，而珍稀濒危物种数量体现了人类在开发利用生物资源所面临的问题。对于生物资源保护指标，选取了珍稀濒危物种保护率，以与上一层次中的珍稀濒危物种数量指标相对应。

三、资源综合评价指标体系

表 3 - 13 为资源综合评价指标体系。

表 3 – 13   资源综合评价指标体系

一级指标	二级指标	三级指标	四级指标
土地资源	土地数量统计指标		人均土地面积；人均耕地面积
	土地利用指标	土地利用率	土地农业利用率；农、林、牧用地结构；垦殖指数；森林覆盖率；草原载畜量；水面利用率；土地建设利用率；人口密度和交通密度
		土地集约经营程度	复种指数；耕地的资金、劳动集约度
		土地利用经济效果	单位播种、耕地面积产量或产值；单位耕地面积产量或产值；单位农用地总产值；土地产出率；单位土地面积净产值、净收入
水资源	水资源总量	地表水统计	径流量模型、变率、深度
		地下水统计	静储量
	水资源利用统计指标	水资源利用总量	可利用水资源量；用水量；用水消耗量；全部用水量
		水资源利用强度	用水系数
			人均生活用水量
		水资源利用效率	水资源总量利用率；耗水率；重复利用率（工业）；渠系水利用系数（农业）；田间水利用系数；灌溉水利用系数
	水力资源强度统计		理论水力资源；可开发水力资源
气候资源	降水		月降水量；年平均降水量；年降水总量；流域平均雨量
	光能		日照时数；日照百分率（QS）；平均日照时数；峰值日照时数；光照度
	风能		风能密度；平均风能密度；总风能密度；有效风能密度
	热量		地球表面热量平衡方程式
			潮汐能
矿产资源	矿产资源分布统计	总储量分布	矿产资源的分布密度
		分矿种储量分布	煤炭、铁矿、稀土等资源指标
	矿产资源数量统计	储量	保有储量；矿产储量动态指标；人均矿产资源占有量；采储比
	矿产资源质量统计	品位	最低工业品位或最低平均品位；边界品位；平均品位指标

续表

一级指标	二级指标	三级指标	四级指标
矿产资源	矿产资源利用统计	回采比；开采回采率；综合利用系数	
		矿产资源消费	人均矿石消费量；全国矿石消费总量；矿产品进、出口总量；矿产品进出口总值；对外依存度
生物资源	生物资源的分布多样性统计指标	矿产资源经济评价	租金法；逆算净价法
		分布面积；种群密度	
		Whittaker 指数；Cody 指数；Wilson Shmida 指数；生物的种数	
		珍稀濒危物种保护率	
		野生动植物资源	
	林木	林木数量	森林总面积；森林覆盖面积；森林密度；森林覆盖率；森林采伐面积；可采伐面积
			木材蓄积量；木材蓄积利用系数；立木总蓄积量；木材生长量；林木采伐生长比例；林分单位面积林木生长量
		林木利用	森林覆盖率；各类林地面积结构；采伐迹地更新率；林地生产率
			森林资源开发率；森林采伐强度；森林资源利用率；伐区出材率；采伐剩余物综合利用率
	海域生物资源	海洋渔业资源	渔获量；单位捕捞努力渔获量；渔获率

　　自然资源指标体系的建立是个庞大复杂的程序，根据不同的标准可以建立起不同的自然资源指标体系，以上只是提供了一种可能。上述建立的自然资源指标可能存在的不足：（1）存在不全面性或不完整问题。由于某些自然资源在实际统计上存在困难或难以综合衡量，相应的指标目前并不十分完善甚至存在缺失情况，比如气候资源利用率指标、生物资源利用率指标和综合水质指标等。（2）缺少自然资源价值或价格方面的指标。当前，对于自然资源价值的衡量并没有普遍适用的方法，劳动价值论、供求关系等并不能完全适用于自然资源。再加上诸如气候资源、生物资源等自然资源其产权难以确定，尽管其本身是有价值的但难以形成市场价格。（3）具体指标选取的科学性问题。由于自然资源具体统计指标的选取是具有一定主观性的，且未考虑指标本身的科学性以及在统计与应用时可能存在的问题，其科学性仍待探究。

第四章 环境统计指标与指标体系

环境统计指标与指标体系的研究对理解环境质量、评估环境影响和制定环境保护政策具有至关重要的作用。本章将系统介绍环境相关的统计指标,帮助我们定量化描述环境状态,监测环境变化以及评估环境治理的成效。这些指标与体系在指导环保行动、制定政策和评价环境经济效益方面具有重要的实用价值。

第一节 环境与环境统计

本节将介绍环境的基本概念以及环境统计的定义和重要性。环境统计是量化描述环境质量和变化趋势的工具,通过数据分析揭示环境问题的现状及其发展规律。本节内容为后续对环境统计指标的深入探讨提供了基础,帮助读者理解如何利用科学手段评估环境质量并制定相应的应对措施。

一、环境概述

(一) 环境的概念

环境是一个复杂的综合体系,涵盖了自然与社会多个方面,既是自然界中的物质与能量的循环,又是人类活动所直接或间接影响的生活空间。从广义上讲,环境是指所有能够影响生物(包括人类)生存、发展和繁衍的自然与人为因素的总和。根据不同学科的不同侧重点,环境的定义有很大的差异,但普遍认为，环境不仅包括自然界的物质、现象、过程，还包括人类社会在历史发展过程中对自然环境所产生的影响。

从环境学的角度来看，环境可以分为自然环境和社会环境两大部分。自然环境包括水、空气、土壤、气候、植物、动物等自然因素，这些因素是生命生存的基本条件。社会环境则包括与人类生存和发展相关的社会、经济、文化等因素。现代环境学更加注重人类社会活动对自然环境的影响，尤其是生态破坏和污染问题。环境统计学作为一门交叉学科，正是通过对自然环境和社会环境的全面分析，揭示两者之间的关系及其相互作用。

例如，工业化和城市化进程带来的大气污染、水体污染和土壤退化问题，显示了环境问题不仅限于自然环境本身，而是与人类经济活动密切相关。因此，环境统计不仅仅是描述自然环境的变化，更要关注人类活动对环境的影响，包括资源的消耗、污染的排放、生态系统的破坏等。

（二）环境的特点

1. 整体性。环境的整体性表现为各个要素之间的相互联系与依赖。例如，大气、土壤、水资源、动植物以及人类活动等因素是一个有机的整体，其中的任何一部分变化，都可能引起其他部分的变化。环境作为一个系统，其各个组成部分和要素相互作用、彼此影响。例如，森林生态系统中，树木通过吸收二氧化碳并释放氧气，维持了空气的清新和生态平衡。水资源的污染会影响植物的生长和动物的生存，并进而影响人类的生产生活。

环境的整体性还表现在生态系统中，任何单一的变化都可能引发复杂的连锁反应。例如，气候变化引起的温度升高将直接影响水资源的分布，进而影响农业生产、生态环境以及人类的社会经济活动。环境统计正是通过对这些各要素间相互关系的观察与分析，揭示环境的动态变化过程及其规律。

2. 区域性。环境的区域性是指不同地理区域的环境特点各异。每个地区的气候、地形、资源、生态系统等因素不同，因此，不同地区的环境问题也有所差异。区域性的不同，使得环境问题的表现形式和解决策略往往具有特殊性。例如，东南沿海地区由于人口密集、工业化程度高，常面临着严重的空气污染和水污染问题。而西北地区则面临着干旱、水资源匮乏等问题。因此，环境统计不仅要考虑全国范围内的环境质量,还要结合地区特点,针对性地进行分析和对策制定。

通过对不同区域环境数据的统计和分析,环境统计可以揭示出不同区域的环境负担、污染源分布和资源利用状况,为区域环境管理提供依据。例如,通过对空气质量的区域统计分析,可以发现北方地区在冬季供暖期间的煤烟污染严重,进而为区域性政策制定提供依据。

3. 变动性。环境的变动性表现为环境要素不断变化的状态。环境变化包括自然因素的变化和人类活动的影响。在自然界中,气候、地质、物种分布等会随着时间的推移发生变化;而在现代社会中,环境变化的速度和范围受人类活动的影响尤为显著。人类的工业化、城市化、农业化等活动,不仅改变了自然环境的原貌,也改变了生态平衡。

例如,全球变暖、极端气候现象的增加以及物种灭绝等现象,都反映了环境变化的不可逆性和不确定性。环境统计通过对长期环境数据的监测,可以揭示环境变化的趋势,帮助预测未来环境变化的可能方向,从而为环境管理和政策制定提供科学依据。

(三)环境的组成

一般来说,环境是由以下三个方面构成的:一是自然环境媒介,包括空气/气候、水、土地/土壤;二是这些媒介中的生物群,包括动物和植物;三是人类住区。如果将人类住区排除在外,自然环境的组成要素将包括以下具体方面:植物、动物、大气、水(包括海水和淡水)、土地和土壤、地表、亚表土等。如果按照系统的概念予以表述,可以区分为土地生态系统、海洋生态系统、森林生态系统,以及生物系统、大气系统、水文系统等。实际上,这样的区分也是相互交叉的。比如,动植物是土地生态系统、海洋生态系统、森林生态系统中不可缺少的成员,森林和土地、水文,彼此也是密不可分的。如果从狭义的环境概念出发,立足废弃物和污染管理来考虑,通常会比较关注那些成为废弃物受纳体以及会直接受到污染物影响的环境要素,比如对陆地的排放、对内陆水域的排放、对海洋水域的排放、对大气的排放,对应的环境要素是土地、森林、水、大气等。

现代环境系统的构成已经不局限于自然环境的物理要素，还包括与之互动的社会系统和经济系统。通过跨学科的统计分析，我们能够对环境系统中的各个环节进行综合评估，进而提出优化资源配置、减少污染排放的建议。例如，现代城市化进程中的建筑废弃物、生活垃圾、工业废水等，已成为影响环境质量的重要因素。因此，环境统计不仅要分析自然资源的数量和质量，还要统计污染源的排放、废物的处理与回收等环节。通过这种全面的统计，能够更有效地识别环境污染源和治理瓶颈。

（四）环境的功能

环境的功能广泛且多样，除了为人类提供生存所需的自然资源外，它还在调节气候、保持生态平衡、净化水源、吸收二氧化碳等方面发挥着重要作用。具体来说，环境的功能主要包括以下几个方面：

1. 为人类提供资源。人类、生物都是地球演化到一定阶段的产物，生命活动的基本特征是生命体与外界环境的物质交换和能量转换。空气、水和食物是人体获得物质和能量的主要来源。因此，清洁的空气、洁净的水、无污染的土壤和食物是人类健康和世代繁衍的基本环境要素。

环境是人类从事生产与社会经济发展的资源基础。自然资源可以分为可耗竭资源（不可再生资源）和可再生资源两大类。在合理开发利用的情况下，资源可以恢复、更新、再生，甚至不断增长。而不合理的开发利用，会导致可再生过程受阻，使蕴藏量不断减少，甚至枯竭。

2. 对废物具有消化和同化能力（环境自净能力）。人类在进行物质生产或消费的过程中，会产生一些废物并排放到环境中。环境通过各种各样的物理（稀释、扩散、挥发、沉降等）、化学（氧化和还原、化合和分解等）、生物降解等途径来消化、转化这些废物。只要这些污染物在环境中的含量不超出环境自净能力，环境质量就不会受到损害。如果这些环境不具备自净能力，地球上的废物很快就会积累到危害环境和人体健康的水平。

环境自净能力（环境容量）与环境空间的大小、各环境要素的特性、污染物本身的物理和化学性质有关。环境空间越大，环境对污染物的自净能力就越大，环境容量也就越大。对某种污染物而言，它的物理和化学性质越不稳定，环境对它的自净能力也就越大。

二、环境统计概述

（一）环境统计的概念

环境统计指的是按一定的指标体系和计算方法给出的能概略描述环境条件和环境质量状况、环境管理水平和控制能力的计量信息。环境统计的范围包括环境质量、环境污染及其防治、生态保护、核与辐射安全、环境管理，以及其他有关环境保护事项。环境统计的类型有普查和专项调查；定期调查和不定期调查。定期调查包括统计年报、半年报、季报和月报等。

环境统计是社会统计的分支，广义的环境统计是研究由人类活动结果引起的自然环境和人工环境的大量数量现象，反映自然生态、环境污染、环境保护状况等方面的统计；狭义的环境统计是指围绕污染物排放开展的，反映污染源排放情况的统计。

（二）环境统计的研究对象

环境统计是"用数字反映并计量人类活动引起的环境变化和环境变化对人类的影响"，环境统计是以环境为研究对象。因此，它的研究范围涉及人类赖以生产和生活的全部条件，包括影响生态平衡的诸因素及其变化带来的后果。根据环境保护工作的需要，联合国统计司提出环境的构成部分包括：植物、动物、大气、水、土地土壤和人类居住区。环境统计要调查和反映以上各个方面的活动和自然现象及其对环境的影响。

例如，中国近年来在对 $PM_{2.5}$ 浓度监测、污染物排放控制等方面的努力，通过环境统计数据的监测和分析，帮助政府实时调整政策。2013 年《大气污染防治行动计划》的出台，便依赖于对环境统计数据的全面梳理与分析，为制定更具针对性的空气质量管理政策提供了重要依据。从我国的实际情况出发，目前我国环境统计的范围如表 4 – 1 所示。

表 4 – 1   我国环境统计指标范围

项目	范围
自然资源统计	反映土壤、森林、草原、水、海洋、气候、矿产、能源、旅游及自然保护区的现有数量、利用程度、保护情况
生态破坏与建设统计	反映水、空气、土壤、植被等方面的破坏与建设情况
区域环境质量统计	反映水、大气、固体废物和噪声污染状况和生态环境质量状况
区域环境污染和防治统计	反映城市基本情况、污染排放、区域治理和综合利用的基本情况
环境管理统计	反映环境法规立法执法、行政管理制度的实施、环境经济手段的利用、宣传教育和科技措施等方面工作的实施情况
环境系统的自身建设统计	反映环保系统的机构、人员和仪器设备的现有规模与水平

（三）环境统计的特点

环境统计属于社会经济统计的范畴，它不仅具有社会经济统计的一般性，与其他学科的统计相比，它还具有其特殊性，主要体现在以下方面：

1. 涉及面广、综合性强。环境统计观察和研究的对象是大量环境问题的数量方面。环境问题的广泛性决定了环境统计的广泛性。

2. 技术性强。同其他专业统计相比，环境统计涉及的学科多，需要监测和计量手段的支持，统计人员不仅要掌握统计知识而且要熟悉生产工艺和掌握环境保护知识，因此，具有很强的技术性。

（四）环境统计的任务

环境统计的任务不仅仅是描述环境现状，更要通过数据分析预测环境变化趋势，并为政策制定提供科学依据。环境统计的核心任务包括：

1. 反映环境质量与污染状况。环境统计能够实时、动态地反映污染源排放、环境质量以及自然资源的利用状况，为政府和公众提供准确的环境数据。

2. 支持环境管理和决策。基于环境统计数据，政府可以制定更具针对性的政策，例如污染源控制、环境保护法律的实施等。通过对环境统计数据的分析，政府能够及时发现环境问题并采取有效措施。此外也为公众了解环境状况、提高环境意识、积极参与行动等提供必要的信息服务。

（3）监督与评估。环境统计的监督功能尤为重要，环境统计监督是对已开展的环境保护政策制定方针、规划等，利用环境统计数据，评估政策、规划执行情况并提供反馈信息，及时发现新情况和新问题，以便及时采取措施，加强环境管理，确保环境经济协调发展。

（五）环境统计的调查和研究方法

1. 环境统计的调查方法。环境统计的调查方法有：（1）定期普查：1996 年和 2007 年我国进行了全国污染源普查工作。（2）抽样调查：对重点工业企业污染源实行抽样调查，重点污染源年度统计报表。（3）科学估算：对重点企业及社会生活污染物排放进行科学估算。（4）专项调查：对环境保护工作中有重大意义的进行专项调查，例如乡镇企业污染调查、畜禽业专项调查、环保产业专项调查等。

2. 环境统计研究方法。环境统计研究方法主要有大量观察法、综合分析法、归纳推断法等：

（1）大量观察法。环境现象是复杂多变的，各单位的特征与其数量表现有不同程度的差异，建立在大量观察基础上的统计结果必然具有较好的代表性。在研究现象的过程中，统计要对总体中的全体或足够多的单位进行调查与观察，并进行综合研究。

（2）综合分析法。综合分析法是指对大量观察所获资料进行整理汇总，计算出各种综合指标（总量指标、相对指标、平均指标、变异指标等），运用多种综合指标来反映总体的一般数量特征，以显示现象在具体的时间、地点及各种条件的综合作用下所表现出的结果。

（3）归纳推断法。所谓归纳是由个别到一般，由事实到概括的推理方法，这种方法是统计研究常用的方法。统计推断可用于总体特征值的估计，也可用于总体某些假设的检验。

随着大数据和智能化技术的发展，环境统计的研究方法也逐渐向智能监测、实时分析转型。通过传感器网络、卫星遥感等技术，环境统计能够更精准地收集到环境数据，为科学研究和政策决策提供数据支持。

三、环境统计数据来源

环境统计数据来源是环境统计工作中的核心组成部分，它直接关系到数据的完整性、准确性和可靠性。随着信息技术的快速发展，数据来源越来越多元化，各类数据的集成和共享在环境管理中扮演着越来越重要的角色。环境统计数据来源可以分为以下几大类：

（一）政府部门与公共机构的统计数据

1. 国家统计局与地方统计局。国家统计局以及各地方统计局是环境统计数据的基础来源。国家统计局每年发布的《全国环境统计年鉴》包括全国各省市的环境质量监测数据，如空气质量、土壤污染、水质情况等。此外，地方统计局也会发布地方层面的环境数据，反映地方政府在环保政策实施、资源管理、污染治理等方面的工作进展。

例如，国家统计局发布的年鉴中包含了全国以及地方的二氧化硫、氮氧化物、$PM_{2.5}$ 等空气污染物浓度的年度平均值；水质标准的达标率等信息。这些数据为制定宏观环保政策提供了科学依据。

2. 生态环境部。生态环境部作为主管全国环保工作的政府机构，定期发布关于环境质量、污染源、生态保护等方面的数据。其发布的《中国环境状况公报》和《环境质量报告》，详细记录了各类污染物的排放数据及环保工作成效，定期对污染源进行普查，并对各类污染物的控制措施和治理成效进行评估。

例如，生态环境部的空气质量监测网，涵盖了全国超过 2000 个监测站点，实时发布包括 $PM_{2.5}$、臭氧、二氧化硫等污染物的监测数据。这些数据为政府制定空气污染治理政策提供了及时有效的支持。

3. 自然资源部门。自然资源部门如自然资源部、水利部等，提供与资源利用、生态保护相关的重要数据。自然资源数据包括土地、森林、水资源、矿产、海洋等自然资源的分布、利用情况、保护措施等。

例如，自然资源部每年发布的《中国土地资源公报》和《中国水资源公报》，详细记录了土地开发、土地退化、森林覆盖、森林砍伐等数据。这些数据对于研究土地使用变化、生态修复效果、资源保护措施等方面至关重要。

4. 地方生态环境局。各地方生态环境局定期发布本地的环境质量、污染源、废弃物排放等情况的统计数据。这些数据反映了地方环保政策执行的效果，以及地方经济活动对环境的具体影响。例如，某地市级生态环境局可能会发布当地水质监测、空气污染物排放量、垃圾处理能力等数据，以便政府决策者针对性地制定改进措施。

（二）监测网络与技术平台

1. 环境监测站。环境监测站通过设立在各地的固定监测点，持续采集环境质量数据，涵盖空气质量、水质、土壤质量等方面。全国及地方的环境监测网络，由多个监测站组成，并定期进行数据更新，广泛为环境统计提供实时数据。

例如，中国的××国家空气质量监测网××通过遍布全国监测站点，提供空气中污染物的实时监测数据，反映空气质量的变化趋势。这些数据对空气污染源的识别与控制至关重要。

2. 遥感技术与卫星数据。遥感技术和卫星监测在环境统计中发挥着越来越重要的作用。通过卫星图像，可以大范围监测土地利用、森林覆盖率、城市扩展、海洋污染等环境变化情况。遥感技术还可以帮助追踪空气污染物的扩散路径、温室气体的浓度变化等。

例如，通过卫星遥感技术，美国国家航空航天局（NASA）和欧洲航天局（ESA）共同进行全球森林覆盖变化监测，通过定期卫星影像数据，持续追踪森林砍伐、植被恢复等动态变化，这些数据为环境保护政策提供了客观依据。

3. 在线环境监测平台。随着大数据和云计算技术的应用，许多国家和地区建立了在线环境监测平台，将各类传感器、实时监测仪器和数据集成系统与互联网技术结合，为社会公众和政府提供实时的环境数据。这些平台不仅提供空气质量、水质、噪声等环境数据的实时更新，还允许数据的跨地区共享和分析。

例如，中国的"空气质量实时发布平台"通过整合全国各大城市的实时监测数据，公开空气污染情况，并为公众提供环境质量预警。

（三）企业与行业数据

1. 工业排放与污染源数据。工业排放是环境污染的主要来源之一，企业需要定期向环保部门报告污染物的排放情况。对于大型企业，排放数据的统计和分析是环境统计的核心内容。

例如，中国在进行污染源普查时，要求企业按年度报告废气、废水、固体废物等排放数据。这些数据的统计分析，有助于政府了解污染源的结构，合理调整环保政策和资源分配。

2. 农业数据。农业生产过程中，肥料、农药的使用及农业废弃物的处理对环境有着深远影响。农业部门定期发布的农业生产、资源利用与污染排放数据，是环境统计的重要补充。

例如，农业农村部每年发布的《中国农业年鉴》，包括了化肥、农药的使用量、农村垃圾处理情况、农田水利情况等数据，能为分析农业活动对环境的影响提供支持。

3. 建筑业与交通运输业数据。建筑业和交通运输业在资源消耗和污染排放方面也占有重要地位。建筑业数据包括建筑材料的消耗、建筑垃圾的产生与处理、施工过程中的环境污染等；交通运输业的数据则涉及车辆尾气排放、运输方式对环境的影响等。

例如，交通运输部和城市交通规划研究院发布的交通领域的排放数据，帮助政策制定者理解交通运输活动对空气质量、碳排放的影响。

（四）社会调查与公众数据

1. 环境意识调查。社会调查在了解公众对环境问题的关注度、环保意识和行为习惯方面有重要作用。通过问卷调查、深度访谈等方式收集的公众数据，为政府在制定环境政策时提供社会支持的数据依据。

例如，许多国家和地区定期进行环境意识调查，了解公众对于气候变化、环保法规的认知与支持度，这些调查数据可为政策调整、环保宣传等提供参考。

2. 环保组织和社会团体数据。环保组织和社会团体在环境保护和公众监督方面发挥着重要作用，它们常常进行各种专题调查，如环境污染对健康的影响、环境政策的公众接受度等。这些组织的数据通常来源于自主调查、项目研究以及民间力量的支持。

比如，绿色和平组织、世界自然基金会（WWF）等国际环保组织，发布过大量的关于气候变化、生态破坏等方面的调查报告，为全球环境治理提供了重要的民间数据支持。

3. 公众数据和意愿监测。随着智能手机和物联网技术的发展，越来越多的公众参与到环境监测中来。例如，通过安装空气质量监测仪、噪声监测设备等，民众可以实时记录身边的环境数据并上传至公开平台，这类数据可供政府、研究机构等参考。

此外，一些环保志愿者组织通过志愿者的参与收集本地环境质量数据（如垃圾处理、野生动物观察等），这种数据补充了官方监测的盲点，为基层环境治理提供了第一手资料。

（五）国际组织与跨国数据

联合国环境规划署（UNEP）、世界卫生组织（WHO）、世界银行等国际机构定期发布全球及区域性环境数据，涉及气候变化、生态保护、污染控制等方面。国际组织的数据为全球和地区环境问题提供了标准化的评估依据。例如，联合国发布的《全球环境展望报告》详细记录了全球范围内的环境质量变化、污染趋势、生态等数据。

第二节　环境统计指标

本节将重点介绍基础的环境状态指标以及环境统计中常用的主要指标，主要包括环境污染和极端气候的统计指标。环境污染统计指标用于量化大气、水体和土壤的污染状况，是制定污染治理政策的基础；而极端气候统计指标用于描述气候异常现象及其影响，为应对气候变化的风险管理提供科学依据。这些指标可以帮助我们对环境问题有更全面的了解，并采取有效的措施加以应对。

一、基础环境状态统计指标

（一）自然状况

自然状况统计指标是系统量化区域自然地理要素的核心工具，通过多维数据揭示区域自然本底特征，涵盖以下关键维度：国土空间指标、气候特征指标、地形地貌指标和生态关联指标等。

1. 国土空间。

（1）陆域特征。国土面积（S_{land}）是衡量一个国家或地区陆地总面积的核心指标，通常以万平方公里为单位。它不仅反映了一个国家的领土规模，还直接关系到资源承载能力和生态系统的稳定性。例如，中国的国土面积为 960 多万平方公里，为全球第四大国，这为其丰富的自然资源和多样化的生态系统提供了基础。

（2）海域特征。

第一，海域面积（S_{sea}）包括领海和专属经济区的总面积，通常以万平方公里为单位，是衡量海洋资源开发潜力的重要指标。

第二，海洋平均深度（AD_{sea}）反映海域的垂直深度平均值，影响海洋环流与生物分布，通常以米为单位。

第三，海洋最大深度（$MAXD_{sea}$）是指区域内最深点（如海沟）的深度值，标志地质活动强度，通常以米为单位。

第四，岸线总长度（$L_{shoreline}$）是指海岸线（含大陆与岛屿）的曲折总长度，关联港口开发与防灾能力，通常以公里为单位。例如，长岸线可能意味着更多的港口资源和更高的风暴潮风险。

（3）岛屿系统。

第一，岛屿个数（Q_{island}）是指面积 ≥500 平方米的陆地数量，反映国土分散度与管辖复杂性。例如，日本的岛屿数量超过 6000 个，这为其渔业和旅游业提供了独特优势。

第二，岛屿面积（S_{island}）是指所有岛屿陆地总面积，衡量岛屿资源总量，通常以万平方公里为单位。

2. 气候特征。

（1）热量指标。

第一，热量分布（D_{heat}）（积温≥0℃）：全年日均温≥0℃的累积温度，决定农作物生长季长度。例如，中国东北地区的积温较低，适合种植春小麦。

第二，年平均气温。气温指空气的温度，我国一般以摄氏度（℃）为单位表示。气象观测的温度表是放在离地面约1.5米处通风良好的百叶箱里测量的，因此，通常说的气温指的是离地面1.5米处百叶箱中的温度。

计算方法：月平均气温是将全月各日的平均气温相加，除以该月的天数而得。年平均气温是将12个月的月平均气温累加后除以12而得。计算公式如下：

$$T_{month,m} = \frac{\sum_{d=1}^{D_m} T_{day,m,d}}{D_m}$$

$$T_{year} = \frac{\sum_{m=1}^{12} T_{month,m}}{12}$$

式中，$T_{day,m,d}$为第 m 月第 d 天的日平均气温（单位:℃）；D_m为第 m 月的总天数；$T_{month,m}$为第 m 月的月平均气温（单位:℃）；T_{year}为年平均气温（单位:℃）。

第三，年极端最高温度（$MAXT_{year}$）是指年度最高气温极值，关联高温灾害风险。

第四，年极端最低温度（$MINT_{year}$）是指年度最低气温极值，影响冻害与能源需求。

（2）水分指标。

第一，降水量指从天空降落到地面的液态或固态（经融化后）水，未经蒸发、渗透、流失而在地面上积聚的深度，通常以毫米为单位表示。计算方法：月降水量是将该全月各日的降水量累加而得。年降水量是将该年12个月的月降水量累加而得。计算公式如下：

$$R_{month,m} = \sum_{d=1}^{D_m} R_{day,m,d}$$

$$R_{year} = \sum_{m=1}^{12} R_{month,m}$$

式中，$R_{day,m,d}$为第 m 月第 d 天的日降水量（单位：毫米）；$R_{month,m}$为第 m 月的总降水量（单位：毫米）；R_{year}为年总降水量（单位：毫米）。

第二，年平均相对湿度（%）是指空气中实际水气压与当时气温下的饱和水汽压之比，通常以（%）为单位表示。其统计方法与气温相同。计算公式如下：

$$H_{month,m} = \frac{\sum_{d=1}^{D_m} H_{day,m,d}}{D_m}$$

$$H_{year} = \frac{\sum_{m=1}^{12} H_{month,m}}{12}$$

式中，$H_{day,m,d}$为第 m 月第 d 天的日平均相对湿度（单位：%）；$H_{month,m}$为第 m 月的月平均相对湿度（单位：%）；H_{year}为年平均相对湿度（单位：%）。

（3）气候带分布。气候带面积比例（R_{cza}）（%）是指各气候带（如热带、温带）占国土面积比，决定生态系统类型。例如，温带气候带通常适合农业发展；而寒带气候带则可能以林业和畜牧业为主。

（4）光照状况。日照时数指太阳实际照射地面的时数，通常以小时为单位表示。其统计方法与降水量相同。计算公式如下：

$$S_{month,m} = \sum_{d=1}^{D_m} S_{day,m,d}$$

$$S_{year} = \sum_{m=1}^{12} S_{month,m}$$

式中，$S_{day,m,d}$为第 m 月第 d 天的日照时数（单位：小时）；$S_{month,m}$为第 m 月的总日照时数（单位：小时）；S_{year}为年总日照时数（单位：小时）。

3. 地形地貌。

（1）山地特征。

第一，山峰高程（$H_{mountain}$）（米）是指区域内最高海拔点，反映构造活动强度。例如，珠穆朗玛峰高程为 8848 米，是全球最高峰。

第二，雪线高程（$H_{snow\ line}$）（米）是指常年积雪下限海拔，标志气候与冰川动态。

第三，冰川面积（$S_{snow\ line}$）（平方公里）是指冰川覆盖总面积，敏感指示气候变化。例如，喜马拉雅山脉的冰川面积变化直接影响恒河流域的水资源供应。

（2）水文网络。

第一，流域面积（$S_{drainage\ basin}$）（平方公里）是指河流集水区总面积，决定水资源分配与洪涝风险。

第二，河长（L_{river}）（公里）是指主河道长度，影响航运价值与生态廊道功能。

第三，年径流量（$Q_{annual\ runoff}$）（亿立方米）是指河流年均流量总和，表征可再生水资源量。例如，长江年径流量约为 9600 亿立方米，为中国南方地区提供了丰富的水资源。

关于自然状况基础指标的总结，如表 4 – 2 所示。

表 4 – 2　　　　　　　　　　自然状况统计

一级分类	二级分类	具体指标
国土空间	陆域特征	国土面积（万平方公里）
	海域特征	海域面积（万平方公里）
		海洋平均深度（米）
		海洋最大深度（米）
		岸线总长度（公里）
	岛屿系统	岛屿个数（个）
		岛屿面积（万平方公里）
气候特征	热量指标	热量分布（积温≥0℃）
		年平均气温（摄氏度℃）
		年极端最高温度（℃）
		年极端最低温度（℃）
	水分指标	年降水量（毫米）
		年平均相对湿度（%）
	气候带分布	气候带面积比例（%）
	光照状况	全年日照时数（小时）

一级分类	二级分类	具体指标
地形地貌	山地特征	山峰高程（米）
		雪线高程（米）
		冰川面积（平方公里）
	水文网络	流域面积（平方公里）
		河长（公里）
		年径流量（亿立方米）

自然状况统计的意义在于可以构建科学认知框架，更好地进行资源决策管理，比如在海域深度 >200 米的海域适宜深海养殖，岸线曲折度（海湾数量）决定港口选址，此外还可以进行可持续发展预警以及构建跨学科研究枢纽。

（二）土壤环境

土壤和土地质量变化统计包括土壤和土地两个相互联系的方面，土壤是农业生产的手段，其质量直接影响到生物生产系统的生产力；土地是提供经济和文化服务的固定资产，其质量表现在人类土地使用的文化和美学价值上。

土壤质量变化是各种自然现象的结果，比如气候变化、地理现象会造成种植作物和放养牲畜的土壤的大面积恶化或改善；同时它也是人类经济社会活动的结果，比如农业耕作方法和土地使用格局结合起来常常可以加快或者减慢土壤质量变化过程，此外还有污染因素。土壤环境统计依此思路设置了指标，具体指标和分类如下：

（1）沙漠化面积（S_{desert}）（平方公里），按土地使用类型分组统计。

（2）土地侵蚀面积（$S_{erosion}$）（平方公里），按土地使用类型分组统计。

（3）受毒性影响的土壤面积（$S_{toxicity}$）（平方公里），包括农药、工业化学物，按污染类型统计。

（4）受酸沉积影响的土壤面积（S_{acid}）（平方公里），按土壤类型分组统计。

（5）受灌溉影响的土壤面积（$S_{irrigation}$）（平方公里），包括盐碱化、碱化和水涝面积，按土壤类型分组统计。

需要指出，土壤侵蚀既可作为生产性土壤数量的损失，又可作为土壤质量下降看待。

（三）水环境

1. 供水与用水情况。

（1）供水总量（Q_{tws}）是指通过各种水源工程（如水库、水井、调水工程等）为用户提供的总水量，包括输水过程中的损失水量（如蒸发、渗漏）。它是衡量水资源供应能力的核心指标。

（2）地表水源供水量（Q_{sws}）是指地表水体工程的取水量，按蓄、引、提、调四种形式统计。从水库、塘坝中引水，属于蓄水工程供水量；从河道或湖泊中自流引水的，属于引水工程供水量；利用扬水站从湖河直接取水的，属于提水工程供水量；跨流域调水指水资源一级区域或独立流域之间的跨流域调配水量，不包括在蓄、引、提水量中。

（3）地下水源供水量（Q_{uws}）是指按水井工程的开采量，按浅层淡水、深层承压水和微咸水分别统计。城市地下水源供水量包括自来水厂的开采量和工矿企业自备井的开采量。

（4）其他水源供水量（Q_{ows}）包括污水处理再利用、集雨工程、海水淡化等水源工程的供水量。

（5）用水总量（Q_{utw}）是指分配给用户的包括输水损失在内的毛用水量。按用户特性分为农业、工业、生活和生态用水四大类。

（6）农业用水（Q_{aw}）包括农田灌溉和林牧渔业用水。

（7）工业用水量（Q_{iw}）是指企业厂区内用于生产和生活的用水总量，为新鲜用水量与重复用水量之和。计算公式如下：

$$Q_{iw} = Q_{fw} + Q_{rw}$$

$$重复利用水率（\eta）：\eta = \frac{Q_{rw}}{Q_{iw}}$$

式中，Q_{fw} 为新鲜用水量，指企业从地上、地下及自来水水源取用的全部水量；Q_{rw} 为重复用水量。计算公式如下：

$$Q_{fw} = Q_{tapw} + Q_{self}$$

式中，Q_{tapw} 为自来水量；Q_{self} 为自备水量。

其中企业自备水量的计算公式为：

$$Q_{self} = qto$$

式中，q 为单位时间机泵出水量；t 为机泵运行时间；o 为机泵抽水效率，一般在 75% 左右。

（8）生活用水（Q_{dw}）包括城镇生活用水和农村生活用水。城镇生活用水由居民用水和公共用水（含服务业、餐饮业、建筑业等用水）组成，农村生活用水除居民生活用水外，还包括蓄用水。

（9）生态环境补水（Q_{ewr}）仅包括人为措施供给的城镇环境用水和部分河湖、湿地补水，而不包括降水、径流自然满足的水量。

2. 水质量统计。水质量的含义较空气更为复杂，因为水有多种用途，针对不同用途，水的质量参数会有不同，这样就要求必须选择多种角度来描述水质量。首要的是要区别沿海/海洋水质量和内陆水即湖泊、河流、地下水质量进行统计。

（1）内陆水环境质量（Q_{iwe}）。

第一，用浑浊度、含盐量、含酸度等表示的一般物理化学特性指标。

第二，用化学污染物浓度表示的受污染程度指标。

第三，反映营养物充足性的营养物（如叶绿素）指标。

第四，反映溶解氧水平的有机物密度指标。

第五，反映可饮用性的致病物浓度指标。

第六，水质量指数指标；富营养情况指标。

其中，富营养情况指标指当化肥（含氮肥和磷肥）等肥料施用过多时，由于水土流失或径流入到水体当中，造成水体中的氮和磷增加，导致水中藻类大量繁殖，而一旦藻类植物死亡时，又会消耗大量水中的溶解氧，从而使水质变坏，鱼类死亡、湖泊老化。如果海洋发生了富营养化，则会有赤潮现象出现。按照生态环境部的标准共分五类，它是衡量水环境质量（包括地表水环境以及海洋环境）的重要指标之一。

（2）海洋环境质量（Q_{se}）。海洋环境质量的统计指标不仅要反映其一般物理化学特性、污染浓度、病菌指标和表现物种密度、生物群规模、生物生产能力，还要反映因海上失事、泄漏等造成的后果。

统计指标中重点包括了如中国临海中漂浮物质、颜色气味、悬浮物质、大肠菌群、粪大肠菌群、病原体、水温、pH 值、溶解氧、化学需氧量（COD）、生化需氧量、无机氮、非离子氨、活性磷酸盐、重金属（汞、镉、铅、六价铬、总铬、砷、铜、锌、硒、镍等）、氰化物、硫化物、挥发酚、石油类、六六六、滴滴涕、马拉硫磷、甲基对硫磷、苯并（a）芘、阴离子表面活性剂（以 LAS 计）、放射性核素（单位：Bq/L）等物质含量。

根据生态环境部的海洋环境质量标准和上述指标的测量值将海水划分为四个类别，分别是：

第一类：适用于海洋渔业水域，海上自然保护区和珍稀濒危海洋生物保护区。

第二类：适用于水产养殖区，海水浴场，人体直接接触海水的海上运动或娱乐区，以及与人类适用直接相关的工业用水区。

第三类：适用于一般工业用水区，滨海风景旅游区。

第四类：适用于海洋港口水域，海洋开发作业区。

因此，在考察海洋环境质量时，也可通过将符合上述四类水质标准的海域面积占海洋总面积的百分比来考察某一时点上的海洋环境质量的类别。

对于造成海水污染的排放物和负载在统计时可以按照以下分类来进行统计：

第一，来自沿海住区的负载，包括港湾、有潮洼地、红树属植物、旅游海滨，按照海岸系统、污染物类型分组统计。

第二，沿海工业的废料负载，按照海岸系统、污染物类型和工业部门分组统计。

第三，海洋倾倒，按废物类型分组统计，区别深海倾倒和沿海倾倒。

第四，石油和化学品泄漏，包括油轮、近海钻探、输油管道等，按海洋系统分组。

第五，来自流域的废物负载量，区别沉淀负载和化学品负载，按海洋生态系统分组。

（3）水质量指数（I_{wq}）。水质量是由水的多种不同生物、化学、物理和细菌学特性确定的，并由多种变量值加以衡量。要在总体上反映水体质量的状况加以组合，即选择代表其主要质量特点的重要指标，采用加权方法或成分分析方法，把一组变量指标转化为一维指数。

我国环境科学工作者综合处理氨氮与溶解氧饱和百分率之间的相互关系，在此基础上提出了有机物污染综合评价值 A。有机物污染综合评价是通过整合多种有机物污染参数（如 COD、BOD、TOC 等），量化水体受有机物污染程度的综合性指标。计算公式如下：

$$A = \frac{BOD_i}{BOD_0} + \frac{COD_i}{COD_0} + \frac{NH_3 - N_i}{NH_3 - N_0} - \frac{DO_i}{DO_0}$$

式中，A 为综合污染评价指数；BOD_i，BOD_0 为 BOD 的实测值和评价标准；COD_i，COD_0 为 COD 的实测值和评价标准；$NH_3 - N_i$，$NH_3 - N_0$ 为 $NH_3 - N$ 的实测值和评价标准；DO_i，DO_0 为 DO 的实测值和评价标准。

（四）大气环境

1. 大气组成。大气是多种气体的混合物，其组成包括恒定的组分、可变的组分和不稳定的组分。恒定的组成分指氮、氧、氩及微量的氖、氦、氪、氙等稀有气体；其中，氮、氧、氩占大气总量的 99.6%，在近地层的大气中，这些气体含量几乎是不变的。可变的组分指二氧化碳、水蒸气等，这些气体的含量由于受地区、季节、气象以及人类生活和生产活动等因素的影响而有所变化；在正常情况下，水蒸气的含量为 4% 以下，二氧化碳的含量自工业革命以来不断上升。

（1）恒定组分的计算公式：

第一，氮的质量：$M_{N_2} = C_{N_2} \times M_{total}$

第二，氧的质量：$M_{O_2} = C_{O_2} \times M_{total}$

第三，氩的质量：$M_{Ar} = C_{Ar} \times M_{total}$

第四，稀有气体总质量：$M_{rare} = C_{rare} \times M_{total}$

式中，M_{total} 为大气的总质量；C_{N_2} 为氮的质量百分比。

（2）可变组分的计算公式：

第一，二氧化碳的质量：$M_{CO_2} = C_{CO_2} \times M_{total}$

第二，水蒸气的质量：$M_{H_2O} = C_{H_2O} \times M_{total}$

式中，C_{CO_2}、C_{H_2O} 分别为二氧化碳和水蒸气的质量百分比。

由恒定的组分和可变的组分所组成的洁净大气组成如表 4 – 3 所示。

表 4 – 3 近地层大气的组成

大气的组成	符号	在大气中的体积分数		在大气中的重量/1017kg
		%	ppm*	
氮气	N_2	78.09		38.648
氧气	O_2	20.94		11.841
氩气	Ar	0.93		0.665
二氧化碳	CO_2	0.033	330	0.0253（逐渐在增加）
氖气	Ne		18	0.000636
氦气	He		5.2	0.000037
氪气	Kr		1	0.000146
氙气	Xe		0.08	0.000018
氢气	H_2		0.5	0.000002
甲烷	CH_4		1.5	0.000043
一氧化碳	CO		0.1	受污染大气中大于该浓度
氧化二氮	N_2O		0.25	—
				合计：干空气总重量约为 51.17×1017kg
水蒸气	H_2O	0~4		（随地区或季节不同有很大差异）
臭氧	O_3		地表处：0~0.7 20~30km 处：0.1~0.2	（受污染大气中有变化） （平流层中臭氧层）

注：* 1ppm = 10^{-6}，全书同。

资料来源：郑师章，吴千红，王海波，等. 普通生态学——原理、方法和应用 [M]. 上海：复旦大学出版社，1994.

2. 环境空气污染。大气环境是地球生态系统的重要组成部分，其质量直接影响人类健康、气候变化及生态平衡。目前环境空气污染主要有以下几种污染物：

（1）二氧化硫（SO_2）是一种无色的反应性气体，低浓度时没有气味，浓度极高时（约 1500 微克/立方米）便会刺鼻。二氧化硫主要来自燃烧含硫燃料，空气中的二氧化硫很大部分来自发电过程及工业生产。吸入二氧化硫可使呼吸系统功能受损，加重已有的呼吸系统疾病（尤其是支气管炎）及心血管病。对于容易受影响的人，除肺部功能改变外，还伴有一些明显症状如喘气、气促、咳嗽等。在统计方法上，通常使用化学发光法或电化学传感器进行连续监测，记录每小时或每日的平均浓度。

（2）二氧化氮（NO_2）是一种有毒且具有刺激性的红棕色气体，在常温下（$0 \sim 21.5℃$）二氧化氮与四氧化二氮混合而共存，显示出动态平衡状态，对人类健康和环境构成潜在风险。人为产生的二氧化氮主要来自高温燃烧过程的释放，比如机动车尾气、锅炉废气的排放等。与水反应时，NO_2 能生成硝酸和一氧化氮，这一反应是酸雨形成的关键化学过程之一。在大气中，NO_2 参与形成地面臭氧（O_3）和光化学烟雾，这些都是空气污染的重要组成部分，引发系列环境效应，环境效应多种多样，包括：对湿地和陆生植物物种之间竞争与组成变化的影响，大气能见度的降低，地表水的酸化、富营养化（由于水中富含氮、磷等营养物藻类大量繁殖而导致缺氧）以及增加水体中有害于鱼类和其他水生生物的毒素含量等。在统计方法上，使用化学发光法或气相色谱法进行检测，记录每小时或每日的平均浓度。

（3）一氧化碳（CO）由化石燃料不完全燃烧产生，通常状况下为无色、无臭、无味的气体。具有毒性，一氧化碳与血红蛋白的亲合力比氧与血红蛋白的亲合力高 $200 \sim 300$ 倍，所以一氧化碳极易与血红蛋白结合，形成碳氧血红蛋白，使血红蛋白丧失携氧的能力和作用，造成组织窒息。对全身的组织细胞均有毒性作用，尤其对大脑皮质的影响最为严重。较高浓度时能使人出现不同程度中毒症状，危害人体的脑、心、肝、肾、肺及其他组织，甚至电击样死亡，人吸入最低致死浓度为 5000ppm（5 分钟）。工业上，一氧化碳是一碳化学的基础，可由焦炭氧气法等方法制得，主要用于生产甲醇和光气以及有机合成等。在统计方法上，使用非色散红外传感器进行连续监测，记录每小时或每日的平均浓度。

（4）臭氧（O_3）是一种蓝色气体，主要由空气中的氮氧化物和挥发性有机物在阳光作用下发生光化学反应生成。它对眼睛、呼吸道和免疫系统有强烈的刺激作用，可能导致哮喘和肺部疾病。在统计方法上，使用紫外光度计或化学发光法进行监测，记录每小时或每日的最大浓度（通常以 1 小时或 8 小时均值表示）。

（5）颗粒物（PM_{10} 和 $PM_{2.5}$）是指直径小于等于 10 微米或 2.5 微米的悬浮颗粒，主要来源于扬尘、工业排放和燃烧过程。PM_{10} 可能引发呼吸道疾病，而 $PM_{2.5}$ 因其粒径更小，可以深入肺部甚至进入血液循环，导致心脏病和肺癌。在统计方法上，使用 β 射线吸收法或光散射法进行监测，记录每小时或每日的平均浓度。

（6）总悬浮颗粒物（TSP）是指直径小于等于 100 微米的颗粒物，主要来源于扬尘、道路扬尘和建筑活动。它们可能引发过敏反应和呼吸道疾病。在统计方法上，使用滤膜法进行监测，将空气通过滤膜收集颗粒物，定期称重以计算浓度。数据通常以每日或每月的平均值表示，数据缺失时，采用插值法估算，并定期检查滤膜是否破损或污染。

（7）氮氧化物（NOx）主要来源于燃烧过程（如发电厂和汽车尾气）。它们不仅会刺激肺部，还会导致酸雨和臭氧的形成。在统计方法上，使用化学发光法或气相色谱法进行监测，记录每小时或每日的总氮氧化物浓度。

（8）铅（Pb）是一种重金属污染物，主要来源于汽油和工业排放。它会对神经系统造成严重损伤，尤其是对儿童的智力发育有负面影响。在统计方法上，使用原子吸收光谱法或电感耦合等离子体质谱法进行监测，通常通过滤膜法采集颗粒物中的铅含量，定期送至实验室分析。数据通常以每日或每月的平均值表示。

（9）苯并［a］芘（BaP）是一种致癌物质，主要来源于煤炭燃烧、垃圾焚烧和汽车尾气。它会对免疫系统和遗传物质造成损害。在统计方法上，使用高效液相色谱法或气相色谱－质谱联用法进行检测，通常通过滤膜法采集颗粒物中的 BaP 含量，定期送至实验室分析。数据通常以每日或每月的平均值表示。

具体环境空气污染物浓度限值如表 4－4 所示。其中一类区适用一级浓度限值；二类区适用二级浓度限值。环境空气功能区分为两类：一类区为自然保护区、风景名胜区和其他需要特殊保护的区域；二类区为居住区、商业交通居民混合区、文化区、工业区和农村地区。

表 4 - 4   环境空气污染物浓度限值

污染物项目	浓度限值			单位
	平均时间	一级	二级	
二氧化硫（SO₂）	年平均	20	60	μg/m³
	24 小时平均	50	150	
	1 小时平均	150	500	
二氧化氮（NO₂）	年平均	40	40	
	24 小时平均	80	80	
	1 小时平均	200	200	
一氧化碳（CO）	24 小时平均	4	4	mg/m³
	1 小时平均	10	10	
臭氧（O₃）	日最大 8 小时平均	100	160	
	1 小时平均	160	200	
颗粒物（粒径小于等于 10μm）	年平均	40	70	
	24 小时平均	50	150	
颗粒物（粒径小于等于 2.5μm）	年平均	15	35	
	24 小时平均	35	75	
总悬浮颗粒物（TSP）	年平均	80	200	μg/m³
	24 小时平均	120	300	
氮氧化物（NOx）	年平均	50	50	
	24 小时平均	100	100	
	1 小时平均	250	250	
铅（Pb）	年平均	0.5	0.5	
	季平均	1	1	
苯并[a]芘（BaP）	年平均	0.001	0.001	
	24 小时平均	0.0025	0.0025	

资料来源：中华人民共和国环境空气质量标准—GB 3095 - 2012（2018）。

（五）自然生态

1. 自然保护区。自然保护区指保护典型的自然生态系统、珍稀濒危野生动植物种的天然集中分布区、具有特殊意义的自然遗迹的区域。其是具有较大面积，确保主要保护对象安全，维持和恢复珍稀濒危野生动植物种群数量及赖以生存的栖息环境。自然保护区的三区是指核心区、缓冲区和实验区，其中核心区是自然保护区中最重要的部分，是最严格保护的区域，禁止任何单位和个人进入，进行绝对保护。在核心区内，不允许进行旅游、生产、开发等活动，也不允许进行科学研究，除非是为了监测和评估自然生态系统的状况。核心区内的自然景观、生物多样性和生态过程都要保持原真性和完整性，不受人为干扰。计算公式如下：

$$R_{core} = \frac{S_{core}}{S_p}$$

式中，R_{core} 为核心区比例；S_{core} 为核心区面积；S_p 为保护区总面积。

2. 土地类型。

（1）耕地指利用地表耕作层种植农作物为主，每年种植一季及以上（含以一年一季以上的耕种方式种植多年生作物）的土地，包括熟地，新开发、复垦、整理地，休闲地（含轮歇地、休耕地）；以及间有零星果树、桑树或其他树木的耕地；包括南方宽度 < 1.0 米，北方宽度 < 2.0 米固定的沟、渠、路和地坎（埂）；包括直接利用地表耕作层种植的温室、大棚、地膜等保温、保湿设施用地。

（2）园地指种植以采集果、叶、根、茎、枝、汁等为主的集约经营的多年生木本和草本作物，覆盖度大于 50% 和每亩株数大于合理株数 70% 的土地。包括用于育苗的土地。

（3）林地指生长乔木、竹类、灌木的土地。不包括生长林木的湿地，城镇、村庄范围内的绿化林木用地，铁路、公路征地范围内的林木，以及河流、沟渠的护堤林用地。

（4）草地指生长草本植物为主的土地，包括乔木郁闭度 < 0.1 的疏林草地、

木覆盖度 <40% 的灌丛草地。不包括生长草本植物的湿地。

（5）湿地指陆地和水域的交汇处，水位接近或处于地表面，或有浅层积水，且处于自然状态的土地。

（6）城镇村及工矿用地指城乡居民点、独立居民点以及居民点以外的工矿、国防、名胜古迹等企事业单位用地，包括其内部交通、绿化用地。

（7）交通运输用地指用于运输通行的地面线路、场站等的土地。包括民用机场、汽车客货运场站、港口、码头、地面运输管道和各种道路以及轨道交通用地。

（8）水域及水利设施用地指陆地水域、沟渠、水工建筑物等用地。不包括滞洪区。

3. 森林状况。

（1）森林面积（S_f）是指郁闭度 0.2 以上的乔木林地面积和竹林面积，国家特别规定的木林地面积、农田林网以及村旁、路旁、水旁、宅旁林木的覆盖面积。

（2）人工林面积（S_{mf}）指由人工播种、植苗或扦插造林形成的生长稳定，（一般造林 3~5 年后或飞机播种 5~7 年后）每公顷保存株数大于或等于造林设计植树株数 80% 或郁闭度 0.20 以上（含 0.20）的林分面积。

（3）森林覆盖率指以行政区域为单位森林面积占区域土地总面积的百分比。计算公式如下：

$$R_{fc} = \frac{S_f}{S}$$

式中，R_{fc} 为森林覆盖率；S_f 为森林面积；S 为土地总面积。

（4）造林面积（S_{af}）指在宜林荒山荒地、宜林沙荒地、无立木林地、疏林地和退耕地等其他宜林地上，通过人工措施形成或恢复森林、林木、灌木林的过程。

（六）城市环境

1. 道路长度。道路长度（L_r）指道路和与道路相通的桥梁、隧道的长度，按车行道中心线计算。城市桥梁指为跨越天然或人工障碍物而修建的构筑物。包括跨河桥、立交桥、人行天桥以及人行地下通道等。计算公式如下：

$$L_r = \sum_{i=1}^{n} L_{r,i} + L_b + L_t$$

式中，L_r 为城市道路总长度（公里）；$L_{r,i}$ 为第 i 条车行道中心线长度；L_b 为跨河桥、立交桥等与道路相通的城市桥梁长度；L_t 为与道路相通的城市隧道长度。

2. 供水。

（1）排水管道长度（L_{dw}）指所有市政排水总管、干管、支管、检查井及连接井进出口等长度之和。计算公式如下：

$$L_{dw} = \sum_{i=1}^{n} L_{p,i}$$

式中，L_{dw} 为市政排水管道总长度（公里）；$L_{p,i}$ 为包括总管、干管、支管及检查井连接段的长度。

（2）供水总量（Q_{tw}）指报告期供水企业（单位）供出的全部水量，包括有效供水量和漏损水量。计算公式如下：

$$Q_{tw} = Q_{ew} + Q_{lw}$$

式中，Q_{tw} 报告期供水总量（万立方米）；Q_{ew} 为实际送达用户的水量；Q_{lw} 为管网渗漏、爆管等损失水量。

（3）供水普及率（R_{ws}）指报告期末城区用水人口数与城市人口总数的比率。计算公式如下：

$$R_{ws} = \frac{P_{urbanw}}{P_{urban} + P_{turban}} \times 100\%$$

式中，R_{ws} 为供水普及率；P_{urbanw} 为城区用水人口数；P_{urban} 为城区人口数；P_{turban} 为城区暂住人口数。

（4）城市污水处理能力（$C_{sewage\ treatment}$）指污水处理厂（或污水处理装置）每昼夜处理污水量的设计能力。

3. 供气。

（1）供气管道长度（$L_{gas\,supply}$）指报告期末从气源厂压缩机的出口或门站出口至各类用户引入管之间的全部已经通气、投入使用的管道长度。不包括新安装尚未使用，煤气生产厂、输配站、液化气储存站、灌瓶站、储配站、气化站、混气站、供应站等厂（站）内，以及用户建筑物内的管道。

（2）供气总量（$Q_{gas\,supply}$）指报告期燃气企业（单位）向用户供应的燃气数量。包括销售量和损失量。

（3）燃气普及率（$R_{gas\,use}$）指报告期末城区使用燃气的城市人口数与城市人口总数的比率。其中燃气包括人工煤气、天然气、液化石油气三种。计算公式如下：

$$R_{gas\,use} = \frac{P_{urbang}}{P_{urban} + P_{turban}} \times 100\%$$

式中，$R_{gas\,use}$ 为燃气普及率；P_{urbang} 为城区用气人口数；P_{urban} 为城区人口数；P_{turban} 为城区暂住人口数。

4. 供热。

（1）城市供热能力（$C_{heat\,supply}$）指供热企业（单位）向城市热用户输送热能的设计能力。

（2）城市供热总量（$Q_{heat\,supply}$）指在报告期供热企业（单位）向城市热用户输送全部蒸汽和热水的总热量。

（3）城市供热管道长度（$L_{heating\,pipeline}$）指从各类热源到热用户建筑物接入口之间的全部蒸汽和热水的管道长度。不包括各类热源厂内部的管道长度。

5. 生活垃圾处理。

（1）生活垃圾清运量（$Q_{garbage\,removal}$）指报告期收集和运送到各生活垃圾处理厂（场）和生活垃圾最终消纳点的生活垃圾数量。生活垃圾指城市日常生活或为城市日常生活提供服务的活动中产生的固体废物以及法律行政规定的视为城市生活垃圾的固体废物。包括：居民生活垃圾、商业垃圾、集市贸易市场垃圾、清扫街道和公共场所的垃圾、机关、学校、厂矿等单位的生活垃圾。

（2）生活垃圾无害化处理率（$R_{harmless\ treatment}$）指报告期生活垃圾无害化处理量与生活垃圾产生量的比率。在统计上，由于生活垃圾产生量不易取得，可用清运量代替。计算公式如下：

$$R_{harmless\ treatment} = \frac{Q_{harmless\ treatment}}{Q_{waste\ output}} \times 100\%$$

式中，$R_{harmless\ treatment}$ 为生活垃圾无害化处理率；$Q_{harmless\ treatment}$ 为生活垃圾无害化处理量；$Q_{waste\ output}$ 为生活垃圾产生量。

6. 城市绿地。

（1）城市绿地面积（$S_{urban\ green}$）指报告期末用作园林和绿化的各种绿地面积。包括公园绿地、防护绿地、广场用地、附属绿地和位于建成区范围内的区域绿地面积。

（2）公园绿地（$S_{park\ green}$）向公众开放，以游憩为主要功能，兼具生态、景观、文教和应急避险等功能，有一定游憩和服务设施的绿地。

（七）农村环境

1. 卫生厕所指有完整下水道系统的水冲式、三格化粪池式、净化沼气池式、多元漏斗式公厕以及粪便及时清理并进行高温堆肥无害化处理的非水冲式公厕。

2. 累计使用卫生公厕户数指农民因某种原因没有兴建自己的卫生厕所，而使用村内卫生公厕户数。

二、环境灾害统计指标

环境灾害从广义上讲，除了包括一般意义上的自然灾害，还包括人为灾害。自然灾害是指由于自然异常变化造成的人员伤亡、财产损失、社会失稳和资源破坏等现象或一系列事件。它的形成必须具备两个条件：一是要有自然异变作为诱因；二是要有受到损害的人、财产、资源作为承受灾害的客体。

所谓人为灾害，是自然生态环境系统在人为因素的影响下，发生恶化或遭到破坏后出现的各种继发性灾害。由于人类活动引起环境恶化所导致的灾害，是除自然变异因素外的另一重要致灾原因。其中气象水文灾害包括：洪涝、酸雨、干旱、霜冻、雪灾、沙尘暴、风暴潮、海水入侵。地质地貌灾害包括：地震、崩塌、雪崩、滑坡、泥石流、地下水漏斗、地面沉降。

为了有效地预防环境灾害，评估环境灾害给人类带来的损失，就必须对环境灾害的有关内容进行统计和分析，摸清环境灾害发生的规律。因此，环境灾害统计应运而生。

下面，就分别从自然灾害和人为灾害这两个方面对有关统计指标进行说明。

（一）自然灾害统计指标

自然灾害可以分为气象灾害、海洋灾害、洪水灾害、地质灾害、地震灾害、农作物灾害、森林灾害七大类，每类又包括若干种，共约百种自然灾害。下面就选取一些发生较为频繁的、对人们生产生活带来较大影响的自然灾害和统计指标进行说明。

1. 旱涝灾害。旱涝灾害是指降水量偏离正常年份与季节的平均数，以至影响人们正常的生产生活，甚至使人们的生命财产遭受损失。其中，旱灾的发生多为大面积的地域，而涝灾除了地域范围内发生外，较为重要的还有流域范围内发生。

旱涝灾害的主要统计指标有：

（1）灾害等级（$DG_{f/d}$）：在某一特定的地域或流域范围内，均匀地选取几个旱涝灾害监测站，对旱涝灾害进行评估，然后汇总加以分析。基本上可以分为以下七个等级：大旱、旱、偏旱、正常、偏涝、涝、大涝。

（2）旱涝指数（I）：在下式中，当结果为 $I > 2$ 时为大涝年；$1 < I < 2$ 时为涝年；$-1 < I < 1$ 为正常年（$I < -1$ 则为旱年，故 I 称为旱涝指数）。计算公式如下：

$$I = \frac{R - \bar{R}}{\gamma}$$

式中，R 为某地当年降雨量；$\bar{R}$ 为多年平均降雨量；γ 为标准偏差。

（3）受灾面积（$SD_{f/d}$）：指受到旱涝灾害影响的地域面积或流域面积，反映灾害发生的广度。

（4）成灾面积（$SHD_{f/d}$）：指受到旱涝灾直接危害的地区面积，即对人们的生产生活造成了较为严重影响的受灾面积。它比受灾面积要小。

（5）成灾率（$RD_{f/d}$）：

$$RD_{f/d} = \frac{SHD_{f/d}}{SD_{f/d}}$$

（6）灾害造成的经济损失（$EL_{f/d}$）：分为直接经济损失和间接经济损失，将受到灾害侵害的物质财产折算成货币表现的形式。这种表示方法直观明白，它是一种综合性的指标。

（7）灾区伤亡人数（$N_{f/d}$）：反映人员伤亡状况，是人们关心自然灾害状况的一个重要指标。它对灾害救援有特殊的意义。

2. 台风与海啸灾害。这些灾害来源于海洋上空的激烈气候状况或海底的火山爆发、地震，常常会危及海面上的各种船只。如果它们登陆的话，会给大陆带来严重的危害。

其他统计指标有：

（1）风速（S_w）：反映台风和海啸的风力。

（2）海浪高度（H_{sw}）：反映台风与海啸所引起的海浪浪高，它与风速正相关。

（3）台风海啸持续时间（T_t）：台风持续时间是指从台风生成（达到热带风暴强度）到消散（减弱为热带低压或温带气旋）的总时间。海啸持续时间是指从海啸波到达海岸到波能完全消散的总时间，通常以首波到达至末波离开的时间间隔计算。

（4）台风海啸影响范围（$IA_{t/t}$）：包括在海洋上空和陆地上空的影响范围，有时候相当于受灾面积。

（5）灾害造成的经济损失（$EL_{t/t}$）：同上旱涝灾害。

（6）灾区伤亡人数（$N_{t/t}$）：同上旱涝灾害。

3. 火山爆发与地震灾害。火山爆发与地震是地球表面岩层的剧烈活动，如果在其影响范围内有人类生活等活动，就会产生灾难，并且是巨大的灾难。火山爆发会引发地震，但地震对人类造成的危害远远大于火山爆发，原因是火山爆发一般有固定的地点，人们可以远离它，但地震却没有固定的地点。如果地震预报得不及时或不准确，就会给人们的生命财产造成严重影响。

其他统计指标有：

（1）地震强度（M），是反映地震能量大小的指标，通常用里氏震级（ML）来表示。数值越大，地震的强度也就越大，地震程度分类如表 4 – 5 所示。

表 4 – 5　　　　　　　　　　　　　　　地震程度

程度	里氏震级	地震影响	发生频率
极微	2.0 以下	很小，没感觉	约每天 8000 次
甚微	2.0 ~ 2.9	一般没感觉	设备可以记录约每天 1000 次
微小	3.0 ~ 3.9	经常有感觉，但是很少会造成损失	估计每年 49000 次
弱	4.0 ~ 4.9	室内东西摇晃出声，不太可能有大量损失。当地震强度超过 4.5 时，已足够让全球的地震仪监测得到	估计每年 6200 次
中	5.0 ~ 5.9	可在小区域内对设计/建造不佳的建筑物造成大量破坏，但对设计/建造优良的建筑物则只会有少量损害	每年 800 次
强	6.0 ~ 6.9	可摧毁方圆 100 英里以内的居住区	每年 120 次
甚强	7.0 ~ 7.9	可对更大的区域造成严重破坏	每年 18 次
极强	8.0 ~ 8.9	可摧毁方圆数百英里的区域	每年 1 次
超强	9.0 及其以上		每 20 年 1 次

（2）受灾地区距离震源中心区的距离（D_e），地震的强度会随着距地震中心区距离的增大而减弱，震源正上方的地区地震强度最大。此外，震源离地面越浅，对地表的破坏程度也越大。

（3）受灾面积（S_e），指地震或火山造成的危害所覆盖的区域大小。其中，火山爆发造成的受灾面积是指火山灰所覆盖的面积。

（4）灾害造成的经济损失（EL_e），指地震或火山造成的危害所覆盖的区域的物质经济损失。

（5）灾区死亡人数（N_e），指地震或火山造成的危害所覆盖的区域死亡人数。

4. 森林火灾。森林火灾是众多火灾中的一种。这里所讲的森林火灾是指由于气候变化异常而引发的大火，如由于天气过于干旱使森林自燃而引发的大火；非人为的故意纵火。森林的作用是地球上其他生物所无法代替的，人类面对森林大火，却也常常是无能为力。其他统计指标有：

（1）森林火灾等级（C_{ff}），具体如表 4-6 所示。

表 4-6　　　　　　　　　　　森林火灾等级标准

火灾类别	受灾面积（亩）	
	北方	南方
火警	<10	<10
火灾	10~1000	10~1000
大火灾	1000~50000	1000~10000
特大火灾	>50000	>10000
火情	发生火灾后未查清烧毁面积	同左
荒火	荒山野地或零星树木地上的火灾	同左

资料来源：国家林业和草原局官网。

（2）受灾面积（S_{ff}），即森林火灾所覆盖的范围，是反映火灾大小的一个重要指标，相当于森林面积的损失。

（3）火灾蔓延率（R_{ffs}），指森林火灾发生后火势在每一固定单位时间的扩展速度。

（4）烧毁林木的总量（N_{df}），也是反映火灾严重程度的重要指标。

（5）火灾造成的经济损失（EL_{ff}），森林火灾所覆盖的区域经核算所得物质损失。

（6）灾区伤亡人数（N_{ff}），森林火灾所覆盖的区域受伤死亡的人数。

（二）人为灾害统计指标

人为灾害包括的内容极其广泛，几乎涵盖了所有与环境破坏有关的问题。

现在，人们对人为灾害的关注程度比对自然灾害的关注程度要高，这和灾害的性质、来源是分不开的。很多灾害都是人们自己造成的，在很多情况下，自然灾害也深深地打上了人为灾害的烙印。或者说，人为灾害以自然灾害的形式出现。人们甚至很难区分某一灾害到底属于哪一类。如温室效应造成的一系列灾难，表面上看，是自然灾害，但实际上是人为造成的灾害——它源于人类的生产生活。总之，大部分环境灾害，都可以被看作是人类活动对环境破坏所引起的大自然对人类的一个报复。

1. 水土流失。常见的水土流失的极端现象便是泥石流（本书将其归入环境灾害中）。水土流失的主要原因是地表植被遭到破坏，遇到暴雨或洪水冲刷，表层土被冲离原先位置，有限的水资源和珍贵的土壤资源就这样白白流走。不仅如此，如果土壤层较薄，还会使之石漠化，成为真正的不毛之地。水土流失还会使下游的江河湖泊的河床、水库库底淤积，使水库容积减小，河床升高，易引发洪水。其他统计指标有：

（1）水蚀面积（S_{we}）：即发生水土流失的地域面积。地表植被状况越差，土壤裸露的地域越广，则水蚀面积就会越大。该指标反映水土流失的广度。

（2）土壤流失总量（Q_{tsl}）：即被水冲走的土壤质量，它反映水土流失的深度。

（3）水土流失强度（I_{se}）：根据全国的统一标准，水土流失可划分出 6 个强度级别，即微度、轻度、中度、强度、极强度和剧烈流失。

（4）水土流失经济损失（EL_{se}）：包括直接经济损失和间接经济损失。

2. 草场退化。草场退化是指由于过度放牧、开垦或气候因素等而导致草地再生能力的下降。草场退化的危害是巨大的，它导致土地植被覆盖率的大量减少，土地保水能力的下降，水土流失的加剧，再加上气候因素（草地一般在干旱半干旱地区），退化的草场极易沙漠化，即使没有达到这种程度，草场也会存在严重的生态危害，如毒草、杂草肆掠，病虫鼠害频繁发生。从而使得畜牧业的发展受到抑制。草场退化的统计指标有：

（1）草场面积退化率（R_{gad}）：为期内发生退化的草场面积与期初良好的草场面积之比，反映草场退化的速度。

（2）草场产草量的减少率（R_{rpy}）：该指标反映草场退化的程度。计算公式如下：

$$R_{rpy} = \frac{FY_b - FY_t}{FY_b}$$

式中，FY_b 为期初草场产草量；FY_t 为期末草场产草量。

3. 病虫害。按接受灾害侵袭的对象分，可分为农业病虫害和林业病虫害；按灾害的来源分，可分为病害、虫害、鼠害等。病虫害对农林业的破坏是极为严重的，轻能使农业减产、森林功能遭到破坏；重则农业颗粒无收。病虫害的发生，除了自然因素，更多的是人类对环境的破坏造成的。

病虫害的统计指标有：

（1）受灾面积（S_{pd}）：指受到病虫害侵袭的农田、森林的面积，反映灾害发生的广度。

（2）成灾面积（S_{daa}）：指受到病虫害侵袭的地方所受到的破坏达到一定程度，形成灾难的农田、森林的面积。

（3）成灾率（R_{daa}）：为成灾面积与受灾面积之比，是反映病虫害严重程度的重要指标。

（4）农作物减产量（Q_{cr}）：指受到病虫害侵袭的年份，农作物产量较正常年份的减少量，反映灾害的深度。

4. 环境污染。所谓环境污染，是指生产和生活中排放出的废弃物超过了环境对它们的吸收净化能力，从而使环境质量恶化、生态系统失调，对环境造成的破坏。由此可以看到，环境的污染主要来自两个方面，一个是生产活动带来的废弃物，一个是生活带来的废弃物，这两个方面都是以人为主体的活动，主体人的行为与客体环境相对立、相矛盾，而环境污染就是这一对矛盾相互作用的结果。

（三）次生灾害统计指标

许多环境灾害，特别是等级高、强度大的环境灾害发生以后，常常诱发出一连串的其他灾害，这种现象叫灾害链。灾害链中最早发生并起作用的灾害称为原生灾害；而由原生灾害所诱导出来的灾害则称为次生灾害。

塌方是指路基、堤坝和河岸等边坡或山坡的坍塌现象，是最常见的次生灾害之一。形成原因常为边坡过陡、土内水分增大、岩石风化及地震、火山爆发的影响等，与边坡或山坡的岩层构造也有关系。严重时可使交通中断或水流不畅，会造成人员伤亡和财产损失。对塌方灾害的统计同样可以按照受灾面积、受灾人数以及因灾经济损失展开。

三、环境污染统计指标

（一）环境污染概述

环境污染是指这样的现象：由于人为因素使环境的化学组成或物理状态发生变化，进而扰乱或破坏了原有的生态系统或人类正常生产生活条件。人类为了生存需要向自然环境索取氧气、水以及各种原料和能源，经过各种经济活动（主要是生产和消费）又把各种废弃物排放入自然环境，这些废弃物直接进入空气、水体和土壤，废弃物中的污染物就会损害各种环境媒质的质量。可见环境污染主要是由于人类的废弃物排放引起的。前面说过，环境本身具有自净能力，当排入的污染物小于这种自净能力时，对环境的损害能够自动恢复，或者不会明显表现出来并被我们"感觉"到。随着人口的增加，客观上需要生产更多的产品，而科技的进步，也大大加强了人类的攫取能力，经济规模的不断扩大意味着污染物排放量也越来越大，当排放的污染物超过了环境自净能力时，对环境的损害就会明显表现出来，于是产生了环境污染。

早期的环境污染主要是由大规模的工业生产造成的，但近年来其他一些污染形式所带来的危害也越来越严重，有的甚至超过了工业排放带来的污染，比如农业排放、生活排放。环境污染是由于所排放的污染物所致，因此，环境污染可以根据污染物的分组而有不同的具体称谓。按照被污染的环境要素，可以分为大气污染、水体污染、土壤污染以及其他污染；按照污染物的性质，可以分为化学污染、物理污染和生物污染；按照污染物在环境中化学及物理性状的变化，可以分为一次污染和二次污染（如二氧化硫是一次污染物，转化成酸雨就是二次污染物）；按照对人体的危害作用，可以分为致畸污染、致突变污染和致癌污染。其中，大气污染、水体污染、土壤污染是我们最经常使用的词语，它们对应着气态污染物、液态污染物和固态污染物，也就是我们常说的废气、废水和固体废弃物（根据污染的环境要素划分）。

常见的环境污染物包括：

1. 水污染：包括悬浮物、pH 值、有机物、细菌和有毒物质等。

2. 大气污染：包括粉尘、可吸入颗粒物、二氧化硫、氮氧化合物、一氧化碳等。

3. 噪声污染：由各种不同频率、不同强度的声音杂乱、无规律地组合而成。

4. 光污染：由光线的过度使用或不当使用引起的环境污染。

5. 放射性污染：由放射性物质引起的环境污染。

6. 重金属污染：由重金属元素引起的环境污染。

（二）废弃物排放统计方法

目前通常用于计算废弃物排放的方法有三种：实测法、物料衡量法和排放系数法。

1. 实测法。实测法是指通过检测手段或国家有关部门认定的连续计量设施测量废气、废水的流速流量和污水及废气中污染物的浓度，用生态环境部门认可的测量数据来计算各种废弃物和污染物排放总量的统计计算方法。计算公式如下：

$$G_i = K \times Q \times C_i$$

式中，G_i 为废气（或废水）中污染物 i 的排放量，kg/a（公斤/年）；K 为单位换算系数，对废气取 10^{-6}，对废水取 10^{-3}；Q 为废气（或废水）排放总量，m^3/a（标态）；C_i 为污染物 i 的实测浓度，废气：mg/m^3（标态），废水：mg/L。

计算中，要注意浓度及流量计算单位的换算，保证计算量纲的一致性。

为了保证数据的准确性，通常需多次测定样品取平均值。计算公式如下：

$$C_i = \frac{C_1 + C_2 + C_3 + \cdots + C_n}{n}$$

式中，C_n 为第 n 次测定浓度值；n 为测定次数。

2. 物料衡算法。物料衡量法是对生产过程中使用的物料情况进行定量分析的一种方法，其原理依据是某一生产过程中生产投入和产出物质的质量守恒。它把工业污染源的排污量、生产工艺和管理、资源（原材料、水源、能源）的综合利用及环境治理结合起来，系统地、全面地研究生产过程中废弃物和污染物的产生和排放。物料平衡算式：

进入系统的物质量（$\sum G_{input}$）＝系统输出的物质量（$\sum G_{output}$）＋系统内积累的物质量（$\sum G_{accumulate}$）

（1）稳定系统生产过程的物料衡算，即系统的积累项为 0 时，系统处于稳定状态。物料衡算式如下：

$$\sum G_{input} = \sum G_{output} = \sum G_1 + \sum G_2$$

式中，$\sum G_{input}$ 为投入物料总和；$\sum G_{output}$ 为产出量总和；$\sum G_1$ 为所得产品质量数总和；$\sum G_2$ 为物料或产品流失量总和。

（2）存在化学变化系统过程的物料计量，平衡式中必须增加化学反应物的消耗项和产生项。物料平衡算式如下：

$$\sum G_{input} + \sum G_{consume} = \sum G_{output} + \sum G_{produce}$$

式中，$\sum G_{consume}$ 为化学反应物的消耗项；$\sum G_{produce}$ 为化学反应物的产生项。

3. 排放系数法（经验计算法）。排放系数是指在正常的生产技术、经济水平和管理方法的条件下，生产单位产品所产生或排放的污染物数量的统计平均值。排放系数法就是根据所确定的排放系数和所生产的产品数量来计算产生废弃物和污染物数量的方法。计算公式如下：

$$G_i = K_i \times W$$

式中，G_i 为污染物 i 的年排放（产生）量，kg/a；K_i 为污染物 i 的排放系数，kg/t（产品）；W 为产品年产量（或生产规模），t/a。

下面从工业、农业、城镇生活三个方面进行相关环境污染指标的简述。

（三）工业

1. 工业废水指标。

（1）工业废水排放量公式如下：

第一，实测法：

$$W_i = Q_i \times t_i \times \rho_i$$

式中，W_i 为某废水排放量；t_i 为某废水排放时间；Q_i 某废水平均排放量；ρ_i 废水密度。

第二，物料衡算法：

$$W = W_1 - (W_2 + W_3 + W_4 + W_5)$$

式中，W 为工业废水排放量；W_1 为工业生产用新鲜水量；W_2，W_3，W_4，W_5 分别为产品带走水量，水漏失量，锅炉蒸发量，其他损失量。

第三，排放系数法：

$$W_i = M \times K_i$$

式中，M 为产品产量；K_i 为单位产品排放系数。

（2）工业废水中污染物指标。实测法：

$$G_i = 10^3 \times W_i \times C_i$$

式中，G_i 为报告期内某污染物的排放量；W_i 为报告期内某废水排放量；C_i 为废水中某污染物的平均浓度。

2. 工业废气指标。

（1）废气排放量。实测法：

$$Q_{year} = \frac{Q_{hour} \times B_{year}/B_{hour}}{10000}$$

式中，Q_{year} 为全年废气排放量；Q_{hour} 为废气小时排放量；B_{year} 为全年燃料耗量；B_{hour} 为在满负荷情况下锅炉每小时的燃料耗量。

（2）废气中污染物排放量。当污染浓度为实测数值时，计算公式如下：

$$G = C \times Q \times 10^{-6}$$

式中，G 为某锅炉某污染物在某时段的排放量；C 为某锅炉某污染物的实测浓度，当在统计时间段内有多次实测值时，取多次实测值的平均值；Q 为某锅炉在统计时段内的废气排放总量。

3. 工业固体废物指标。

（1）固体废物排放量。

$$G_p = G_c - G_y - G_{ch} = \sum G_{ci} - \sum G_{yi} - \sum G_{chi}$$

式中，G_p 为废渣排放总量；G_c 废渣产生总量；G_y 综合利用的废渣总量；G_{ch} 已处理的废渣总量；G_{ci}、G_{yi}、G_{chi} 分别为废渣中某种废渣的产生量、综合利用量和处理量。

（2）固体废弃物堆积量。

$$DL = \rho \times V$$

式中，DL 为废渣堆积量；ρ 为废渣的堆积密度；V 为废渣的堆积容积。若几种废渣混堆在一起，则可计算其平均密度。

（四）农业

1. 种植业。

（1）化肥污染指标。污染产生量是根据输出系数法进行估算的，计算公式如下：

$$HP = HY \times K_h$$

式中，HP 为化肥污染物产生量；HY 为化肥用量；K_h 为化肥产污系数。而化肥潜在污染量计算公式如下：

$$hp = HP \times (1 - \theta)$$

式中，hp 为化肥潜在污染量；HP 为化肥污染物产生量；θ 为化肥利用率。

根据相关文献，从化学组成成分角度分析，氮肥、磷肥及复合肥（氮磷钾含量相同）的总氮产污系数分别为 1、0 和 0.33，相应地，总磷产污系数分别为 0、0.44 和 0.15，氨氮产生量按照总氮产生量的 8.3% 来估算，2017 年全国化肥利用率为 36.5%。

（2）秸秆污染物产生量。

$$JP = ZP \times \varphi \times K_j$$

式中，JP 为秸秆污染物产生量；ZP 为农作物产量；φ 为秸秆与作物产量比；K_j 为秸秆产污系数。而秸秆潜在污染量有如下公式：

$$jp = JP \times (1 - \rho)$$

式中，jp 为秸秆潜在污染量；TP 为秸秆污染物产生量；ρ 为秸秆综合利用率。

2. 水产养殖业。在实际操作中，测算水产养殖业的污染排放量有如下指标：总氨氮排放量、总磷排放量、COD 排放量、铜排放量、锌排放量。

（1）COD 污染负荷核算。化学分析法是计算污染负荷的基础方法，可计算多种污染物，准确性较高，因此采用化学分析法计算 COD 的污染负荷。该法是对排出养殖水域的污水进行水质分析，然后根据养殖水域总排水量进行废污核算，计算公式如下：

$$p = Q \times (C_{out} - C_{in}) \times 10^{-6}$$

式中，C_{out}、C_{in} 为出水和进水的 COD 污染物浓度（mg/L）；p 为 COD 污染物负荷量（t）；Q 为排出水量（m³）。

其中，Q 为养殖面积、平均水深以及换水频率的三项乘积：

$$Q = A \times h \times r$$

$$r = \frac{1}{T}$$

其中，换水周期按《水文学》中推荐的湖泊、水库换水周期公式计算：

$$T = \frac{W}{L \times 86400}$$

式中，T 为换水周期；W 为湖泊贮水量；L 为年平均入湖流量。

（2）氮磷排放量。N、P 污染负荷核算由养殖的物质平衡方程得到 N、P 污染负荷公式：

$$Q(x) = RL + MZ + SC + DN - CY - KLW$$

式中，$Q(x)$ 为 N、P 污染负荷（kg）；RL 为养殖过程中投放的饵料中的含 N、P 量（kg）；MZ 为苗种体内的含 N、P 量（kg）；SC 为水草中的 N、P 量（kg）；DN 为底泥释放的 N、P 量（kg）；CY 为收获成品体内的 N、P 量（kg）；KLW 为沉降到底泥中的 N、P 量（kg）。

3. 畜牧业。

（1）畜禽养殖污染物产生量按系数法计算为：

$$X_w = X_s \times K_s$$

式中，X_w 为畜禽养殖污染物产生量；X_s 为畜禽饲养量；K_s 为产污系数。而畜禽养殖潜在污染量公式如下：

$$X_q = X_w \times (1 - \alpha)$$

式中，X_q 为畜禽养殖潜在污染量；X_w 为畜禽养殖污染物产生量；α 为畜禽粪便综合利用率。但是由于畜禽种类较多，所以在计算时一般采用将畜禽转换为猪当量的计算方法，再乘以猪畜禽粪便的产污系数进行估算。

猪的产污系数分为母猪的产污系数和生猪的产污系数，生猪按出栏量将保育段和育肥段按平均养殖时间（保育段按 65 天、育肥段按 70 天）汇总为出栏一头生猪的产污系数；母猪按存栏量给出产污系数，仔猪产污合并至母猪中（按一头母猪年产仔猪 20 只计算）。

$$K_{mz} = K_r \times 365 + K_{zz} \times 20$$
$$K_s = K_y \times 70 + K_b \times 65 + K_{nmz}/20$$

式中，K_{mz} 为母猪产污系数；K_r 为日产污系数；K_{zz} 为仔猪产污系数；K_s 为生猪产污系数；K_y 为育肥猪日产污系数；K_b 为保育猪日产污系数；K_{nmz} 为母猪年产污系数。

畜禽养殖产污系数与养殖水平和管理水平有一定的相关性，而养殖水平和管理水平受养殖规模影响，养殖规模越大管理水平越高，产污量越小，但在一定范围内各种规模养殖场基本全部存在，且各种规模之间比例变化不大。为简化核算，全国采用统一的产污系数。

（2）实测法计算。畜禽养殖业污染物核算的畜禽种类包括猪、奶牛、肉牛、蛋鸡和肉鸡，核算范围包括规模化养殖场（小区）和养殖专业户，污染物排放量为五类规模化养殖场（小区）和养殖专业户排放量之和，计算公式如下：

$$E_{畜禽} = E_{规模化} + E_{专业户}$$

$$E_{规模化} = E_{猪} + E_{奶牛} + E_{肉牛} + E_{蛋鸡} + E_{肉鸡}$$

$$E_{专业户} = E_{猪专} + E_{奶牛专} + E_{肉牛专} + E_{蛋鸡专} + E_{肉鸡专}$$

式中，$E_{畜禽}$ 为核算期五类畜禽污染物的排放量；$E_{规模化}$ 为核算期五类规模化养殖场污染物排放量；$E_{专业户}$ 为核算期五类畜禽养殖专业户污染物排放量。

（五）城镇生活

1. 生活污水排放量。

$$Q_{uds} = K \times P \times 365$$

式中，Q_{uds} 为城镇生活污水排放量；K 为城镇居民每人每天排放生活污水的数量；P 为城镇人口数。

K 的计算公式为：

$$K = Q_{pwc} \times KP$$

式中，Q_{pwc} 是人均日生活用水量；KP 为用排水折算系数。人均日生活用水量采用城市供水管理部门的统计数据，用排水折算系数可采用城市供水管理部门和市政管理部门的统计数据计算，一般为 $0.8 \sim 0.9$。

2. 生活污染物。人均日垃圾产生量，单位：kg/（人·日）。

$$G_a = \frac{\sum_{d=1}^{365} G_{day,d}}{P \times 365}$$

式中，$G_{day,d}$ 为单日垃圾总量；P 为常住人口数。

3. 城市空气污染。用曲线图可绘制出大气污染的情况，并反映出污染源与典型扩散格局的关系。用统计资料表现大气污染情况，主要指标应围绕污染物的浓度（包括酸雨）和大气辐射两方面设置。

（1）大气污染物及其危害。大气污染物是指由于人类活动或自然过程排入大气，并对任何环境产生有害影响的物质。按其存在的形态可以分为两大类：颗粒污染物和气态污染物。

第一，颗粒污染物主要包括粉尘、烟、飞灰、黑烟、雾等。在我国的环境空气质量标准中，根据颗粒物粒径的大小，将颗粒态污染物分为总悬浮颗粒物（TSP）、可吸入颗粒物（PM_{10}）和细颗粒物（$PM_{2.5}$）三种类型。

第二，气态污染物是指以气体形态进入大气的污染物。分为一次污染物和二次污染物。

按其对我国大气环境危害的大小，主要将一次污染物分为五种类型，包括：含硫化合物、含氮化合物碳氧化合物、碳氢化合物、卤素化合物。

气态污染物除了会直接对大气造成污染，还会在进入大气时会发生反应形成二次污染物。危害最大的是硫酸烟雾和光化学烟雾。

主要气态污染物及其所形成的二次污染物种类如表 4-7 所示。

表 4-7　　　　　　　　　气体状态大气污染物的种类

污染物	一次污染物	二次污染物
含硫化合物	SO_2、H_2S	SO_3、H_2SO_4、MSO_4
含氮化合物	NO、NO_2	NO_2、HNO_3、MNO_3、O_3
碳氧化合物	CO、CO_2	无
碳氢化合物	C_mH_n	醛、酮等
卤素化合物	HF、HCl	无

（2）城市环境空气监测。许多国家的环境空气监测以城市为主体，我国环保系统已经有 1800 多个市、县级监测站开展城市环境空气质量的监测工作。空气污染指数（API）是间接表示空气污染程度的一种方法，其特点是综合、简便、直观，适用于描述城市短时间内空气质量状况及污染程度，因此在国内外

大气环境质量综合评价中被普遍采用。大气环境质量标准是制定 API 的出发点，根据《环境空气质量指数（AQI）技术规定（试行）（HJ 633—2012）》，空气质量可以分为五个等级：即一级、二级、三级、四级、五级，分别执行各自的浓度限值。

其中：

一级：空气污染指数≤50 优级；

二级：空气污染指数≤100 良好；

三级：空气污染指数≤200 轻度污染；

四级：空气污染指数≤300 中度污染；

五级：空气污染指数＞300 重度污染。

我国空气质量日报 API 分级浓度限值如表 4 - 8 所示。

（3）空气质量分指数计算方法。污染物项目 P 的空气质量分指数计算如下：

$$IAQI_p = \frac{IAQI_{Hi} - IAQI_{Lo}}{BP_{Hi} - BP_{Lo}}(C_P - BP_{Lo}) + IAQI_{Lo}$$

式中，$IAQI_p$ 为污染物项目 P 的空气质量分指数；C_p 为污染物项目 P 的质量浓度值；BP_{Hi} 为表 4 - 8 中与 C_p 相近的污染物浓度限值的高位值；BP_{Lo} 为表 4 - 8 中与 C_p 相近的污染物浓度限值的低位值；$IAQI_{Hi}$ 为表 4 - 8 中与 BP_{Hi} 对应的空气质量分指数；$IAQI_{Lo}$ 为表 4 - 8 中与 BP_{Lo} 对应的空气质量分指数。

除上表中所列出的大气污染的主要影响指标外，我们还需要考察三类目前主要影响城市环境的空气环境污染，噪声污染、温室效应以及雾霾天气引致的污染。

（六）环境噪声污染统计

1. 环境噪声的定义与影响。环境噪声（通常指背景噪声、交通噪声、工业噪声、建筑施工噪声等）是指在环境中非意图性产生的声音。噪声的强度、频率、持续时间、时段等都可能影响人类的身体健康、心理状态以及工作效率。

表 4-8　空气质量日报 API 分级浓度限值

空气质量分指数 (IAPI)	污染物项目浓度限值									
污染指数	二氧化硫 (SO₂) 24 小时平均/(μg/m³)*	二氧化硫 (SO₂) 1 小时平均/(μg/m³)*	二氧化氮 (NO₂) 24 小时平均/(μg/m³)	二氧化氮 (NO₂) 1 小时平均/(μg/m³)*	颗粒物 (粒径≤10μm) 24 小时平均/(μg/m³)	一氧化碳 (CO) 24 小时平均/(mg/m³)	一氧化碳 (CO) 1 小时平均/(mg/m³)*	臭氧 (O₃) 1 小时平均/(μg/m³)	臭氧 (O₃) 8 小时滑动平均/(μg/m³)	颗粒物 (粒径≤2.5μm) 24 小时平均/(μg/m³)
0	0	0	0	0	0	0	0	0	0	0
50	50	150	40	100	50	2	5	160	100	35
100	150	500	80	200	150	4	10	200	160	75
150	475	650	180	700	250	14	35	300	215	115
200	800	800	280	1200	350	24	60	400	265	150
300	1600	**	565	2340	420	36	90	800	800	250
400	2100	**	750	3090	500	48	120	1000	***	350
500	2620	**	940	9840	600	60	150	1200	***	500

注：* 二氧化硫（SO₂）、二氧化氮（NO₂）和一氧化碳（CO）的 1 小时平均浓度限值仅用于实时报，在日报中需使用相应污染物的 24 小时平均浓度限值。** 二氧化硫（SO₂）1 小时平均浓度值高于 800μg/m³ 的，不再进行其空气质量分指数计算，二氧化硫（SO₂）空气质量分指数按 24 小时平均浓度计算，臭氧（O₃）空气质量分指数按 1 小时平均浓度计算的分指数报告。*** 臭氧（O₃）8 小时平均浓度值高于 800μg/m³ 的，不再进行其空气质量分指数计算，臭氧（O₃）8 小时平均浓度计算的分指数报告。

健康影响。长期暴露于高噪声环境中可能导致听力损伤、心血管疾病、睡眠障碍、焦虑和压力等问题。生态影响：噪声对动植物的生长、繁殖及行为也有影响，特别是对鸟类和哺乳动物等敏感物种。

国家《环境噪声污染防治法》中，把超过国家规定的环境噪声排放标准，并干扰他人正常生活、工作和学习的现象，称为环境噪声污染。环境噪声引起人们烦恼的是对交谈、思考、睡眠和休息的干扰。

中国环境噪声标准中的特殊住宅区，指特别需要安静的住宅区，如休养区、高级宾馆区等；居民、文教区指纯居民区和文教、机关区域；一类混合区指一般商业和居民的混合区；二类混合区指工业、商业、少量交通和居民的混合区；商业中心区指商业集中的繁华区域；工业集中区指当地政府指定的工业区域；交通干线两侧指车流量每小时100辆以上的道路两侧。

国家《城市区域噪声标准》中，明确规定城市五类区域的环境噪声最高限值（见表4-9）。

表4-9　　　　　　　　　　　　　　城市区域噪声标准

类别	昼间	夜间	适用范围
0 类	50	40	疗养区、高级别墅区、高级宾馆区等特别需要安静的区域
1 类	55	45	以居住、文教机关为主的区域
2 类	60	50	居住、商业、工业混杂区
3 类	65	55	工业区
4 类	70	55	城市道路交通干线道路两侧和穿越城区的内河航道两侧

2. 环境噪声的统计方法。环境噪声统计方法通常包括现场噪声监测、数据分析和报告等步骤。

（1）现场噪声监测。噪声监测仪器通过将噪声传感器安装在不同地点，实时记录噪声水平。这些数据通常包括瞬时声级、持续时间、频率谱等信息。

（2）数据处理。将采集到的噪声数据通过统计分析软件处理，得到以下内容：各种噪声级别的统计数据（如最大声级、等效声级、峰值等）。噪声污染的时段分布（如日间与夜间）。不同地点或区域的噪声差异。

通过对不同频段的噪声分析，可以识别噪声的来源，了解交通噪声、工业噪声和其他噪声源的贡献。

3. 环境噪声的统计指标。环境噪声的统计通常采用以下几个关键指标来衡量噪声污染的强度和影响：

（1）声压级。声压级是衡量声音强度的基本指标，单位为分贝（dB）。它是通过测量声音波动的声压来表示的，声压级和声压的对数成正比。

$$L_p = 20 \times \log_{10}\left(\frac{p}{p_0}\right)$$

式中，L_p 为声压级（单位：dB）；p 为测量点的声压（单位：Pa）；p_0 为参考声压（通常为 20×10^{-6} Pa）。

（2）等效连续声级。等效连续声级是描述在一定时间内噪声暴露的综合指标，表示为在同一时间内，所有噪声的能量平均值。如果一个地区的噪声水平是波动的，L_{eq} 计算的是一个等效的连续声压级，使得它对人耳的影响与实际波动的噪声相同。计算公式如下：

$$L_{eq} = 10 \times \log_{10}\left(\frac{1}{T}\int_0^T p^2(t)\,dt\right)$$

式中，L_{eq} 为等效连续声级；T 为噪声测量的时间周期（单位：秒或小时）；$p(t)$ 为在时刻 t 的声压。

（3）最大声级。最大声级是噪声发生期间瞬时声压的最大值，通常用于测量突发性噪声事件（如爆炸声、交通事故声等）。计算公式如下：

$$L_{peak} = 20 \times \log_{10}\left(\frac{p_{max}}{p_0}\right)$$

式中，L_{peak} 为最大声级；p_{max} 为噪声信号的最大声压（单位：Pa）；p_0 为参考声压（通常为 20×10^{-6} Pa）。

（4）昼夜等效声级。昼夜等效声级是一天 24 小时内的噪声总能量的加权平均，其中夜间（通常是晚上 10 点 ~ 早上 7 点）会给予更高的权重，以反映夜间噪声对人类健康的影响。计算公式如下：

$$L_{dn} = L_{eq,day} + 10 \times \log_{10}\left(1 + \frac{S_n}{S_d}\right)$$

式中，L_{dn}为昼夜等效声级；$L_{eq,day}$为白天的等效连续声级（白天为07：00~22：00）；S_n为夜间噪声的声能量总和（夜间为22：00~07：00）；S_d为白天噪声的声能量总和。

（5）昼夜加权等效声级。昼夜加权等效声级（L_{den}）是基于昼夜声级的进一步加权，夜间噪声的权重系数更高，考虑夜间噪声对人类健康的影响。

（七）碳排放统计

碳排放指的是通过燃烧化石燃料、工业生产、交通运输等人类活动释放到大气中的二氧化碳（CO_2）。二氧化碳是一种温室气体，能够在大气中积累并吸收热量，导致地球温度上升，因此，碳排放是全球变暖和气候变化的主要原因之一。

对碳排放进行统计具有如下意义：

1. 应对气候变化：碳排放是全球变暖的主要推动力，减少碳排放是全球应对气候变化的核心措施。通过统计和监测碳排放量，国家和地区可以制定减少排放的政策和目标，如《巴黎气候协议》所倡导的全球温控目标。

2. 制定政策和法规：政府需要准确的数据来设定碳减排目标、排放配额、征税等政策工具，以引导企业和社会各界减少排放。

3. 推动绿色转型：通过统计碳排放，企业可以评估自己的环境影响，识别改进空间，并采取技术创新和绿色投资来降低排放。

4. 提高透明度和公众意识：统计碳排放有助于提高企业和个人的环保意识，让社会更关注自身活动对气候变化的影响。

5. 促进国际合作：碳排放统计是国际气候合作的重要基础。通过共享排放数据，世界各国能够共同评估气候变化的进展，并确保各国履行减排承诺。

简言之，碳排放统计是应对气候变化、推动全球绿色经济转型和达成国际减排目标的重要手段。

1. 碳排放统计。碳排放统计是指对某一地区、行业、企业，甚至个人在一定时间内所产生的二氧化碳（CO_2）排放量进行量化、记录和分析的过程。其目的是了解排放源、排放量及其变化趋势，以便采取有效措施减少碳排放，促进可持续发展，尤其是在应对气候变化方面发挥作用。

首先，碳排放统计的关键内容包括：

（1）排放量的测算：通过不同的方法（如直接监测、排放因子法、能源消耗法等）计算出 CO_2 的排放量。这个排放量通常是基于能源消耗（如煤、石油、天然气等）、工业生产、交通运输等活动的计算结果。

（2）排放源分类：碳排放来源可以按不同领域进行分类，常见的分类包括：

能源生产和消费：包括发电、供热、燃料消费等。

工业排放：如水泥、钢铁、化工等行业的生产过程中的碳排放。

交通运输：包括道路运输、航空、航运等交通工具的排放。

农业排放：如农业机械、牲畜养殖等产生的温室气体。

建筑和居住：建筑物的能源消耗及供暖制冷等过程中的排放。

（3）时间周期：碳排放统计通常是基于年、季度或月度等时间周期来进行的。长期的数据统计有助于跟踪减排进展和评估政策效果。

（4）排放因子和计算模型：为了进行统计，通常会使用排放因子（即单位能耗或单位活动所排放的二氧化碳量）和计算模型来推算碳排放。例如，煤燃烧产生的二氧化碳量可以通过已知的排放因子进行计算。

（5）核算标准和报告：碳排放统计需要遵循一定的核算标准和规范。国际上常用的标准如《温室气体核算与报告标准》（ISO 14064），以及《温室气体盘查和报告协议》（GHG Protocol）等。

其次，碳排放统计的方法：

（1）直接监测：使用仪器设备直接监测气体排放量，适用于某些特定的排放源，如大型工业设施或电厂。

（2）计算模型：通过已知的排放因子和能源消耗数据，推算出碳排放量。例如，煤、天然气、石油等的燃烧所排放的二氧化碳量可根据标准排放因子进行计算。

（3）生命周期分析：对某一产品、服务或活动从原材料提取到生产、使用直至废弃处理的整个生命周期进行分析，统计该产品或活动的总碳排放。

总之，碳排放统计是了解温室气体排放现状、评估减排成效、制定气候政策和推动全球应对气候变化战略的基础性工作。

2. 碳排放统计指标。

（1）二氧化碳排放量。二氧化碳排放量是指某个活动、行业或地区在一定时间内（通常为一年）排放的二氧化碳总量。计算公式如下：

$$E_{CO_2} = \sum (F_i \times A_i)$$

式中，E_{CO_2} 为二氧化碳排放量（单位：吨 CO_2）；F_i 排放因子（单位：吨 CO_2/单位能源；A_i 为能源消耗量（单位：如千瓦时电、吨煤等）。

（2）碳强度。碳强度是指单位经济活动或产出所产生的碳排放量，反映碳效率。计算公式如下：

$$CI_{GDP} = \frac{E_{CO_2}}{GDP}$$

式中，CI_{GDP} 为每单位 GDP 碳强度（单位：吨 CO_2/单位 GDP）；E_{CO_2} 为二氧化碳排放量（单位：吨 CO_2）；GDP 为国内生产总值（单位：如万元或百万美元）。

每单位能源消耗碳强度：

$$CI_{energy} = \frac{E_{CO_2}}{E_{total}}$$

式中，CI_{energy} 为每单位能源消耗碳强度（单位：吨 CO_2/单位能源）；E_{CO_2} 为二氧化碳排放量（单位：吨 CO_2）；E_{total} 为总能源消耗量（单位：吨煤等）。

（3）碳排放量增速。碳排放量增速是指碳排放量的年增长率。计算公式如下：

$$G_{CO_2} = \frac{E_{CO_2,current} - E_{CO_2,previous}}{E_{CO_2,previous}} \times 100\%$$

式中，G_{CO_2} 为碳排放量增速（单位:%）；$E_{CO_2,current}$ 为当前年度的碳排放量（单位：吨 CO_2）；$E_{CO_2,previous}$ 为上一年度的碳排放量（单位：吨 CO_2）。

（4）碳足迹。碳足迹是指某一活动、产品、服务或个人在生命周期内的温室气体排放总量。计算公式如下：

$$CF = \sum (GHG_i \times GWP_i)$$

式中，CF 为碳足迹（单位：吨 CO_2）；GHG_i 为每种温室气体排放量（单位：吨）；GWP_i 为每种温室气体的全球变暖潜力。

（5）碳中和。碳中和是指通过减少排放和增加碳汇等方式，实现净碳排放量为零。计算公式如下：

$$E_{net} = E_{CO_2} - E_{offsets}$$

式中，E_{net} 为净排放量（单位：吨 CO_2）；E_{CO_2} 为总排放量（单位：吨 CO_2）；$E_{offsets}$ 为通过碳捕捉或碳汇等措施减少的排放量（单位：吨 CO_2）。

实现碳中和的条件是：

$$E_{net} = 0$$

（6）碳排放配额。碳排放配额是指特定国家或企业在某一时期内的最大允许排放量。计算公式：碳配额的计算基于各国或各行业的排放目标和分配原则，通常由政府或国际组织依据排放历史、经济发展等因素进行分配。具体公式会有所不同，简单表示：

$$Q_{emissions} = 配额量 = 总排放目标 \times 分配系数$$

式中，$Q_{emissions}$ 为排放配额量（单位：吨 CO_2）；总排放目标为特定国家或区域的排放限额；分配系数为按照历史排放、人口、经济等因素分配的比例系数。

（7）碳排放的减排潜力。碳排放的减排潜力是指通过技术、政策或行为措施可能实现的最大碳排放减少量。计算公式如下：

$$R_{potential} = E_{CO_2,current} - E_{CO_2,reduced}$$

式中，$R_{potential}$ 为减排潜力（单位：吨 CO_2）；$E_{CO_2,current}$ 为当前的碳排放量（单位：吨 CO_2）；$E_{CO_2,reduced}$ 为采取减排措施后的碳排放量（单位：吨 CO_2）。

（8）碳排放强度的变化。碳排放强度的变化是指单位产出、能源或 GDP 的碳排放强度的变化率。计算公式如下：

$$\Delta CI_{CO_2} = \frac{CI_{CO_2,current} - CI_{CO_2,previous}}{CI_{CO_2,previous}} \times 100\%$$

式中，ΔCI_{CO_2} 为碳排放强度变化率（单位：%）；$CI_{CO_2,current}$ 为当前的碳排放强度

（单位：吨 CO_2/单位产出）；$CI_{CO_2,previous}$ 为上一周期的碳排放强度（单位：吨 CO_2/单位产出）。

四、极端气候统计指标

（一）极端气候统计

1. 极端气温统计。极端气温指标用于衡量极端温度事件（如热浪和寒潮）的频率、强度和持续时间。这些指标帮助科学家和决策者评估和应对极端气温事件对人类健康、农业、经济和生态系统的影响。以下是一些常见的极端气温指标及其数学公式。

（1）极端高温天数。极端高温天数衡量一年中日最高温度超过某个阈值的天数。例如，超过 35℃ 的天数通常被视为极端高温天数。计算公式如下：

$$HD = \sum_{i=1}^{n} I(T_{max,i} > T_{threshold})$$

式中，HD 为极端高温天数；$T_{max,i}$ 为第 i 天的最高温度；$T_{threshold}$ 为高温阈值，通常为 35℃；$I(\cdot)$ 为指示函数，如果括号中的条件成立，则等于 1，否则等于 0。

（2）极端低温天数。极端低温天数衡量一年中日最低温度低于某个阈值的天数。例如，低于 0℃ 的天数可以被视为极端低温天数。计算公式如下：

$$CD = \sum_{i=1}^{n} I(T_{min,i} < T_{threshold})$$

式中，CD 为极端低温天数；$T_{min,i}$ 为第 i 天的最低温度；$T_{threshold}$ 为低温阈值，例如 0℃；$I(\cdot)$ 为指示函数，用于判断当天是否满足极端低温条件。

（3）热浪持续时间指数。热浪持续时间指数衡量热浪事件的持续时间，即连续天数的最高温度超过一定阈值，计算公式如下：

$$HWDI = max(L_j)$$

式中，$HWDI$ 为热浪持续时间指数；L_j 为满足热浪条件（例如连续天数温度超过某一阈值）的每段时间的长度（天数）；$max(L_j)$ 为取出最长的连续热浪天数。

（4）年极端最高温度。年极端最高温度衡量一年中所有天中的最高温度。计算公式如下：

$$T_{max,annual} = max(T_{max,1}, T_{max,2}, \cdots, T_{max,n})$$

式中，$T_{max,annual}$ 为年极端最高温度；$T_{max,i}$ 为第 i 天的最高温度；n 为一年中的天数，通常为 365 或 366。

（5）年极端最低温度。年极端最低温度衡量一年中所有天中的最低温度。计算公式如下：

$$T_{min,annual} = min(T_{min,1}, T_{min,2}, \cdots, T_{min,n})$$

式中，$T_{min,annual}$ 为年极端最低温度；$T_{min,i}$ 为第 i 天的最低温度；n 为一年中的天数。

（6）极端高温频率。极端高温频率衡量一年中高于90百分位数的温度天数比例。计算公式如下：

$$F_{extreme\,high} = \frac{1}{n} \sum_{i=1}^{n} I(T_{max,i} > T_{90\%})$$

式中，$F_{extreme\,high}$ 为极端高温频率，表示一年中出现极端高温天数的比例；$T_{90\%}$ 为根据历史数据计算的第90百分位数温度；$I(\cdot)$ 为指示函数，用于判断当天是否满足极端高温条件。

（7）极端低温频率。极端低温频率衡量一年中低于10百分位数的温度天数比例。计算公式如下：

$$F_{extreme\,low} = \frac{1}{n} \sum_{i=1}^{n} I(T_{min,i} < T_{10\%})$$

式中，$F_{extreme\,low}$ 为极端低温频率，为一年中出现极端低温天数的比例；$T_{10\%}$ 为根据历史数据计算的第10百分位数温度。

（8）温度波动指数。温度波动指数代表一年中温度波动的程度，通常使用年平均温度的标准差。计算公式如下：

$$TVI = \sqrt{\frac{1}{n} \sum_{i=1}^{n} (T_i - T_{avg})^2}$$

式中，TVI 为温度波动指数，表示一年中气温的变异程度；T_i 为第 i 天的平均温度；T_{avg} 为年平均温度。

（9）热夜天数。热夜天数衡量最低温度超过某一阈值的天数（如 20℃），通常用于评估夜间的极端温暖情况。计算公式如下：

$$TN = \sum_{i=1}^{n} I(T_{min,i} > T_{threshold})$$

式中，TN 为热夜天数；$T_{min,i}$ 为第 i 天的最低温度；$T_{threshold}$ 为用于定义热夜的温度阈值，通常为 20℃。

（10）寒夜天数。寒夜天数衡量最低温度低于 0℃ 的天数，通常用于评估寒冷天气的频率。计算公式如下：

$$FD = \sum_{i=1}^{n} I(T_{min,i} < 0)$$

式中，FD 为寒夜天数；$T_{min,i}$ 为第 i 天的最低温度。

2. 干旱风险指数统计。干旱风险指数是综合气象、环境、社会经济等多维度指标，量化某一区域因干旱导致损失的潜在概率和严重程度的综合指标。在此，主要使用标准化降水指数进行计算：

$$D_{risk} = \frac{P_{actual}}{P_{avg}} \times 100\%$$

式中，D_{risk} 为干旱风险指数，通常用百分比表示；P_{actual} 为当前年或季节的实际降水量（毫米）；P_{avg} 为历史平均降水量（毫米），通常是过去 30 年的平均值。当 $D_{risk} < 75\%$ 时，可以认为该区域面临干旱风险较高。

3. 热浪对健康影响的统计。热浪是指持续多日的高温天气（通常超过当地历史平均温度5℃以上），可能引发中暑、心血管疾病等健康问题，甚至导致死亡。计算公式如下：

$$D_{hw} = \beta \times (T_{hw} - T_{threshold}) \times P_{vulnerable}$$

式中，D_{hw} 为热浪导致的死亡人数；T_{hw} 为热浪期间的平均温度（℃）；$T_{threshold}$ 为死亡率显著增加的温度阈值（℃）；$P_{vulnerable}$ 为脆弱人群数量（通常为老年人或患有慢性疾病的人群）；β 为死亡率系数，用于表示热浪温度对脆弱群体的致死影响强度。这个公式用于估计热浪对公共健康的影响，特别是对脆弱群体的影响。

4. 洪水风险统计。洪水风险是指某一区域因洪水事件导致人员伤亡、财产损失和生态环境破坏的潜在可能性。其核心目标是量化洪水灾害的严重程度，为防灾减灾、土地利用规划和水资源管理提供科学依据。计算公式如下：

$$R_{flood} = F_{flood} \times A_{exposed} \times V_{flood}$$

式中，R_{flood} 为洪水风险，通常以经济损失或暴露人口表示；F_{flood} 为洪水发生的频率（每年/次）；$A_{exposed}$ 为暴露于洪水影响的区域面积（平方公里）；V_{flood} 为该区域的脆弱性系数，用于表示区域受洪水影响的严重程度。

5. 气候脆弱性指数。气候脆弱性指数是衡量某一地区或系统因气候变化而遭受不利影响的潜在可能性的综合指标。其核心目标是识别脆弱区域和群体，为制定适应政策和资源分配提供科学依据。计算公式如下：

$$CVI = P_{poverty} \times W_{poverty} + H_{health} \times W_{health} + E_{exposure} \times W_{exposure}$$

式中，CVI 为气候脆弱性指数；$P_{poverty}$ 为贫困率（%）；H_{health} 为人群的健康状态，通常用公共健康指标（如慢性病患病率）表示；$E_{exposure}$ 为受极端天气影响的人口比例（%）；$W_{poverty}$，W_{health}，$W_{exposure}$：权重系数，用于表示每个因素对整体脆弱性的贡献程度（权重总和为1）。

（二）经济损失统计

1. 农业产量变化影响公式。农业产量变化用于估算气候变化对农业产量的影响：

$$Y_{change} = \gamma \times (T_{avg} - T_{opt}) + \delta \times (P_{actual} - P_{opt})$$

式中，Y_{change} 为作物产量的变化（吨/公顷）；T_{avg} 为当前年或季节的年平均温度（℃）；T_{opt} 为作物生长的最适温度（℃）；P_{actual} 为当前年或季节的降水量（毫米）；P_{opt} 为作物生长的最适降水量（毫米）；γ 为温度对产量的影响系数；δ 为降水对产量的影响系数。这个公式用于量化温度和降水变化对作物产量的正负影响。

2. 经济损失评估公式。经济损失评估计算由极端天气事件引起的经济损失：

$$L_{economic} = (N_{storm} \times D_{storm}) + (N_{flood} \times D_{flood})$$

式中，$L_{economic}$ 为因气候相关事件导致的经济损失（亿元）；N_{storm} 为极端天气事件（如台风或飓风）的发生次数；D_{storm} 为每次极端天气事件的平均经济损失（亿元）；N_{flood} 为洪水事件的发生次数；D_{flood} 为每次洪水事件的平均经济损失（亿元）。这个公式可用于评估由极端天气引起的直接经济损失，根据事件频率和每次事件的平均损失来计算。

第三节　环境指标统计应用

环境统计指标的应用范围广泛，包括环境评价、环境保护成效的评价以及环境经济效益的评价。本节将介绍如何利用这些统计指标对环境状况进行科学的评价，评估各类环保措施的成效，并进一步评估环境保护的经济效益。这些应用对于环境治理的效果评估、政策优化以及公众环保意识的提升具有重要的现实意义。

一、环境评价

在环境规划中，环境评价的主要内容包括自然环境评价、社会经济评价以及环境质量评价、污染源评价等四个方面。评价是对被评价对象定量或定性的描述，一般以定量描述为主。

（一）资源环境评价

自然资源与自然环境是一个事物的两个侧面，两者之间并不存在截然区分的界限。自然资源与自然环境可以相互转化，都具有双重性。自然资源和自然环境之间存在的连带性和孪生性，是引发资源与环境、资源环境与经济—社会发展之间错综复杂连锁反应的决定性因素，人类开发活动恰当与否，则是决定这些错综复杂连锁反应的主导力量。

有学者根据资源环境与经济增长可持续发展的本质要求，即实现资源环境供给与经济增长需求的长期均衡，从资源禀赋、环境容量、资源需求和环境压力四个维度构建资源环境评价指标体系。其中，资源禀赋和环境容量维度体现了资源环境供给情况，资源需求和环境压力维度体现了经济增长需求情况。具体情况如表4-10所示。

表4-10　　　　　　　　　资源环境评价指标体系

一级指标	二级指标	三级指标	单位
资源环境	资源禀赋	陆地面积	千平方公里
		人均可耕地面积	平方米
		人均水资源量	立方米
		能源总产量	百万吨油当量
	环境容量	总承载力	公顷
		废水处理量	%
		水资源获取	—
		自然资源重新配置	—
资源环境	资源需求	人口	百万
		能源最终消费总量	百万吨油当量
		能源强度	千焦耳
		水消费强度	立方米
	环境压力	每百万美元GDP二氧化碳排放量	吨
		可再生和浪费的资源占总资源需求比重	%
		污染问题与基础设施	
		生态印记	

资源禀赋维度是从一国或一地区的资源环境所有量进行的考察，是进行工业生产、促进经济发展的物质基础，丰富充足的资源禀赋能够有效降低生产成

本，极大促进经济增长。结合 IMD《2014 年世界竞争力年鉴》数据，选择陆地面积、人均可耕地面积、人均水资源量和能源总产量四项指标来反映资源禀赋维度情况。

环境容量维度是某一空间范围能对人类社会生产生活影响的最大容纳程度，超过这一程度后该空间的生态环境就会遭到破坏，从而反过来影响人类的生产生活，阻碍经济发展。在此，选择总承载力（人均生物生产所能承载的面积）、废水处理率、水资源获取和自然资源重新配置四项指标来反映环境容量维度情况。

资源需求维度是社会经济发展对资源环境的物质要求，能够匹配现有的生产技术工艺来实现经济发展目标，从而服务全社会成员。选择人口、能源最终消费总量、能源消费强度（单位美元 GDP 消费的能源数量）和水消耗强度（每一千美元 GDP 的耗水量）四项指标来反映资源需求维度情况。

环境压力维度是指人类经济社会发展给资源环境带来的影响程度，环境压力越大，表示对资源环境的破坏越严重。选择百万美元 GDP 二氧化碳排放量、可再生和浪费掉的资源占总资源需求比重、污染问题与基础设施和生态印记（人均生物生存面积）四项指标来反映环境压力维度情况。

（二）社会经济评价

评价社会经济活动与环境规划有密切的关系，其中，影响最大的是人口、经济活动和城市基础设施三大方面。人口增长和分布决定了资源消耗和污染排放的规模；经济活动模式影响了污染物排放量和资源利用效率；而城市基础设施的规划与建设则直接决定了环境承载力。为了量化环境管理的经济效益，学者提出了环境效益指标，如万元投资污染物处理量和综合利用效益率。这些指标通过衡量单位投资的污染治理效果和"三废"综合利用收益，为环境规划提供了可操作的经济评估工具。

此外，经济论评价法进一步将环境质量视为生产要素，通过费用与收益的比较，量化环境质量变化的经济价值。例如，空气质量改善不仅可以减少医疗支出（经济效益），还能提高居民幸福感和旅游收入（社会效益）。在实际应用中，还需综合考虑健康影响、生态服务价值和文化价值等社会因素，以确保环境规划的全面性和可持续性。

人类活动引发的环境质量退化，不仅直接威胁生态系统及受体（包括公众健康、生物多样性、人工设施等），还将通过环境治理成本转嫁、生产力损失等途径产生显著的社会经济外部性。如果把环境质量看作一个生产要素，是可以观察和测量的。生产率的变化如果能够用市场价格来表示，那么环境质量变化的效益或损失就可以度量。在度量的过程中，除了考虑经济因素外，一些社会因素也是经济论评价中必须考虑的，具体如 4 - 11 所示。

表 4 - 11 社会经济评价体系

项目	内容
人口评价	(1) 人口（人口总数、密度、组成、结构以及分布等情况）；(2) 人体健康情况（出生率、死亡率、医疗保健设施、人体健康的背景值等）；(3) 文化教育（当地的传统文化、历史遗产、文化水平及入学率、教学水平等）
经济活动评价	产业结构、国民生产总值和收入与分配（总收入水平、人均收入水平以及分配的合理性、平均程度等）、产品综合能耗、能源利用率，万元 GDP 污染损失、耗水量、综合能耗、排污量
城市基础设施评价	住房、道路、给水设施和供水管网、排水管网和污水处理设施、能源结构、供热方式、绿地及分布、电话普及率等和社会保险和福利事业

（三）环境质量评价

环境质量评价是环境规划与管理的一项基础工作，其目的是正确认识规划区的环境质量现状、环境质量的地区差异和环境质量的变化趋势。环境质量评价突出超标问题，以明确环境污染的时空界域为主要环节，指出主要环境问题的原因和潜在的环境隐患及区域环境质量评价。这里主要介绍指标评价法。

首先介绍首要污染物的选取，表达公式如下：

$$API = Max\{IAQI_1, IAQI_2, \cdots IAQI_n\}$$

式中，$IAQI$ 为空气质量分指数；n 为污染项目数。其中，$AQI > 50$ 时，$IAQI$ 最大的污染物为首要污染物；若 $IAQI$ 最大的污染物超过两项时，并列为首要污染物。$AQI > 100$ 的污染物为超标污染物。

其次介绍污染物的环境质量指数。某污染物在环境中监测值和标准值的比值，称为该污染物的环境质量指数，表示该污染物的超过环境质量标准的倍数，其计算公式是：

$$P_i = \frac{C_i}{C_{is}}$$

式中，P_i 为 i 污染物的环境质量指数；C_i 为 i 污染物的检测值；C_{is} 为 i 污染物的环境质量标准值。

再次，介绍环境质量监控指标。环境质量监控指标，是要求企业按照国家规定的标准控制环境质量。如果超过了国家规定的标准，则要在经济上给企业以惩罚。环境质量监控指标主要用污染物排放合格率来表示，计算公式是：

$$污染物排放合格率 = \frac{达标污染因子项目数}{污染因子项目数} \times 100\%$$

对环境质量评价的指数体系如表 4 – 12 所示。

表 4 – 12　　　　　　　　　　　环境质量评价指标体系

综合指标	指标	计算公式	说明
环境空气质量评价	城市地区环境空气质量优良率	$R_g = \dfrac{IAQI}{D_y}$	R_g 为城市地区环境空气质量优良率； $IAQI$ 为空气污染指数 <100 的日数； D_y 为全年日数
	污染指数法	$P_i = \dfrac{C_i}{C_{is}}$	P_i 为 i 污染物的环境质量指数； C_i 为 i 污染物的检测值； C_{is} 为 i 污染物的环境质量标准值
	酸雨频率	$S = \dfrac{a}{b} \times 100\%$	a 为统计周期内酸雨发生次数； b 为降水发生次数
	可吸入颗粒物浓度（二氧化硫、二氧化氮浓度）平均值	$\overline{C_i} = \dfrac{1}{m} \sum\limits_{j=1}^{m} \overline{C_j}$	可吸入颗粒物浓度平均值是指城市建成区环境空气中测得的单位体积中可吸入颗粒物含量（二氧化硫、二氧化氮浓度），按一年的日平均年浓度的算术平均值计算； $\overline{C_i}$ 为多个测点监测数据的年平均值，单位：mg/m³； $\overline{C_j}$ 为第 j 个测点监测数据的年平均值，单位：mg/m³； m 为监测点数目

综合指标	指标	计算公式	说明
水质环境质量评价	水质系数（P）	$P = \sum\limits_{i=1}^{n} \dfrac{C_i}{C_{oi}}$	C_i 为污染物 i 的实测浓度；C_{oi} 为污染物 i 的地面水最高容许浓度标准。按照 P 值，可将地面水划分为七级。$P<0.2$，清洁；P 在 $0.2 \sim 0.5$，微污染；$0.5 \sim 1.0$，轻污染；$1.0 \sim 1.5$，中度污染；$5.0 \sim 10.0$，重污染；$10.0 \sim 100$，严重污染，$P>100$，极严重污染
	水质污染综合指数（K）	$K = \sum\limits_{i=1}^{n} C_k \times \dfrac{C_i}{C_{oi}}$	C_k 为地面水中各种污染物的统一最高容许浓度标准，可视各地区的环境特点而定，有学者建议 0.1 较合适。根据 K 值，将地面水分为三级。$K \leqslant 0.1$，未受污染；$0.1 < K \leqslant 0.2$，轻度污染；$K>0.2$，可认为是严重污染
	污染指数	污染指数 = 氨氮实测值/（溶解氧饱和百分率 + 0.4)	上海市自来水公司根据长期内测积累实践经验，结合氨氮和溶解氧饱和百分率之间的关系提出，0.4 是一个经验系数
	水质达标率	$R = \dfrac{TR}{TW} \times 100\%$	R 为集中式饮用水水源地水质达标率；TR 为各饮用水水源地取水水质达标量之和，单位：万吨；TW 为各饮用水水源地取水量之和，单位：万吨
噪声环境质量评价	区域环境噪声平均值	$\overline{L}_A eq = \dfrac{\sum\limits_{i=1}^{n} L_A eqi}{n}$	$\overline{L}_A eq$ 为区域环境噪声平均值，单位：dB（A）；$L_A eqi$ 为第 i 网格检测点测得的等效声级，单位：dB（A）
	昼间平均声级	$L_d = \dfrac{1}{n} \sum\limits_{i=1}^{n} L_{di}$	n 为 16，从 7：00 ~ 22：00；L_{di} 为昼间是 16 个小时中第 i 个小时的等效声级
	夜间平均声级	$L_d = \dfrac{1}{n} \sum\limits_{i=1}^{n} L_{di}$	n 为 8，从 23：00 ~ 6：00；L_{di} 为夜间是 8 个小时中第 i 个小时的等效声级
	各路段平均声级	$\overline{L}_{rq} = \sum\limits_{i=1}^{n} L_{rqi}/L$	$\overline{L}_{rq}$ 为某路段平均噪声，dB（A）；L_{rqi} 为测量路段总长度，m；L 为某路段长度，m；n 为测量路段总个数

续表

综合指标	指标	计算公式	说明
噪声环境质量评价	指标法	$P_i = \dfrac{L_{eq}}{L_b}$	综合评价城市环境噪声时，可预先确定等效连续 A 声级的一个基准值，将通过测量得到的平均等效 A 声级 L_{eq} 除以基准值 L_b，即可求得评价声环境质量的污染分指数
	环境噪声达标区覆盖率	环境噪声达标区覆盖率＝环境噪声达标区面积/建成区总面积	环境噪声达标区指建成区总面积环境噪声达到环境功能区的要求，即符合城市区域环境噪声标准
土壤环境质量评价	污染比标法	投入污染超标倍数＝（某污染物实测浓度值－某污染物质量标准）/某污染物质量标准	—
	污染指数法	$P_i = \dfrac{C_i}{S_i}$	P_i 为土壤中污染物 i 的污染指数；C_i 为土壤中污染物 i 的实测浓度值；S_i 为土壤中污染物 i 的质量标准
	土壤综合指数	$P = \sum\limits_{i=1}^{n} P_i$	P_i 为土壤中污染物 i 的污染指数；P 是土壤中各污染物的污染指数的叠加；
		$P = \sum\limits_{i=1}^{n} W_i P_i$	以土壤中各污染物指数和权重计算土壤综合指数，全面反映土壤中污染物不同作用

（四）污染源评价

污染物排放指标体系包括污染物排放统计指标以及排放管理指标，统计的对象主要是规模以上污染源。污染源的统计规模应当全国一致。污染源的规模是指污染物的排放量规模，对于排放量较小，但是处理前的污染物产生量大于某一规模时，应将该污染源作为风险管理污染源。环境污染治理指标是反映企业环境污染治理状况的指标。它包括污染物治理率和污染物处理率两类指标。计算公式如下：

$$某种污染物治理率 = \frac{治理后污染物单位时间排放量}{治理前污染物单位时间排放量} \times 100\%$$

$$某种污染物处理率 = \frac{已处理某种污染物量}{某种污染物总量} \times 100\%$$

污染物排放指标体系分为三部分，即大气污染物排放指标体系、水污染物排放指标体系、固体废物排放指标体系。在确定主要污染物和污染源的评价中多选用排放量和毒性这两个指标作为评价资源污染物的指标。在多种污染物比较分析中，在数学上可以采用标准化法，将不同种类、不同量纲的一组值进行标准化，使之可以相互比较，资源方法有环境污染能力潜在指数法、排毒指数法等标污染负荷法。这里主要介绍标污染负荷法（见表4-13）。

表4-13　　　　　　　　　　　　等标污染负荷法

项目	公式	说明
某污染物的等标污染负荷（P_i）	废水中 i 污染物的等标污染负荷的计算公式： $P_i = \dfrac{C_i}{C_{oi}} \times Q \times 10^{-6}$	P_i 为 i 污染物的等标污染负荷，t/d； C_i 为 i 污染物的实测度值，mg/L； C_{oi} 为 i 污染物的允许排放浓度标准与 C_i 同单位的数值，无因次量； Q 为污废水排放量，m^3/d
	废气中 i 污染物的等标污染负荷计算公式：$P_i = \dfrac{C_i}{C_{oi}} \times q_i \times 10^{-6}$	P_i 为 i 污染物的等标污染负荷，t/d； C_i 为 i 污染物的实测度值，mg/L； C_{oi} 为 i 污染物的允许排放浓度标准与 C_i 同单位的数值，无因次量； q_i 为废气中 i 污染物的介质排放流量，m^3/d
某污染源 j 的等标污染负荷	$P = \displaystyle\sum_{i=1}^{n} P_i$	污染源 j 中各污染物 $i = 1, 2, \cdots, n$ 的等标污染负荷之和，为污染源 j 的等标污染负荷
评价区域的等标污染负荷	$P_t = \displaystyle\sum_{j=1}^{m} P_j$	按调查区域内污染源的等标污染负荷 P_t 大小排列，将累计百分比大于80%的污染源列为区域内主要污染源
评价区域内某污染物的总等标污染负荷	$P_{it} = \displaystyle\sum_{j=1}^{m} P_{ij}$	按评价区域内某污染物等标污染负荷 P_{it} 大小排序，分别计算百分比及累计百分比，将计百分比大于80%的污染物列为区域内主要污染物
污染源 j 污染负荷比（K_j）	$K_j = \dfrac{P_j}{P_t} \times 100\%$	污染物排放量排序是直接评价某种污染物的主要污染源的最简单方法。实施总量控制规划时，针对区域总量控制的主要污染物，对排放这一主要污染物的污染源进行总量排序
污染物 i 污染负荷比（K_i）	$K_i = \dfrac{P_{it}}{P_t} \times 100\%$	区域主要污染物的选择，主要是根据区域的主要环境问题，或是根据环境质量评价结果来确定；针对主要污染物排放量，首先要有污染源排放量清单，然后排序，再选出占污染物总量90%以上的污染源，进行总量控制规划

二、环境保护评价

（一）环境保护计划指标

环境保护计划指标的建立应从实际出发，因地制宜，大体上可以反映各地区的环境状况，大致可以进行各地区之间的比较。根据我国具体情况，可以采用三种不同计算的方法，设计三个不同的指标。

第一个指标：环境质量计划完成率——要与国民经济社会发展计划指标相对应，是以全面检查环境质量计划的完成程度，考核各地区环境保护计划的执行结果。

第二个指标：环境质量计划提高率——这是反映某一地区环境质量前、后期变化，提高还是恶化的综合性指标，它概括地衡量整个地区环境质量上升或下降的趋势，用一个数字来表明总的变化情况。这个指标也可叫升降率或改善率指标。

第三个指标：环境质量计划达标率——这是用环境质量标准来检查某一地区计划期环境质量状况的综合性指标，称为综合达标率指标。上述三项指标的计算方法基本相同。下面以环境质量计划提高率为例。假设 Q 为环境质量计划提高率；x 为各个环境因子计划期期望值比基期监测值的提高或恶化程度；f 为各个环境因子的权数，计算公式如下：

$$Q = \frac{\sum_{i=1}^{n} f_i x_i}{\sum_{i=1}^{n} f_i}$$

（二）环境保护设施指标

环境保护设施指标是反映环境保护设施利用效率的指标。主要有以下两种。计算公式如下：

$$环保设施利用率 = \frac{环保设施开动数}{环保总数} \times 100\%$$

$$环保设施完好率 = \frac{环保设施完好数}{环保设施总数} \times 100\%$$

（三）综合环境保护指标

参考王文哲（2011）的研究，构造综合环境保护指标体系，这种指标体系就是把很多单项指标合并在一起，并且将每个单项指标划分为目标型和约束型，最终形成一个可以综合反映环境保护状况的综合性指标（见表4-14）。

表4-14　　　　　　　　　　环境保护状况的综合性指标

一级指标	二级指标	三级指标	单位	指标性质
低碳型环境保护水平 E	经济发展指标 E_1	人均 GDP（E_{11}）	万元/人	目标型
		GDP 增速（E_{12}）	%	目标型
		固定资产投资（E_{13}）	亿元	目标型
	低碳（科技）发展指标 E_2	能源消费弹性系数（E_{21}）	%	约束型
		能源加工转换效率（E_{22}）	%	目标型
		万元 GDP 能耗（E_{23}）	吨标准煤万元	约束型
		碳排放强度（E_{24}）	吨/万元	约束型
		清洁能源比例（E_{25}）	%	目标型
		第三产业占 GDP 比重（E_{26}）	%	目标型
低碳型环境保护水平 E	社会发展指标 E_3	人口增长率（E_{31}）	%	约束型
		最终消费率（E_{32}）	%	目标型
		城市生活垃圾无害化处理率（E_{33}）	%	目标型
		人均卫生费用（E_{34}）	元	目标型
		恩格尔系数（E_{35}）	%	约束型
	环境指标 E_4	绿地覆盖率（E_{41}）	%	目标型
		工业废气排放量（E_{42}）	亿立方米	约束型
		环境污染治理投资占 GDP 比重（E_{43}）	%	目标型
	政策指标 E_5	低碳发展规划的制定（E_{51}）	有/无	目标型
		环境保护政策的制定（E_{52}）	有/无	目标型
		碳排放监测、统计、监管体系（E_{53}）	有/无	目标型
		低碳经济发展的鼓励性政策和措施（E_{54}）	有/无	目标型
		二氧化碳排放权交易的设立（E_{55}）	有/无	目标型

建立上述指标体系后，可以使用层次分析法或主成分分析法测算综合指标。

三、环境经济效益评价

（一）环境效益和费用

1. 环境效益。环境经济效益，是人们实施环境保护实践所获得的成果同为此所付出的代价的比较。环境保护的成本包括：保护社会财富的经济价值，也包括保护自然景观的美学价值、文物古迹的历史价值和生物种群的科学价值等。保护环境的代价是指活劳动和物化劳动的占用量。提高环境经济效益就是以尽可能小的劳动消耗和占用获得既定水平的环境质量。

环境经济效益依照不同的标准具有不同的分类，如表4－15所示。

表4－15　　　　　　　　　　　　环境经济效益标准分类

标准	分类	说明
保护的范围	宏观环境效益和微观环境效益	前者指一个地区、城市以至全国的环境经济效益；后者指某一个环境工程所获得的经济效益
环境保护与现实环境的相关程度	直接环境经济效益和间接环境经济效益	前者指在进行环境保护过程中直接取得的经济利益；后者指在治理环境之后，由于提高了环境资源质量，第二次、第三次或更多次获得的环境经济效益
效益发生作用时间的长短	短期经济效益和战略经济效益	—

环境经济效益和物质资料生产的经济效益本质上是相同的，都是劳动成果同劳动消耗的比较或产出和投入的比较。一般说来，环境经济效益是指某项活动所产生的经济效益和环境效益的综合。简单地说，环境经济效益≡环境效益＋经济效益。这里需要指出的是，环境效益与经济效益的计量办法不同，单位不统一，一般不能直接相加。只有通过一定的技术手段将环境效益换算成经济效益，然后才可以相加。但是环境是一个多相、多元、多介质和多层次的庞大综合体，因而，环境经济效益具有独特点。

（1）区域性。物质资料生产成果一般是指生产过程中劳动消耗取得的经济利益，而环境保护的成果除表现在本身的利益外，还表现在其他一系列生产部门和非生产部门所获得的利益上，它涉及环境保护区域内许多生产单位。其效益会在区域内的企业中表现出来，使它具有区域性。

（2）一些利益的不确定性，或称为计量的困难性。环境经济效益计量的困难性主要是由于其环境效益计量的困难性造成的。

（3）微观效益与宏观效益的不一致性。简单地说，微观与宏观的环境经济效益不一致性，就是微观效益好时，其宏观效益不一定好。例如，工业把废水直接排放到环境中去，对工厂（微观）而言，其效益是好的，但是，由于废水污染环境，其宏观效益就不好。反之，微观效益差的，其宏观效益可能是好的，如治理废水。

（4）环境经济效益的长期性（或滞后性）。这就要求我们除先期考察外，还必须进行长期的动态分析。由于许多污染物具有不可逆转地进行积累的特性，致使这些污染物对环境的危害，呈现了缓发性日益加重的趋势。仅对人体健康的影响为例，化肥、农药和一些重金属对人体的危害，除大剂量的毒素直接入口中毒外，有些物质的微量毒素，还会沿"食物链"富积，最终在人体中积累而使人生病。至于污染物中的致畸或致突变等遗传因子的危害，则要到下代人，甚至隔几代人身上，才能显现出来。因而对环境经济效益，除进行当时的和近期的考察外，还必须进行长期的动态分析。环境经济效益的近期效益与远期效益，也不完全相同。

2. 环境费用。人类的活动必然会产生某些污染物，其数量随经济活动规模和人口比例的增加而增加。也就是说，环境质量作为一种商品，其消耗是不可避免的。因此，环境费用就是为维持一定的环境质量所耗费的费用的总和，或者说为保护或改善环境质量而支付的污染防治费用和污染损害费用的总和，包括：

（1）控制污染的费用；

（2）环境污染经济损失；

（3）环境管理、科学研究、技术情报等事业费；

（4）个人或集体等防护费用（见表4-16）。

表 4－16　　　　　　　　　　　环境污染损失

主要污染损失	具体损失		计算方法	主要参数
大气污染引起的经济损失	农业损失		市场价值法	单位农作物亩产量、污染耕地面积及农产品市场价格
	畜牧业损失		市场价值法	污染面积、牲畜发病率、单位面积载畜量及病畜损失成本
	建筑材料腐蚀损失		恢复费用法	维修周期缩短年限及年维修费用
	尘埃污染损失		直接计算清扫花费的工时和消耗物品的费用	清洁工的工资标准、时间定额、消耗物品开支及清洁次数的增加量
	人体健康损失		人力资本法	劳动日的损失、发病率的增加、平均寿命、人均国民收入、医疗费用及护理费用
水污染引起的经济损失	工业损失	水资源短缺	机会成本法	水资源短缺的数量及当地水资源的影子价格
			影子工程法	新建水资源单位投资费用
		增加处理费用	恢复费用法	自来水运转费用增加及水处理设施投资
	农业损失	污灌引起耕地污染	市场价值法	每亩耕地损失的数量及农产品的市场价格
		土壤盐渍化	市场价值法	每亩耕地减产的损失或成本增加及农产品的市场价格
	渔业损失		市场价值法	污染前后水产品产量发生的变化、水产品的市场价格
	人体健康损失		人力资本法	劳动日的损失、发病率的增加、平均寿命、人均国民收入、医疗费用、护理费用
固体废弃物污染引起的经济损失	景观损失		调查评价法	对环境的支付愿望
	占用农田损失		机会成本法	固体废弃物堆放的占地量及每亩耕地的机会成本
	地下水污染损失		影子工程法	新建水资源费用
			防护费用法	为防止地下水污染建隔水层或防护墙等设施所需费用
	大气污染损失		大气污染引起的经济损失	
	噪声引起的经济损失		调查评价法	人们对改善噪声环境的支付愿望

3. 环境费用统计指标。

（1）环境污染经济损失。在环境污染总经济损失中，包括工程资源能源流失价值、工程排放污染物对周围环境造成的损失、工程环境污染治理费用，计算公式如下：

$$R = r_1 + r_2 + r_3$$

式中，R 为工程环境污染总经济损失；r_1 为工程资源能源流失价值；r_2 为工程排放污染物对周围环境造成的损失；r_3 为工程环境污染治理费用。

（2）绿色弹性系数（e_g）。绿色弹性系数用来反映污染负荷的变化与社会经济的发展相互制约的关系以及发展趋势和规律。计算公式如下：

$$e_g = \frac{\Delta C_{虚}/C_{虚}}{\Delta GDP/GDP}$$

式中，$\Delta C_{虚}$ 为污染物虚拟治理成本变化率；ΔGDP 为经济总量的增长率。当 $e_g > 0$ 时，表明污染物虚拟成本随经济增长而增加；当 $e_g < 0$ 时，表明污染物虚拟成本随经济增长而减少，即"增产不增污"。

（3）GDP 环境污染治理投资指数（Ki）。环境污染治理投资包括工业污染源治理、与城市环境建设直接相关的用于形成固定资产的资金投入、治理设施运行费用及各级政府的环境管理方面的投资。计算公式如下：

$$Ki = I/GDP \times 100\%$$

式中，I 为环境污染治理投资。

（4）环保投资分析。

第一，环保投资与工程总投资比例分析可用下式计算：

$$H_g = \frac{E_t}{Z_t} \times 100\%$$

式中，H_g 为环保投资与工程投资比例；E_t 为环保投资；Z_t 为工程总投资。

第二，环保投资与工业总产值的比例分析可用下式计算：

$$H_z = \frac{E_t + G_t}{G_E} \times 100\%$$

式中，H_E 为环保投资与工业总产值的比例；E_t 为环保设备投资；G_t 为环保设备总运行费（环保设备年运行费×设备使用年限）；G_E 为工业生产总值。

第三，环保投资与污染损失比例分析可用下式计算：

$$H_S = \frac{E_t}{N \times R}$$

式中，H_S 为环保投资与污染损失比例；E_t 为环保设备投资；N 为投资回收年限；R 为污染总经济损失。

（二）环境–经济脱钩指数

脱钩来源于物理学领域，指具有相应关系的两个或多个物理量之间的相应关系不存在。OECD 将其引入到农业政策研究；资源环境学者又将其拓展到环境领域，分析经济增长与环境压力或资源消耗之间的关系。

能源消费与经济增长脱钩的理解是在一定时期内，能源消费的速度或某环境指标恶化速度或某环境压力指标变化的速度小于经济增长速度时，认为是出现相对脱钩或若脱钩；相反情况下，被认为是挂钩阶段。

1. 各环境压力指标的弹性系数（EC）。用来反映物质消耗与经济增长呈现所谓的"复钩"关系。计算公式如下：

$$EC = \frac{\Delta ES/ES}{\Delta GIOV/GIOV}$$

式中，$\Delta ES/ES$ 为环境压力指标的变化率；$\Delta GIOV/GIOV$ 为经济指标的变化率。

根据塔皮奥（Tapio）的脱钩模型，GDP 增长速度与环境压力指数变化之间的关系可以划分为连接、脱钩或负脱钩等类型。一方面，为了避免将变量的微小变化解释得过度显著，将弹性系数在取值 1.0 左右 20% 范围内的变化仍然认定为连接；另一方面，变量本身的变化可能是正向的，也可能是负向的，因此将"连接"划分为扩张性连接（$\Delta EC/EC > 0$ 和 $\Delta GIOV/GIOV > 0$）和衰退性连接（$\Delta EC/EC < 0$ 和 $\Delta GIOV/GIOV < 0$）。根据脱钩变量的取值范围，进一步将"脱钩"划分为三个子类型：弱脱钩、强脱钩和衰退脱钩。同理，将"负脱钩"也划分为三个子类型：扩张负脱钩、强负脱钩和弱负脱钩。根据上述分析框架，

将脱钩指数划分为 8 种逻辑关系（见表 4 - 17）。

表 4 - 17   Tapio 脱钩模型的八种关系

状态 I	状态 II	污染排放	GDP 水平	弹性系数	发展类型
脱钩	弱脱钩	增加	增加	$0 \leqslant e < 0.8$	集约扩张型
	强脱钩	减少	增加	$e < 0$	挖潜发展型
	衰退脱钩	减少	减少	$e > 1.2$	发展迟滞型
负脱钩	扩张负脱钩	增加	增加	$e > 1.2$	低效扩张型
	强负脱钩	增加	减少	$e < 0$	粗放扩张型
	弱负脱钩	减少	减少	$0 \leqslant e < 0.8$	发展迟滞型
连结	增长连结	增加	增加	$0.8 \leqslant e < 1.2$	低效扩张型
	衰退连结	减少	减少	$0.8 \leqslant e < 1.2$	发展迟滞型

2. 经济发展与能源碳足迹之间的变化关系。"复钩"关系是指物质消耗与经济增长之间的脱钩现象，即经济增长不再依赖于物质消耗的增加。为了探究经济发展与能源碳足迹之间的变化关系，构建如下公式：

$$DI = \frac{CI}{GI}$$

式中，DI 为脱钩指数；CI 为能源消费碳足迹指数；GI 为 GDP 增长指数。

当 $DI \geqslant 1$ 时，即能源消费碳足迹发展速度同步或快于经济增长速度，两者处在挂钩阶段；$DI = 1$ 是挂钩与相对脱钩的转折点，DI 值越大，表明经济增长对能源消费的依赖程度越高；当 $0 < DI < 1$ 时，即能源消费碳足迹发展速度慢于经济增长速度，处在相对脱钩阶段，DI 值越小表明能源利用效率越高，经济增长对能源消费依赖程度降低；当 $DI = 0$ 即能源消费碳足迹不变或环境压力维持现状条件下，仍能维持经济增长。

（三）生态统计

1. 生态足迹。生态足迹（ecological footprint）分析方法是加拿大生态经济学家威廉·果斯提出的一种度量生态容量、生态承载、可持续发展状态的一种方法，该方法是通过测度人类为维持自身生存对自然生态服务的需求和自然生态系统所能提供的生态服务之间的差距，来定量揭示人类对生态系统的影响。因此，该指标能较好地测量和定量分析人类社会活动与资源环境的相互影响。

生态足迹分析方法主要是通过估算生态足迹的大小，即能够维持人类的自然资源消耗以及同化人类产生的废弃物所需的各种生物生产性空间面积，并通过分析其与给定区域的生态承载力的生态盈亏平衡状况，来衡量研究区域的资源环境与经济发展的可持续发展状况，是一种基于静态指标的测量计算方法。

任何已知人口的国家或地区的生态足迹表述为生产这些人口所消费的资源和吸纳这些人口所产生的废物所需的生物生产性面积。人类生态足迹主要体现在衣食住行等方面，不同的资源和能源来自不同的类型。如表 4 – 18 所示。

表 4 – 18　　　　　　　　　　　人类生态足迹消费账户

消费账户	消费项目	生物生产性土地类型
食物	居民消费的动植物食品和食品产出所消耗的化石能源	耕地、牧草地、水域、化石能源地、林地
住宅	居民住房和绿化用地以及生活消费的能源	建成地、化石能源地、林地、耕地
交通	城市公路、铁路、航空和水运等所消耗的能源和用地	建成地、化石能源地
商品	贸易调整后城市生产生活所消费的各种商品	牧草地、化石能源地、林地、耕地
服务	给水排水、垃圾废物、远程通信、教育、医疗健康、财政服务、休闲娱乐、旅游、军事和其他政府服务所消耗的能源	化石能源地
废物	消纳产生的废物所需的化石能源地	化石能源地

生态足迹的计算公式如下：

$$EF = N \times ef = N \times \sum_{i=1}^{6}(\lambda_i \times A_i) = N \times \sum_{i=1}^{6}\left(\lambda_i \times \sum_{j=1}^{n} aa_j\right)$$

$$= N \times \sum_{i=1}^{6}\left[\lambda_i \times \sum_{j=1}^{n}\left(\frac{c_j}{p_j}\right)\right]$$

式中，EF 为总生态足迹；N 为总人口数；ef 为人均生态足迹；$i = 1,2,\cdots,6$，代表 6 类生物生产性土地；λ_i 为第 i 类生物生产性土地的均衡因子；A_i 为人均第 i

类生物生产性土地面积；j 为消费项目类型；aa_j 为人均第 j 种消费项目折算的生物生产性土地面积；c_j 为 j 种消费项目人均消费量；p_j 为 j 种消费项目的平均生产能力。

计算过程如下：

（1）进行消费项目的划分，对各主要消费项目消费量进行计算；

（2）利用平均产量数据，折算各消费量为生物生产性土地面积；

（3）利用均衡因子，将各类型的生物生产性土地面积转换成等价生产力土地面积，并对其进行汇总、求和后，最终计算出生态足迹的大小；

（4）利用产量因子算出生态承载力，与生态足迹比较分析其可持续发展程度。

不同生物生产性土地面积具有不同的生态生产力，如何将具有不同生态生产力的生物生产性土地面积转化为具有可比性的同一生态生产力面积，需要利用均衡因子。均衡因子是某类生物生产性土地面积的世界平均潜在生产力与全球各类生物生产性土地面积的平均潜在生产力比值。

2. 生态承载力。生态承载力是指在保证生态系统的生产力和功能完整及可持续利用的前提下，一个区域实际提供给人类的所有生物生产土地面积（包括水域）的总和。将一个地区或国家所消耗的资源、能源与其所拥有的生态承载力进行对比，就能判断一个地区或国家的发展状况是否处于生态承载力范围内。计算公式如下：

$$EC = (1 - 0.12) \times N \times ec = (1 - 0.12) \times N \times \sum_{i=1}^{6} (a_i \times \lambda_i \times y_i)$$

式中，EC 为总的生态承载力；ec 为人均生态承载力；N 为人口数；a_i 为人均实际占有的生物生产性面积；λ_i 为不同类型生物生产性土地的均衡因子；y_i 为产量因子。

出于谨慎性考虑，在生态承载力计算时扣除了 12% 的生物多样性保护面积。由于不同国家或地区的资源禀赋不同，单位面积同类型生物生产面积的生态生产力差异很大，人均生态承载力不能进行直接对比，需要用产量因子进行调整。（1）产量因子是国家或地区某类生物生产性土地的平均生产力与同类土地的世界平均生产力的比值；（2）均衡因子为某类生物生产面积的世界平均潜在生产力与全球各类生物生产面积的平均潜在生产力的比值。

3. 生态盈亏平衡分析。若一个地区的生态承载力小于生态足迹，则会出现生态赤字现象。生态赤字表示该地区的生态承载力已不能负荷人类对环境资源的消耗，环境负荷超过了该地区的环境容量，生态安全受到严重威胁。该地区将通过输入欠缺资源以达到人类对环境资源的需求，或通过过度消耗自身仅有的资源以降低需求强度。这两种情况均说明了该地区发展处于相对不可持续状态，程度通过生态赤字来体现。计算公式如下：

$$ED = EF - EC = N(ef - ec)$$

式中，EF 为生态足迹；EC 为生态承载力；ED 为研究区域的生态赤字。

如果当生态承载力大于生态足迹时，则将会产生生态盈余现象，此时表明该地区生态系统处于安全状态，人类社会发展处于可持续状态。生态盈余表明该地区资源可以满足人类对环境和资源的需求，通过一定的保护措施能够使区域内的资源得到增加，扩大生态承载力供给能力，发展具有相对可持续性，其可持续程度由生态盈余衡量。在生态足迹模型的基础上，为进一步测评区域内可持续发展状况，对以下指标进行计算。

（1）生态压力指数。自然资源分为可更新资源和不可更新资源，为了更好地运用生态足迹模型评价协调发展水平，将生态足迹也分为两类，即可更新资源的生态足迹和不可更新资源（化石能源）的生态足迹。在经济全球化的大背景下，产业分工日益深化，一个地区生产的产品通过商品交换，都能交换给双方，而化石能源通过贸易流通形成的交换使用，更为频繁。同时由于化石能源排放气体具有扩散性，因此某一国家或地区由于消费化石能源足迹所引起的生态压力不可能只由消费国或地区所承担，更多的是由全球来负担。

生态足迹方法中没有专门的能源生态承载力，而通常情况下生态足迹模型中的能源消费一般占有很大比重，考虑到某一地区的能源消费与能源生产，两者之间并不具有必然联系，因为化石能源存在很强的贸易流通性，其所排放的气体具有扩散性的特点，因此，根据学者们对生态足迹模型改进后，用某一国家或地区可更新资源的人均生态足迹与生态承载力的比值，表征区域资源环境的承压程度，比值定义为生态压力指数。该指数代表了区域生态环境的承压程度。计算公式如下：

$$ETI = ef/ec$$

式中，ETI 为区域生态压力指数；ef 为区域可更新资源的人均生态足迹；ec 为区域人均生态承载力。

生态压力指数体现了生态承载力与区域可更新资源的人均生态足迹需求的比例关系，该指数越大，说明区域所承受的生态压力越大，生态安全性越差。

（2）生态占用指数。为反映区域经济发展，赵先贵等（2006）提出生态占用指数这一概念，即指某一国家或地区人均生态足迹与全球人均生态足迹的比值，表征一个国家或地区占全球生态足迹的份额，生态占用指数反映了区域人均消费的资源总量（包括可更新资源和不可更新资源）占全球人均消费资源总量的比重。

生态占用指数计算公式为：

$$EOI = ef/\overline{ef}$$

式中，EOI 为生态占用指数；ef 为人均生态足迹；$\overline{ef}$ 为同期全球人均生态足迹。

生态占用指数表征了该区域的经济发展水平程度，反映区域社会经济发展程度和人民消费水平的高低，是一种对社会的富裕程度进行考量的指标。生态占用指数体现了区域生态足迹与全球的比例关系，该指数越高，说明该区域的生态占用越大，人民消费能力越强，经济发展水平相对越高。

（3）协调性指数。资源环境与经济协调指数是指生态占用指数与生态压力指数的比值，该指数反映区域社会经济与资源环境的协调性，计算公式如下：

$$EECI = \frac{EOI}{ETI}$$

式中，$EECI$ 为协调性指数；EOI 为生态占用指数；ETI 为生态压力指数。

资源环境与经济协调性指数反映了资源环境与经济发展的协调程度。从协调性指数看，资源环境与经济协调性好的，多是生态压力小、生态占有份额高的区域。协调性指数越高，表明该区域资源环境与经济的协调性越好；协调性指数越低，表明资源环境与经济的协调性越差。

生态压力指数、生态占用指数及协调性指数的评价及等级划分标准如表 4 - 19 所示。

表 4 - 19　　生态压力指数、生态占用指数及协调性指数的等级划分标准

等级	1	2	3	4	5	6
ETI	>2.00	2.00 ~ 1.51	1.50 ~ 1.01	1.00 ~ 0.81	0.80 ~ 0.51	<0.50
表征状态	极不安全	很不安全	较不安全	稍不安全	较安全	很安全
EOI	<0.50	0.51 ~ 1.00	1.01 ~ 2.00	2.01 ~ 3.00	3.01 ~ 4.00	>4.00
表征状态	很贫穷	较贫穷	稍富裕	较富裕	很富裕	极富裕
EECI	<1.00	1.01 ~ 2.00	2.01 ~ 3.00	3.01 ~ 4.00	4.01 ~ 8.00	>8.00
表征状态	协调性很差	协调性较差	协调性稍好	协调性较好	协调性很好	协调性极好

生态压力指数越大，表征区域内生态安全状况越差，生态压力指数越小生态越安全；生态占用指数越大，表征区域内经济发展水平越高，人民消费能力越强，越富裕，生态占用指数越小越贫穷；生态压力指数为逆向指标，而生态占用指数为正向指标。协调性指数越大，资源环境与经济的协调状态越好，即生态压力小而生态占用高的情况下，协调性指数越大。相反，生态压力大而生态占用低的区域，其协调性越差，此时该地区的可持续发展面临严峻考验，生态环境建设和经济发展的任务艰巨。

4. 生态补偿。生态补偿（ecological compensation）主要是指建立一个新的具有相当生态服务功能的栖息地或者原来对被破坏的生态系统的恢复，来保持生态系统的服务功能和生态承载力。

（1）补偿相关方法。

第一，政府补偿。政府补偿是指由政府作为补偿的承担者对补偿对象进行生态补偿，即各级政府对受生态环境破坏影响的周边经营者，通过非市场途径进行补偿的活动，如直接给予财政补贴，减免税收，优惠贷款，财政援助，实施利率优惠，劳保待遇等，且对有利于环境保护的行为进行奖励。

第二，企业补偿。企业补偿属于市场补偿的一种，即交易主体在政府制定的各类生态环境标准、法律法规的范围内，利用经济或非经济的手段，通过市场行为改善生态环境的活动的总称。

第三，社会补偿。社会补偿主要指国内外的组织机构或者社会民间团体、

个人作为补偿主体来实施的补偿，如一些民间组织设立的基金会等，这种补偿主要是对政府补偿和市场补偿的有效补偿和完善。

（2）补偿方式。经济补偿也是最常见的补偿，指通过经济交易对生态破坏进行赔偿，是一种行之有效的快速补偿方式。其形式也是多样化，主要有：财政转移支付、基金和执行保证金。除此之外，还有非经济补偿，主要包括实物补偿和技术补偿。

（3）生态补偿系数与生态补偿量。经济发展水平较高的国家或者地区会消费更多的生态系统服务；反之，经济发展水平低的地区会消费较少的生态系统服务，则经济发展较快地区更应以较高的比例进行生态补偿。生态补偿系数 r 会考虑到某地区的经济发展状况，以该地区的 GDP 总值和国家的 GDP 总值相比较作为补偿能力的基本参数，用恩格尔系数来表达经济发展水平。计算公式如下：

$$r = \frac{e^E \times GDP_i}{(e^E + 1) \times GDP}$$

式中，r 为生态补偿系数；e^E 为恩格尔系数；GDP_i 为 i 地区的国内生产总值。

对于具体的补偿量，则应根据实际生态足迹的赤字情况，结合经济发展现状与生态系统的服务价值，针对生态损失进行适当的补偿。计算公式如下：

$$C_{ec} = |ED| \times \frac{C_e}{EC} \times r$$

式中，C_{ec} 为该地区支付的生态补偿量；ED 为该地区生态赤字；EC 为该地区生态承载力；C_e 为该地区的生态系统服务价值；r 为生态补偿系数。

（四）环境库兹涅茨曲线

库兹涅茨于 20 世纪 50 年代提出一个假说，即在经济发展过程中，收入差距先扩大再缩小。这一收入不平均和人均收入之间的倒 "U" 型关系，被称为库兹涅茨曲线。

粗略的观察表明，在经济发展过程中，环境也同样存在先恶化后改善的情况。例如，与二三十年前相比，一些新兴发展中国家的城市如曼谷、墨西哥城等的污染更严重了；而发达国家的城市则更干净了。环境经济学家据此提出了存在环境库兹涅茨曲线的假说。环境库兹涅茨曲线如图4-1所示。图中环境污染指标可以用人均污染物的排放量等指标表示。在经济发展的较低阶段，由于经济活动的水平较低，环境污染的水平较低；在经济起飞、制造业大发展阶段，资源的耗费超过资源的再生，环境恶化；在经济发展的更高阶段，经济结构改变，污染产业停止生产或被转移，经济发展带来的积累可以用来治理环境，人们的环境意识也加强了，因此环境状况开始改善。这样就形成了一条倒"U"型曲线。

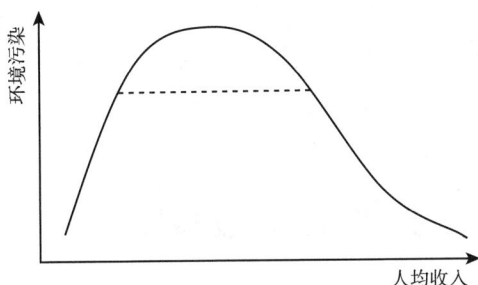

图4-1　环境库兹涅茨曲线

　　某一经济社会的自然资源和环境状况主要取决于以下因素：（1）经济活动的水平和规模。其他条件不变，经济活动的规模越大，自然资源的消耗越快，污染越严重。（2）经济结构。经济结构决定资源消耗和环境污染的水平和类型。产业结构和经济发展水平之间有一定的关系。低收入国家，一般以农业和轻工业为主；中等收入国家，工业产值占总产值的比重增加；高收入国家，制造业的比重减少，而高技术产业和服务业的比重增加。工业污染水平与重化工业在工业中的比重有关。以一次产业（农业、采掘业等）为主的经济中，森林减少和水土流失较为严重，而工业污染较轻。当一国进入工业化阶段后，农村资源消耗问题转为城市污染问题。随着经济的进一步发展，制造业比重的减少和高技术产业、服务业的比重的增加，污染减少。（3）技术水平。同样产业结构的两个国家，如果使用的技术不同，产生的污染也不同。一般来说，使用低技术的国家，会消耗更多的资源，或产生更多的污染。（4）环境保护政府管制的方式和效果。在经济发展的不同阶段，政府的政策目标的轻重缓急和管理手段会发生相应的变化，对环境保护的重视程度也会变化。（5）环保支出及其效果。随着经济的发展，收入提高，人们对环保更加重视，用于环保的资金也会增加。环境保护意味着资金的投入，许多环保设备十分昂贵，环境保护对于发展中国家是一种奢侈品。随着收入得到提高，政府和老百姓手里的钱多了，可以用于环保的资金也多了。

必须注意的是，环境库兹涅茨曲线可能产生的误导作用，好像人类的发展必须经过先污染、后治理的过程，在经济发展没有达到一定水平之前，污染是必然的，政府整治与否都无济于事。这种理解并不准确，它不利于发展中国家政府在经济发展中注意环境保护。发展中国家的任务，应该是在考虑发展总效益的前提下，降低环境库兹涅茨曲线的弧度，或者说，在倒"U"型曲线上找到一条水平的通道。

第四节　环境指标体系

本节将综合前面章节讨论的内容，构建环境指标体系，包括环境统计指标的概述、统计框架的设计，以及中国现行环境指标体系的详细介绍。通过这一体系，可以系统化地对环境质量、污染程度以及环保措施的实施效果进行综合分析。建立完善的环境指标体系有助于政府和社会各界全面理解环境变化的动态过程，为科学制定环境保护政策提供有力支持。

一、环境统计指标概述

每个具体的环境统计指标只是反映复杂的环境现象或人为活动的某方面特征，是属于环境统计所研究的环境现象数量方面的科学范畴。例如，废气排放总量、废水排放总量、废水处理率等概念。环境统计是从数量方面认识自然环境和社会环境的状况，人类生产活动和其他活动对环境的影响，以及环境对人类的反作用。为能正确地对某地区环境状态或某个环境总体作出判断、预测，就应把一系列相互联系、相互制约，能反映环境现象各个方面的统计指标有机地结合起来。这些指标所形成的体系，称为环境指标体系。

除单项指标外，各项环境统计指标多是通过一定的指标体系来起作用的。环境统计资料的调查、搜集、整理、分析是在一定的科学指标体系下完成的。因环境内容的广泛性，所以环境指标体系可分成各种类型。在各种类型总体中又可分出子体系。某一类型总体系是反映该类型环境统计现象的整体；而各子体系则反映了该类型的局部指标体系。例如，人类环境总体系中有土壤环境指标体系、环境污染指标体系、水环境指标体系等子体系。而在环境污染指标体系中，又有反映水污染治理、噪声污染治理、大气污染治理等子体系；像水污染治理又可分为河流水污染治理，湖泊水污染治理等更小的体系。

二、环境统计框架

要开展环境统计研究，首先必须确定一个基本的理论框架。从各国情况看，有两种框架为多数国家所采用：一是由联合国统计署（UNSD）开发的环境统计开发框架（FDES），它包括：（1）社会经济活动和事件；（2）影响和效果；（3）对影响的反应；（4）详细的清单、存量和背景条件。二是由经济合作与发展组织（OECD）开发的压力——状态——反应框架（PSR），如欧盟各国就采用 PSR 来组织它们的环境统计资料和信息。

这两种框架方法彼此相似，通常是可以互换的。对大多数问题，两种框架对应关系如表 4-20 所示。

表 4-20　　　　　　　　　两种框架的对应关系

PSR 框架	FDES 框架
压力/动力	社会经济活动和事件
状态	影响与效果
反应	影响的反应
背景（通常包括在状态中的详细目录和存量）	详细目录、存量、背景条件

FDES 把环境组成成分和信息分类联系起来。环境组成成分说明环境统计的范围（如植物、动物、大气、水、土地和人类居住区）；相关信息则是指社会

经济活动和自然事件及其对环境的影响以及公共组织和个人对这些影响的反应。该环境统计框架将环境要素分解为植物、动物、大气、水（淡水、海水）、土地或土壤、地表、亚表土、人类居住区等，同时用四项资料类别来描述环境状况，以及环境与经济之间的关系，这四个资料类别为社会经济活动及自然现象、活动或现象对环境的影响、对环境影响的反应、存量储备及本底条件。具体如表4-21所示。这个框架充分体现了统计委员会文件所阐明的自然资源环境统计的性质、范围和覆盖面，它包括了"说明环境状况和趋势的统计变量，以及影响环境的社会和经济活动。人类活动可能通过过度生产和过度消费而耗减自然资源；它们也可能以废料和污染物给自然系统造成过重负担，从而给人类和其他生物的健康和安乐造成巨大的危害"。

表4-21 环境统计的框架（FDES）

环境构成要素	资料类别			
	环境压力指标（社会与经济活动，自然现象）（A）	环境影响指标（活动现象对环境的影响）（B）	环境反应指标（对环境影响的反应）（C）	现存数和背景指标（现存数、总数和背景情况）（D）
植物				
动物				
大气				
水	（1）自然资源的利用及有关活动；（2）排放物、废物负载和生物化学品的应用；（3）自然现象	（1）资源的耗减与增加；（2）环境质量；（3）人类健康和环境质量	（1）资源管理和恢复（管理、保护、养护、恢复）；（2）污染检测与控制；（3）自然灾害的预防及其危害的减轻；（4）企业与家庭的反应	（1）生物资源；（2）可循环和非再生资源；（3）能源现存数；（4）生态系统总数
淡水				
海水				
土地/土壤				
地表				
亚地表				
人类住区				

1995年2月，环境统计进步政府间联合工作组在瑞典的斯德哥尔摩举行第四次会议，与会者分组讨论了环境指标问题，根据框架，提出了下列"环境和相关的社会经济指标序列"（见表4-22），并对每一个指标作了详细的说明。这些指标代表了更为广泛的可持续发展指标，序列的子集主要是环境方面。

表 4－22　　　　　　　　　　　　环境和相关的社会经济指标序列

21世纪议程问题（分组）	FDES 信息分类			
	社会经济活动和事件（压力/驱动力）	影响和效果（状态部分）	对环境的影响（反应）	详细清单、库存余量、背景条件（状态部分）
经济问题	实际人均 GDP 增长率，生产和消费模式 GDP 用于投资的份额	人均 GDP/EVA（环境调整输出/环境调整附加值）	环保支出占 GDP 的百分率，环境税收和补助金占政府收入的百分率	生产资本存量
社会/人口问题	人口增长率、人口密度、城市/农村迁移率，人均卡路里供应量	暴露在富含 SO_2、悬浮颗粒物、臭氧、CP（化学污染）和 Pb 环境下的环境人口百分率，婴幼儿死亡率，与环境有关的疾病发生率		处于绝对贫困的人口数量，成年人识字率，中小学综合入学率，出生时的估计寿命，中学中女生占男生的百分比
空气/气候	CO_2、SO_2 和 NO_2 排放量，臭氧衰竭物质消费量	失去 CO_2、SO_2、NO_2、O_3 和 TSP 的浓度，空气质量指数	用于减少空气污染的支出，物质消费和排放物的缩减量	天气和气候条件
土地/土壤	土地使用的变化，干燥和半干燥地带每平方米的牲畜数，化肥的使用量，农业杀虫剂的使用量	受土壤腐蚀影响的土地面积，受沙化腐蚀影响的土地面积，受盐碱化和水利伐木搬运影响的土地面积	保护区面积占总土地面积的百分率	人均可耕土地面积
水（淡水资源，海洋水资源）	直接排入淡水中的工农业和城市废水量，每年抽取的地下和地表水量，沿海水域的油泄漏量	淡水中铅、铬、汞和杀虫剂的浓度，淡水中排泄物大肠杆菌的浓度，淡水酸化程度，淡水中生化需氧量和化学耗氧量，淡水质量指数，海洋物种最大持续产量与存量的差额，沿海水域氮和磷的含量	总的废水处理量和按处理类型计算的废水处理量，使用安全饮用水的人口占总人口的百分比	地下水储量
其他自然资源（生物资源）	圆木年产量，人均燃料木消耗克量，海洋物种的捕获量	森林砍伐比率，受到威胁、濒临灭绝的物种	重新造林比率，森林保护面积占土地总面积的百分率	森林总量，生态系统存量，动植物存量，鱼类种群
矿物（包括能源）资源	人均年能源消费量，矿物资源的开采量	矿物资源消耗（占探明储量百分率），探明储量的使用年限		探明矿物储量，探明能源储量

21世纪议程问题（分组）	FDES信息分类			
	社会经济活动和事件（压力/驱动力）	影响和效果（状态部分）	对环境的影响（反应）	详细清单、库存余量、背景条件（状态部分）
废弃物	城市废物处理量，危险废物产生量，危险废物进出口量	有毒废物污染地带的面积	用于废物收集和处理的支出，废物回收量利用率	
人类居住区	城市人口增长率、市区人口百分率，每千人使用的机动交通工具数量	边缘居住区的面积和人口、房屋指数，享有卫生服务的人口百分率	廉价住房支出	房屋数量及基础结构
自然灾害	自然灾害发生率	自然灾害造成的人口和经济损失	防护和缓解灾害的费用支出	易发生自然灾害的人类居住区

三、中国现行环境指标体系

我国现行的环境指标体系包括工业污染及防治、生活及其他污染与防治、农业污染与防治、环境污染治理投资、自然生态环境保护、环境管理、各环保系统自身建设七个子系统（见表4-23）。

表4-23　　　　　　　　我国现行环境指标体系

工业污染及防治指标体系	生活及其他污染与防治统计	农业污染与防治统计指标	环境污染治理投资统计指标	自然生态环境保护统计指标	环境管理统计指标	环保系统自身建设
企业基本情况	生活污水排放情况	规模化畜禽养殖场污染排放及治理情况	污染源治理投资	自然保护区建设情况	排污收费制度执行情况	环保机构
工业污染物排放情况	城市污水处理厂运行情况		城市环境基础设施建设投资	野生动植物保护情况	排污申报登记制度及排污许可证制度	
工业污染治理设施	生活废气排放情况			生态功能保护区建设情况	限期治理制度	环保人员
工业污染治理情况	城市垃圾处理情况		环境污染治理投资合计	生态示范区建设情况	环保法规和标准	
				农村环境污染及治理情况	环保档案工作情况	

286

（一）工业污染及防治指标

1. 工业环保基本情况。

（1）企业基本属性名址、登记注册类型、行业类别、隶属关系、规模、开业时间、排水去向、污水排放口数量等。

（2）企业主要经济指标当年工业总产值、主要产品产量和单位产品用水量及能耗主要有毒有害原辅材料用量。

（3）主要燃烧设备排放达标情况工业锅炉和工业炉窑的数量及其烟尘排放达标情况。

（4）三废综合利用情况统计"三废"综合利用产品产值。

（5）用水情况工业用水总量，其中的新鲜用水量、重复用水量。

（6）燃料消耗情况统计煤炭耗煤量（其中：燃料煤消费量、原料煤消费量）、燃料油消费量（其中：重油消费量、柴油消费量）、其他燃料消费量，以及燃烧煤的煤质（含硫分、灰分和燃料油的含硫分等）。

2. 工业污染物排放情况。

（1）废水排放情况统计：废水排放总量（其中直接排入水体的、直接排入污水处理厂）、工业废水排放达标量［其中处理排放达标量、工业废水中污染物排放量（污染物主要统计汞、镉、六价铬、铅、砷、挥发酚、氰化物、石油类、化学耗氧量、氨氮等十种污染物）］。

（2）废气排放情况统计：工业废气排放总量［其中燃料燃烧过程中排放的（含经过消烟除尘的）、生产工艺过程中废气排放量（含经过净化处理的）］、工业废气中污染物排放量（二氧硫、烟尘、粉尘）。

（3）固体废物排放情况统计：固体废物产生量（含危险物、冶炼废渣、炉渣粉煤灰煤渣、煤矸石、尾矿、放射性废渣和其他废渣）、综合利用量、贮存量处置量、排放量。

3. 工业污染治理设施情况。

废水治理设施废气治理设施（含脱硫设施）危险废物集中处置厂数量、当年新增数量及处理能力、当年运行费用。

（1）废水治理设施工业废水处理量（其中废水处理回用量）、处理排放量

［其中排入污水处理厂的、废水处理排放达标量废水中污染物去除量（挥发酚氰化物、石油类、化学需氧量、氨氮等五种污染物）］。

（2）废气治理设施二氧化硫去除量（含燃料燃烧过程中去除量、生产工艺过程中去除量）、烟尘去除量、粉尘去除量。

（3）危险废物集中处理厂处理能力（其中焚烧处置能力、填埋处置能力）、实际处置量（其中焚烧量、填埋量、综合利用量）、焚烧残渣流向、年运行费用。

4. 工业企业在建污染治理项目建设情况。

（1）污染治理项目基本情况：项目名称、治理类型（分治理废水、废气、固体废物、噪声、其他污染和搬迁）、开工时间、建成投产时间。

（2）污染治理项目资金情况：计划总投资、至本年底累计完成投资、本年完成投资额及资金来源（资金来源分为：国家预算内资金、环境保护补助资金、环保贷款、其他资金等）。

（3）竣工项目情况竣工项目数量、设计及新增处理能力、年内运行实际处理能力。

（二）生活及其他污染与防治

1. 生活污染排放情况。辖区人口总数、市镇非农业人口数、生活污染排放系数、生活污水排放量、生活污水中 COD 产生系数、生活污水中 COD 产生量、生活污水中 COD 排放量、生活污水中氨氮产生系数、生活污水中氨氮产生量、生活污水中氨氮排放量。

2. 城市污水处理情况。污水处理厂数、污水处理能力、污水处理量（其中处理生活污水量、处理工业废水量）、污水再生生活污水处理率、COD 去除率（其中生活污水 COD 去除量、工业污水 COD 去除量）、氨氮去除量、总磷去除量、本年运行费用。

3. 生活废气排放情况。煤炭消费总量（其中工业煤炭消费量、生活及其他煤炭消费量）、生活及其他煤炭含硫分、生活及其他煤炭灰分、生活及其他二氧化硫排放量、生活及其他烟尘排放量。

4. 城市垃圾处理情况。垃圾处理厂（场）数（其中全部实施无害化处理的）、垃圾处理能力、垃圾处理总量（其中无害化处理量、简易处理量）、垃圾回收利用量、垃圾无害化处理率、本年运行费用。

（三）农业污染与防治

规模化畜禽养殖场污染排放及治理情况：养殖场数量、畜禽存栏数、生产用水总量（其中畜禽饮用水量、冲洗等用水量）、粪尿及污水产生量、粪尿及污水利用量、粪尿及污水排放量（其中排入水体量、排入水体的 COD 量、排入水体的氨氮量）、污水处理设施数量、污水处理量、在建污水处理设施数量、实际投入资金等。

（四）环境污染治理投资

1. 污染源治理投资。（1）老工业污染源治理投资分废水、废气、固体废物、噪声、其他。（2）新改扩建"三同时"项目环保工程投资分废水、废气、固体废物、噪声、其他。（3）规模化畜禽养殖场污染治理投资。

2. 城市环境基础设施建设投资。分排水、燃气、供热、绿化、环境卫生、其他。

（五）自然生态环境保护

1. 自然保护区建设情况。自然保护区数量、面积、级别（国家级、省级、市级、县级），保护区面积占国土面积比例、管理机构及管理人员数量。

2. 野生动植物保护情况。建珍稀、濒危动物人工繁殖场数，建珍稀植物引种栽培场数。

3. 生态示范区建设情况。生态功能保护区个数、级别（国家级、省级、地市级）、面积。

4. 农村环境污染及治理情况。化肥（氮肥、磷肥）使用量、化肥使用水平、农药（其中高毒农药）使用量、农药使用水平、秸秆禁烧面积、禁烧区内秸秆产生量、秸秆综合利用量、秸秆综合利用率。

（六）环境管理

1. 地方性环境保护法规和行政规章制度数量、环境行政处罚案件数、行政复议案件数、行政诉讼案件数、环境行政赔偿案件数、颁布的国家及地方环境标准数。

2. 环保年度计划执行情况。

3. 跨世纪绿色工程规划执行情况。

4. 建设项目环境影响评价制度执行情况，建设项目环境影响评价制度执行率。

5. 制度执行情况：建成投产项目"三同时"制度执行率、"三同时"制度执行合格率、建成投产项目环保工程投资。

6. 排污收费制度情况：缴纳排污费单位数、排污费收入额、排污费使用额。

7. 排污申报登记制度及排污许可证制度执行情况：申报登记企业数、发放排污许可证数（分排水、排废气）。

8. 污染源限期治理制度执行情况：完成限期治理项目数、限期治理项目投资。

9. 环境科技工作情况：科研课题数及经费数、获奖励科技成果数、技术获取与转让数、地方环境标准数。

10. 环保产业情况：环保产业单位数、环保产业职工人数、环保产业年产值。

11. 环保信访工作情况：来信数量和来访人次（按来信来访原因分类）、当年已处理。

12. 人大议案建议和政协提案情况：关于环境保护的议案、提案数量，当年已办理议案提案数量。

13. 环保档案工作情况：现存档案资料数、档案查阅使用情况、档案库房设备情况和档案工作人员情况。

（七）环保系统自身建设

1. 机构数分国家级、省级、地市级、县级，分环保局、监测站、科研所、监理所、其他（信息中心、宣教中心、派出机构等）。

2. 实有人数和人员总数、科技人员数、人员学历情况等。

第五章　人口、资源与环境指标体系

为了科学地评估人口、资源与环境之间的互动关系，本章基于人口、资源与环境经济系统，提出了适用于可持续发展目标的指标体系。通过这些指标，我们能够量化并理解这些要素的状态和趋势，从而为政策制定和优化提供更加精确的依据。

第一节　人口、资源与环境经济系统

本节探讨了人口、资源和环境三者之间的相互联系，以及它们如何共同构成一个经济系统。这一分析为进一步理解这些要素在经济运行中的作用奠定了基础。通过理解人口、资源和环境的互动机制，能够帮助我们探索出更加高效的经济运作模式，这将为后续关于衡量可持续发展状态的指标体系提供理论依据。

一、人口、资源与环境协调关系

本节着重于揭示人口、资源与环境之间的相互影响和相互制约关系。通过了解这种协调关系，能够为如何构建更加有效的经济系统提供方向和实践参考。这一理解也为后续探讨体系化的构建提供了必要的背景和支持。

（一）生态系统的定义

所谓生态系统，简言之，就是生命系统和环境系统在特定空间的组合，是占据一定空间的自然界的客观存在的实体。生态系统中的生物与环境、生物与生物之间互相联系、互相依存，并不断地进行着物质循环、能量流动和信息传递。生态系统是一个相对稳定的有机整体，是生物圈的基本功能单位。

自然界中各类各级、大小不一、不同层次的生态系统组合，形成多层次的、有序的、巨大的物质体系，这就是生物圈。生态系统与生物圈进行着物质循环和能量交换，因而整个生物圈也可以看成一个庞大、复杂的生态系统，是地球上最大的生态系统。因此，生态系统既是一个抽象的又是一个具体的概念。一滴水甚至整个生物圈都是生态系统，这些系统都是由相互联系、相互作用的要素按照一定的结构方式组成的。

（二）生态系统的组成

生态系统是由两大部分和四项基本成分按照一定的结构组成的，这两大部分是生命系统和环境系统两个子系统。所谓生命系统，就是动物、植物、微生物等各种生命有机体的集合。所谓环境系统，就是光、热、气、水、土以及各种有机和无机元素的集合。四项基本成分是：第一，非生物环境，它包括太阳辐射、温度、空气等气候因子及其他物理因素，如碳、氮、二氧化碳、氧、水、矿质盐等无机物质；蛋白质、碳水化合物、脂类、腐殖质等有机物质。非生物环境为生物的生存提供了所需要的环境因素，因而构成了生物和环境的矛盾统一体。第二，生产者，主要是绿色植物，由含有叶绿素的植物组成。绿色植物能把太阳能转化成化学能，使环境中的无机元素、水、二氧化碳这些无机物合成为蛋白质、碳水化合物、脂肪类有机物。所以，绿色植物是能从简单的无机物转变成有机物的自养生物，在生态系统中的作用是进行第一性生产，把生命和太阳联系起来，成为世界上一切生物赖以生存的能量来源。第三，消费者，主要是动物，直接或间接依赖于生产者所制造的有机物的异养生物。这类生物又以其获得食物的顺序不同而划分为食草动物（初级消费者）、食肉动物（次级消费者）和更高级的食肉动物（三级、四级消费者）。第四，分解者，主要是由真菌、细菌、原生动物等组成。它们也是异养生物，但其作用与生产者相反，是将复杂的动植物有机残体分解为简单的化合物，最终分解为无机物质返回到环境中去，再被生产者作为养分吸收。所以，又称为还原者（见图5-1）。

这样，在生态系统中，能量、物质的转换和循环伴随着大量的信息传递，流动、循环、传递都是运动，是能量、物质、信息在生物与非生物环境之间的转换运动，如图5-2所示。因此，能量流动、物质循环和信息传递是生态系统的基本功能。在生态系统中，能量流动是生态系统的动力（见图5-3），物质循环是生态系统的基础，而信息传递则决定着能量流动和物质循环的方向和状态。生态系统是由能量流动、物质循环和信息传递把系统内的各个组成部分（要素）紧密结合成一个有机整体的。

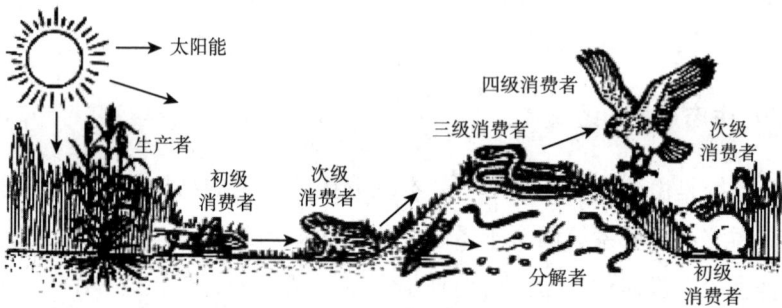

图5-1 生态系统的基本成分

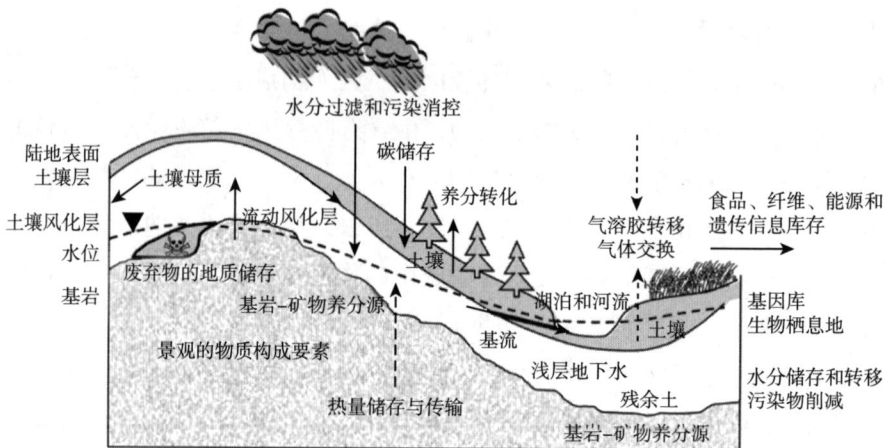

图5-2 生态系统运动

注：箭头表示的是物质、能量和信息的流动和转移，其中"——➤"表示转移过程；"–－➤"表示传输过程；"---➤"表示交换过程。

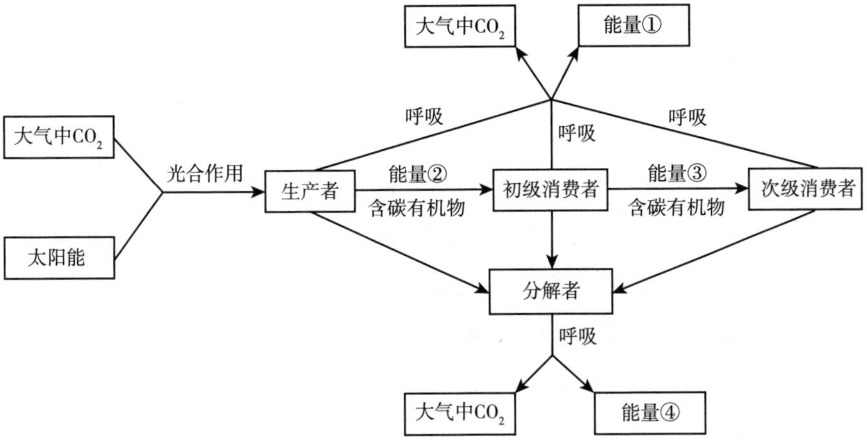

图 5 - 3 生态系统中的能量流动

整个自然界也是一个巨大的生态系统。它不仅为人类提供生产与生活必不可少的原料和一些消费品，而且还是补充经济发展所需物质和能量的源泉，这正如威廉·配第所讲的"劳动是财富之父，土地是财富之母"一样。人虽然是自然界的宠儿，但不管人在生产与生活中取得什么样的成就，他都是自然界系统中的一个有机组成部分，要受到其机制或规律的制约。自然界这个巨大系统，不仅向人类提供其所需的能源和各种物质，而且也成为人类释放无用能量和废物的场所。但自然界却并不是一个永无止境的自然资源宝库和垃圾场，尤其不是后者，人类活动的范围或对自然界破坏的程度，一旦超过自然环境恢复的能力极限，它就会反过来报复人类，最终会强制限制人类的作用范围和能力。古丝绸之路的毁灭，两河流域文明的消失，在很大程度上都是这种作用的结果。自然界不仅是人类的劳动对象，而且是人类赖以生存和发展的空间和场所，这个基础如果被破坏，社会经济的发展和人类的生存就难以维持。

二、人口、资源与环境经济体系

在人口、资源与环境相互关系的基础上，本节进一步分析了它们如何构成一个复杂的经济体系。通过这种系统化的视角，我们能够识别经济发展过程中的关键要素及其互动，为下一章中的指标体系构建提供框架和逻辑支持。

（一）经济系统的定义

经济系统是由相互联系和相互作用的若干经济元素结合而成的，是具有特定功能的有机整体。广义的经济系统，指物质生产系统和非物质生产系统中相互联系、相互作用的若干经济元素组成的有机整体。国民经济系统、区域经济系统、部门经济系统、企业经济系统等都是广义的经济系统。一个国家的国民经济系统，是这个国家最具有代表性、重要性、规模宏大的有机统一的经济系统。一个国家的国民经济系统的运行，不仅涉及这个国家内部的各地区、各部门、各企业、各单位，而且涉及世界经济系统以及世界上若干国家、地区、集团等。国民经济系统既反映了内部若干经济元素的相互联系和相互作用，同时又受到外部因素的影响。狭义的经济系统，指社会再生产过程中的生产、交换、分配、消费各环节的相互联系和相互作用的若干经济元素所组成的有机整体。这四个环节分别承担着若干部分的工作，分别完成特定的功能。

（二）自然–经济系统的定义

传统的经济系统模型把整个经济社会看作一个系统，没有特别考虑环境和自然资源的影响。在传统的经济系统模型中，有两个基本的行为主体：家庭和厂商。这两个行为主体由产品市场和要素市场连接起来。厂商生产产品和劳务，通过产品市场出售给家庭，家庭向厂商支付货币。另外，家庭在要素市场上将土地、劳动和资本等生产要素出售给厂商，厂商向家庭支付货币。这样，整个经济就成为一个由产品和货币做相反流动而联系起来的系统。传统的经济系统模型如图5－4所示。

现代经济学在传统经济系统的基础上将自然纳入进来，组成自然–经济系统（见图5－5）。自然被看作可以提供各种服务的一种财产。这种财产的特殊性在于，它提供人类从事经济活动的生存支持系统。同其他财产一样，我们需要防止这一财产的过快折旧，以便为人类提供持续的服务。

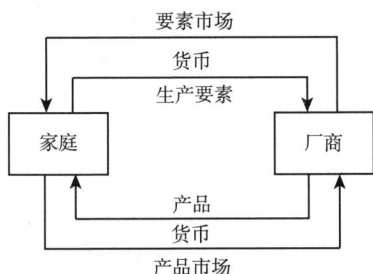

图 5 - 4　传统的经济系统

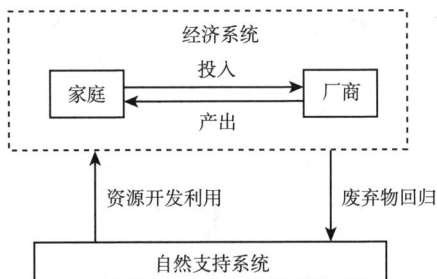

图 5 - 5　自然 - 经济系统的一般关系

　　自然向经济系统提供：（1）原材料，生产过程将原材料转化为产品，最终供消费者消费；（2）能源，能源在生产过程中发挥作用。原材料和能源经生产过程和消费最终以废弃物的形式返回自然环境。自然还以各种形式直接向消费者提供服务。例如，我们所呼吸的空气，我们观赏自然景色所得到的享受等。生产和消费所产生的一部分废弃物可以通过自然再循环重新投入生产和消费。总之，自然既是人类生产和生活的基础和条件，也是人类生产和生活的制约条件。

　　如果把环境定义得足够大，自然 - 经济系统可以看作一个封闭系统。在封闭系统中，没有来自外部的投入，也没有对系统外部的产出。如果我们把自然的定义缩小，例如把自然限制为地球，那么我们的自然 - 经济系统就是一个开放系统，它与外部世界进行物质和能量的交换。

　　经济系统和自然系统的关系受两条物理学定律的约束。热力学第一定律告诉我们，在一个封闭系统中，能量和物质是不能产生或消灭的。根据这一定律，从自然进入经济系统的原材料和能源，或者在经济系统中积聚起来，或者作为废弃物回归到自然中。也就是说，封闭系统中不管物质以什么形式（原材料、产品或废弃物）存在，能量守恒。在系统中，物质的各种形式进行着周而复始的再循环，从一种形式转变为另一种形式，从原材料变为产品再变为废弃物，经过大自然的再造，又变为有用之物。

　　热力学第二定律告诉我们，熵在增加。熵指不工作的能量，也用来表示系统的无序或混乱状态。这一定律意味着，从一种能向另一种能的任何转换都不是完全有效的，能的消费是不可逆的过程。在能量转换过程中，总有一些能量损失了。因此，如果没有新的能量从外部投入，一个封闭系统最终会耗尽其能量。因为生命需要能量，能量耗尽生命也就停止了。当然，从能源来说，地球并不是封闭系统，地球从太阳得到能量。从长远来说，如果把太阳系看作一个封闭系统，地球的发展受可得到的太阳能多少的限制。

热力学的两个定律告诉我们，生产和消费产生的废弃物是不可避免的，在这种情况下自然作为吸收、稀释废弃物并使其再生利用的场所就是必不可少的。由于封闭系统中熵的增加是不可避免的，人类必须把经济系统与自然利用的场所不断扩展连接起来，形成开放系统，与能量的消耗和生命的终止进行不懈的斗争。

自然－经济系统的建立，大大开阔了经济学家的眼界，扩大了经济学的研究范围，拓宽了经济学的范畴（几十年来经济学一直在进行这种扩张，不过其对象主要是其他相对弱小的社会科学领域），也为研究者提供了一个新的视角。同时，这也为我们的认知展开打下了一个分析的基础。

人类在一定区域和一定社会组织形式下，实现社会的经济增长及对自然改造和影响，通过经济活动与自然发生各种各样的关系，形成自然－经济系统。人类经济活动融入自然之中，形成相互依赖、相互作用的统一体。自然系统是以人为对象的，环绕于人类周围的自然事物的整体。经济系统是社会再生产过程中的生产、交换、分配和消费四个环节构成的有机整体。自然系统和经济系统之间通过物质、能量和信息的交换，相互作用、相互联系，耦合为一个整体，即构成了自然－经济系统。

（三）自然－经济系统的构成

在自然－经济系统中，有五个基本要素：人（人类、自然人及对应的经济人）、资本或者资金、技术、资源（自然资源及对应的经济资源）、环境（自然环境及对应的经济环境）。

人是连接自然与经济的纽带，是生产力的重要构成要素和体现生产关系、社会关系的生命实体，作为自然人，其是自然的基本实体之一；作为经济人，其是经济的初始实体之一（见图 5－6）。相应地，它是生产者和消费者的统一体，作为生产者，人类能够开发自然系统、利用自然资源和自然环境，并且能够通过技术进步实现对自然资源的合理开发与利用；作为消费者，将自然资源转化为产品，最终都是被人所消费的，其消费的剩余物和废弃物又都回到自然环境之中。人是自然－经济系统中的主体，能够自觉地调节经济子系统和自然子系统的关系，从而能够达到实现人类经济社会与自然之间协调发展的目的。

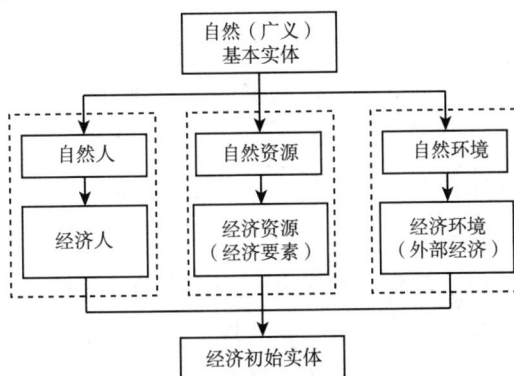

图 5 – 6 自然（广义）－经济系统的实体构成

资本包括物化资本（物质资料）和货币资本（资金）两部分，其中物化资本是自然－经济系统形成与发展的重要条件；而货币资本作为流通手段，参与了自然－经济系统的循环运动。我们讨论的资本或投资，是从价值和价值流角度来讲的，是指所有者投入经济运作，能产生效益的资金。资本是一种运动中的价值。资本的运动通常表现为经过购买、生产和售卖三个阶段，依次采取货币资本、生产资本和商品资本三种职能形式。资本只有顺利地从一种职能形式转变为另一种职能形式，顺利地通过这三个阶段，才能收回成本，获得收益。当然也存在失败的风险。资本一旦停止运动，实现价值增值的目的就会丧失，资本的生命就会停止。资本存在垫支性，投资者为了取得收益，必须先垫付一定的货币资本用于购买各种经济要素，为产生收益做准备，也即进行投资。资本之所以能够增值，带来收益，关键是它的运动，不断地从流通领域进入生产领域，再由生产领域进入流通领域，资本的这种不间断运动是资本取得价值增值的必要前提和条件，一旦停止运动，资本就不能增值。资本运动的目的是价值增值，是实现利润的最大化，增值性是资本的本质属性。资本也要在社会上得到认可。

自然资源是指人类生产和生活所必需和主动开发利用的自然物质，是自然的三个基本实体之一，包括水资源、太阳能、风能、潮汐能、生物能等可再生资源；以及煤炭、石油、矿石等不可再生资源。资源是自然－经济系统中不可缺少的物质要素，也即经济资源（经济要素），是经济的三个初始实体之一。人类对自然资源不同的开发利用方式决定了自然－经济系统的运行状况和运行质量，总体来看，应以可再生资源利用为主，尽量不利用或少利用不可再生资源，并且对不可再生资源的利用一定要遵循节约利用、高效利用和清洁利用的原则。

自然环境是人类经济活动的各种外部自然条件的总和，是自然的三个基本实体之一，也是经济环境（外部经济）的重要组成部分，是经济的三个初始实体之一。在自然－经济系统中，它提供一些相应的功能：是人类经济活动的空间场所及相应的外部自然条件，也是约束因素，它还是自然资源的生发和存在的载体；吸纳经济活动产生的废弃物，净化污染物，进行环境再生产；提供直接的效用。自然环境具有自我调节能力和相对稳定性，一旦超出了环境自净能力，就会导致环境功能的衰退或破坏，最终将危及人类的生存与发展。

技术是人类开发、利用、改造自然的物质手段、精神手段和信息手段的总和。在自然－经济系统中，技术要素的作用会越来越大，但技术对自然的作用具有两面性，正确的技术方案和技术措施会增强自然资源要素的产出功能；而不当的技术手段和技术行为则会造成自然资源破坏和自然环境污染，引起自然生态系统的退化和自然－经济系统产出功能的下降。

从结构上看，上述五个要素形成了自然－经济系统（见图5-7）的两个子系统：一是自然系统，它为人类的生产和生活提供空间、物质、能量、环境等支撑，是自然－经济系统运行的基础；二是经济系统，它是人类意志的体现，是为人类提供所需物品和劳务的投入－产出系统，是自然－经济系统的主体。经济系统与自然系统在生产过程中相互交换和变换物质，并协调自然－经济结构及其功能，促进系统的稳定发展。其间，在资本运作中，以资金循环的方式体现着生态经济系统的运行状态，资金循环联系性是自然－经济系统运行联系性的保证，资金循环速度快慢反映着系统的运行效率。技术是连接自然系统和经济系统的中介环节，起着从科学到生产或从生产到科学之间传递与转化媒介物的作用。两个系统之间既相互独立，又相互联系，共同形成一个统一的有机整体——自然 - 经济系统。

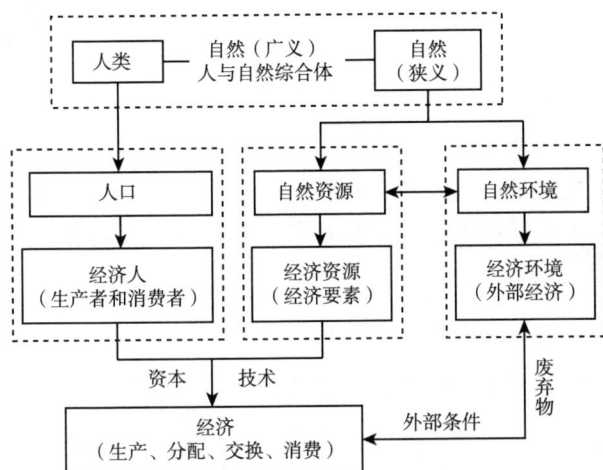

图 5 – 7 自然 – 经济系统

（四）自然 – 经济系统的内部关联

自然 – 经济系统内部各要素之间、各部分之间的相互作用是通过物流、智能流、价值流和信息流的形式实现的。物流即物质循环，它分为三类：第一类是自然界的物质循环，也就是生态学上所讲的物质循环，它是通过生产者→消费者→分解者→环境→生产者→……的序列过程进行的；第二类是社会经济中的物质循环，也就是经济系统中的物质循环，它是通过生产→分配→交换→消费→……的过程在社会各部门之间循环流动的；第三类是自然物流与经济物流的相互转化，它实质上是指在技术子系统的作用下自然子系统与经济子系统之间的内在联系和相互促进的关系。能流即能量流动，它有两个显著的特点：其一，流动的单向性和非循环性，并且随着热量的释放而参与物质循环；其二，能量的递减性，即随着能量的传递和转移，能量是逐渐消耗、逐级减少的，并且遵循热力学定律。同样，能流分为自然能流和经济能流，并且经济能流是由自然能流转化而来的。价值流即价值实现和价值增值，它是人类通过有目的的劳动过程，把自然物（能）流变换为经济物（能）流，价值沿着生产链不断形成和转移；最后通过市场买卖，使价值得以实现和增值，并且价值的逐级递增和能量的逐级递减发生在同一生产过程之中，二者融为一体。信息流是指在自然－经济系统中，以物质和能量为载体，通过物流和能流而实现信息的获取、存储、加工、传递和转化的过程。信息传递不仅是自然－经济系统的重要特征，而且是管理自然－经济系统的关键。从自然角度看，自然－经济系统中的任何子系统或部分都是物质、能量、信息流的统一体；而从经济角度看，则是以物流、能流和信息流为基础的人类经济系统的价值流动过程。

长期以来，人们从思想到行动都是将自己与自然割裂开来，只考虑从自然界中索取，不考虑人类行为对自然的影响，因而形成了单一的经济系统。在这个系统中，生产经营者（厂商）和消费者（家庭）是两个基本的行为主体，两个主体之间通过产品和生产要素连接起来。

这种经济系统，在人类社会的早期阶段，如史前时期和农业文明时期，由于人类的活动范围狭小，并且以适应性的生产经济行为为主，因而没有造成大的危害。但自工业革命以来，由于化石能源和机器设备的大量利用，在社会生产力飞速发展、人们物质生活水平大幅提高的同时，不仅地球上仅存的不可再生自然资源被大量消耗，而且造成了日益严重的自然环境问题。因此，人类面临的重大自然危机，其直接原因是不当的生产经济行为，其根源是人们不当的思想观念和认识方式，是没有摆正人类与自然之间关系的结果。具有增长型机制的经济系统对自然需求的无限性，与具有稳定型机制的自然系统对经济供给的有限性之间的矛盾，是自然－经济系统的基本矛盾。这个矛盾关系表现在两个方面：一是自然系统的自然资源供给不能满足人类日益增长的经济需求，也就是自然资源的稀缺性问题；二是经济系统的影响和废弃物排放超过了自然系统的自净能力和调节能力，也就是自然环境的容量问题。

人类与自然之间是既相互依存又相互制约的关系：一方面，人类是自然的产物，是自然界的一部分，人类要依赖自然才能生存和发展；另一方面，人类不是被动地适应自然，而是主动地改造自然，使其更适合人类的生存和发展，但人类的任何行为都必须遵循自然规律。所以，人类与自然之间是不可分的，人类经济社会与自然之间是一个复合系统，将二者割裂开来，不仅在理论上是错误的，而且在实践上是非常有害的。

第二节　可持续发展指标体系

本节首先从可持续发展的基本理论出发，结合主成分分析法和集成化指数等工具，提出了一套评估发展可持续性的指标体系。通过这些内容，我们可以进一步理解和监控经济、社会与环境之间的动态平衡状态。

一、可持续发展理论

（一）可持续发展的概述

"持续"一词来自拉丁语，意思是"维持下去"或"保持继续提高"。资源与环境，应该理解为保持或延长资源的生产使用性和资源基础的完整性，这意味着使自然资源能够永远为人类所利用，不致因其耗竭而影响后代人的生产与生活。

1987年，以挪威首相布伦特兰夫人为首的世界环境与发展委员会发表了长篇专题报告《我们共同的未来》，报告系统地阐述了人类面临的一系列重大经济、社会和环境问题，提出了"可持续发展"的概念。这一概念在最一般的意义上得到了广泛的承认和认可，并在1992年巴西召开的联合国环境与发展会议上得到共识。布伦特兰夫人提出的可持续发展定义是：既满足当代人的需求，又不对后代人满足其自身需求的能力构成危害的发展。

可持续发展涉及经济发展和社会生活的所有方面，包含了当代和后代的需求、国家主权与国际公平、自然资源与生态承载力、环境与发展相结合等重要内容。可持续发展的核心思想是：健康的经济发展应建立在生态可持续能力、社会公正和人民积极参与自身发展决策的基础上。它所追求的目标是要使人们的各种目标得到满足、个人得到充分发展，又要保护资源和生态环境、不对后代人的生存和发展构成威胁。

就理性设计而言，可持续发展具体表现在：工业应当是高产低耗、能源应当被清洁利用、粮食需要保障长期供给、人口与资源应当保持相对平衡、经济与社会及环境协调发展等。以往人们对"发展"的理解往往局限于经济领域，把发展狭义地理解为经济的增长，即国民生产总值的提高、物质财富的增多及人民生活水平的改善等。但可持续发展是一个涉及经济、社会、文化、技术及自然环境的综合概念。它是一种立足于环境和自然资源角度提出的关于人类长期发展的战略和模式。

（二）可持续发展的基本思想

可持续发展的基本思想主要包括以下三个方面。

1. 可持续发展鼓励经济增长。它强调经济增长的必要性，必须通过经济增长提高当代人民福利水平，增强国家实力和社会财富。但可持续发展不仅要重视经济发展的数量，更要追求经济增长的质量。这就是说经济发展包括数量增长和质量提高两部分。数量的增长是有限的，而依靠科学技术的进步，提高经济活动中的效益和质量，科学经济增长方式才是可持续的。因此，可持续发展要求改变传统的以"高投入、高消耗、高污染"为特征的生产模式和消费模式，实施清洁生产和文明消费，从而减少每单位经济活动造成的环境污染。环境退化的原因产生于经济活动，其解决的方法也必须依靠经济过程。

2. 可持续发展的标志是资源的永续利用和良好的生态环境。经济和社会发展不能超越资源和环境的承载能力，可持续发展以自然资源为基础，同生态环境相协调。它要求在严格控制人口增长、提高人口素质和保护环境、资源永续利用的条件下，进行经济建设时保证以可持续的方式使用自然资源和环境成本，使人类的发展控制在地球的承载力之内。

3. 可持续发展的目标是谋求社会的全面进步。发展不仅仅是经济问题，单纯追求产值的经济增长不能体现发展的内涵。可持续发展的观念认为，世界各国的发展阶段和发展目标可以不同，但发展的本质应当包括改善人类生活质量，提高人类健康水平，创造一个保障人们平等、自由、教育和免受暴力的社会环境。这就是说，在人类可持续发展系统中，经济发展是基础，自然环境是条件，社会进步才是目的。

二、可持续发展指标体系

可持续发展是一种全新的发展观和发展模式，其内涵十分丰富。概括起来说，我们认为可持续发展的实质是自然与社会系统的协调发展，其核心内容可以归纳为人口（population）、资源（resource）、环境（environment）和经济（economy）（总体简称 PREE）四项关键要素的协调发展。

可持续发展指标和指标体系是评估可持续发展的重要工具。1992 年里约环境与发展大会认识到，指标在帮助国家作出有关可持续发展的决策方面发挥着重要作用。《21 世纪议程》第 40 章中，号召各国、国际组织、政府组织、非政府组织开发和应用可持续发展的指标，以便为各层次的决策提供坚实基础。

张志强等（2002）认为，可持续发展指标应该具备以下三个功能：第一，描述和反映某一时间（或时期内）各方面可持续发展的水平和状况；第二，评价和监测某一时期内各方面可持续发展的趋势和速度；第三，综合衡量各领域整体可持续发展的协调速度。

可持续发展指标和指标体系的构建，有利于定量化评价分析一个国家或地区的可持续发展水平和能力，并为决策者制定可持续发展的具体目标、政策和实施方案提供了重要的信息参考。

（一）可持续发展指标选取的原则

从可持续发展评估的内在要求及国际上可持续发展评估指标体系发展的实践来看，可持续发展指标的选择应考虑：与可持续发展目标的密切相关性；内涵和概念的准确性；可测量性和数据的易获得性；可理解性和简明性；适当的时空尺度；区域的可比性；代表性和数量的有限性；预测性和预警性；测量方法的科学性；与政策的相关性。

（二）概括的可持续发展指标体系

从前几章的分析中，概括可持续发展指标体系所涉及的主要指标，具体见表 5 - 1。

表 5 – 1　　　　　　　　　　　　　可持续发展指标体系

类型	主要指标
人口子体系	人口总量（万人）、人口增长率（‰）、人口净迁移率、人口密度
	人口性别比（出生婴儿性别比、年龄组性别比、迁移人口性别比）
	人口年龄结构（青少年人口占比、劳动力资源占比、老年人口占比）
	人口素质（人才比率、教育投资占比）
	人口就业率（城镇人口就业率、妇女人口就业率）
社会子体系	教育（学龄人口增长率；成人识字率；文盲率；男性和女性在校生比率的差异）
	基尼系数
	流动人口；人均住房面积；女性劳动力占男性劳动力的百分比
资源子体系	土地资源（人均耕地面积；土地复种指数；耕地减少率）
	水资源（淡水资源储量、人均水资源占有量；水资源回收率）
	气候资源（降水量；光能；风能）
	矿产资源（矿产资源储存量；人均能源占有量；能源生产消费能耗）
	生物资源（林木资源；海洋渔业资源）
经济子体系	GDP、人均 GDP、人均 GDP 增长率；恩格尔系数
	投资（消费）占 GDP 比例；劳动生产率
	生产、生活能源消费量（总量、单位量）
环境子体系	大气主要污染物（SO_2、NO_2、可吸入颗粒等）排放总量
	水环境主要污染物排放总量、饮用水达标率、水体污染度
	各类主要污染物综合治理率
	城市噪声环境质量评价
	土地退化、土地沙漠化
	工业固体废物产生量和综合利用率

（三）联合国可持续发展指标体系

1992 年联合国环境与发展会议以后，联合国可持续发展委员会会同联合国政策协调和可持续发展部、联合国统计局、联合国开发计划署、联合国环境规划署、联合国儿童基金会和亚太经社会等机构，研究并提出了可持续发展指标体系。在"经济、社会、环境和机构四大系统"的概念模型和"驱动力（driving force）—状态（state）—响应（response）"概念模型（DSR 模型）的基础上，结合《21 世纪议程》提出了一个初步的以可持续发展为核心的指标体系框架。其中，驱动力指标用以表征那些造成发展环境不可持续的人类活动、消费模式和经济系统等因素；状态指标用以反映可持续发展过程中各系统的状态；响应指标用以表明人类为促进可持续发展所采取的对策。该指标体系创建了人类活动和环境相互作用的概念模型，很好地阐释了人类活动和环境存在的四个方面的相互作用，同时选取了 25 个能够相对比较准确表征这四个方面相互作用的指标，构成了环境可持续发展指标体系。

联合国可持续发展指标体系由社会、经济、环境和机构四大系统构成，大体框架如表 5 - 2 所示。

表 5 - 2　　　　　　　　　　　　联合国可持续发展指标体系

一级指标	二级指标	三级指标
人口（社会）领域	消除贫困的指标	就业率、贫困度
	人口动态和可持续能力的指标	人口增长率、净迁移率、人口密度
	反映教育、公众认识与培训的指标	学龄人口、成人识字率、教育投资占 GDP 的比重、女性劳动力占男性劳动力的百分比
	人类健康的指标	拥有地下管道设备人口占总人口的百分比、安全饮水人口占总人口的百分比、预期寿命、婴儿死亡率、产妇死亡率、总人口吸烟率、实行计划生育的妇女占育龄妇女的百分比、避孕普及率、医疗卫生支出额占 GDP 的百分比
	人类居住区可持续发展的指标	城镇人口增长率、大城市数量、城镇人口的百分比、因自然灾害造成的人口和经济损失、人均居住面积、住宅价格与收入的比率、上下班占用时间、人均基础设施支出额、住宅贷款等
经济领域	发展中国家可持续发展的指标	实际人均 GDP 增长率、人均 GDP、制造业增加值在 GDP 中的份额、GDP 中用于投资的份额、人均 EDP/用环境因素调整后的增加值、出口比重、进出口总额占 GDP 的比重
	反映消费和生产模式的指标	矿藏储量的消耗、年人均能源消耗量、已探明矿产资源量、已探明能源资源储量、制造业增加值中自然资源密集型工业增加值的份额、制造业商品出口额比重、原材料使用强度、再生能源的消费量与非再生能源消费量的比率
	反映财政方面的指标	资源转移净值/GNP、无偿给予或接受的 ODA 总额占 GNP 的百分比、债务额/GNP、债务支出/出口额、环保支出占 GDP 的百分比、环境税收和津贴占政府收入的百分比

续表

一级指标	二级指标		三级指标
环境领域	水资源	淡水资源	每年减少的地下水和地表水占可利用水资源的百分比、国内人均水消费量、地下水储量、淡水中的杂质浓度、水中的 BOD 和 COD 含量、污水处理量
		海洋资源	沿海地区人口增长率，排入海域的石油、氮和磷、海藻指数
	土地资源方面的指标		土地利用的变化、土地条件的变化、分散型地区自然资源管理
	防沙治旱方面的指标		干旱地区贫困线以下人口比重、全国降雨量指数、受荒漠化影响的土地
	农业和农村可持续发展的指标		农药使用、化肥使用、人均可耕地面积、灌溉地占可耕地的百分比、受盐碱和洪涝灾害影响的土地面积、农业教育、农业的扩展、农业研究强度、农户的能源、农业的能源使用量、农业能源
	森林方面的指标		森林面积、森林管理面积的比重、木材砍伐密度、森林保护面积占总森林面积的百分比
	生物多样性的指标		濒危物种占本国全部物种的百分比、陆地保护面积占全部陆地面积的百分比
	大气层保护方面的指标		温室气体排放量，氧化硫排放量，氧化氮排放量，耗损 O_3 层物质的生产和消费，城镇地区的 SO_2、CO、O_3 和悬浮颗粒物的浓度，用于减少空气污染的支出额等
	固体废物方面的指标		工业区和市政区废物的生成量、人均垃圾处理量、垃圾收集和处理的支出、废弃物再生利用率、市区垃圾处理量、每单位 GDP 的垃圾减少量
	有毒有害物质方面的指标		化学品导致的意外严重中毒事件、禁止使用的化学品数量、有害物质生成量、有害废物进出口量、有害废物污染的土地面积、处理有害废弃物的支出额、放射性废物
制度领域	科学方面的指标		每百万人拥有的科学家和工程师、每百万人中从事研究和发展的科学家和工程师、研究和发展费用占 GDP 的百分比
	信息利用方面的指标		每百户居民拥有的电话、印刷和散发的报纸的数量和种类
	国家环境规划、可持续发展战略、可持续发展委员会、可持续发展国际协议、可持续发展立法、地方代表等方面的民意调查指标		

三、可持续发展综合测算方法——主成分分析法

评估国民大系统发展过程及状况需通过由多层次的、多系统的、各种类型的指标构成的可持续发展指标体系来进行，而这些指标对国民大系统发展过程和状况说明的程度各不相同，彼此间又难免有一定的相关性，使它们在信息上发生重叠，从而导致评估结果不清，甚至发生矛盾。主成分分析利用线性代数等有关理论，将原来众多指标转化为少数几个互相独立，并由原来各单项指标的线性组合来表示的综合指标，恰能克服上述可持续发展指标体系描述和评估可持续发展状况的不足。所以，在可持续发展指标体系的基础上，应用主成分分析法能够较理想地评估测算可持续发展水平。

此外，值得注意的是，部分指标涉及的因素较多，且各因素之间的关系较为复杂。例如，某一地区的平均期望寿命与收入水平、医疗条件、生活习惯、受教育水平、文化传统、气候条件等诸多因素都有关联。在建立指标体系时，难点往往就在于对这类指标的分析和选取。从理论上讲，这类指标的选用必须以对该指标与其相关因素的关系的定量统计分析为基础。从这一角度来看，应用主成分分析方法十分有必要。

（一）主成分分析法说明

主成分分析法是研究用变量族的少数几个线性组合（新的变量族）来解释多维变量的协方差结构，挑选最佳变量子集，简化数据，揭示变量间关系的一种多元统计分析方法。其基本原理如下：

设 $X = (X_1, X_2, \cdots, X_p)$ 是 P 维随机向量，其中设 $X_j = (X_{1j}, X_{2j}, \cdots, X_{nj})$，$j = 1, 2, \cdots, p$。若对变量 $X_1, X_2, \cdots, X_p$ 作变换，产生新的 P 个变量 $\text{Cov}F_1, F_2, \cdots, F_p$ 并使其满足：

（1）每个新的变量 F_j 是原有变量 $X_1, X_2, \cdots, X_p$ 的线性组合，即 $F_j = \beta_1 X_1 + \beta_2 X_2 + \cdots + \beta_p X_p$，其中 $\sum \beta_j^2 = 1, j = 1, 2, \cdots, p$。

（2）各个新的变量之间互不相关，即 $\text{Cov}(F_i, F_j) = 0 (i \neq j, i, j = l, 2, 3, \cdots, p)$。

（3）在上述条件下，各个新变量的方差尽可能大，但新旧变量的方差和不变，即 $\sum VarX_j = \sum VarF_j$。

显而易见，新变量是由原变量产生，且二者的关系是简单的线性关系，由于新变量之间互不相关。使各个新变量的意义独立、明确；新变量 F_1，F_2，$\cdots$，F_p 依次代表了具有最大变异的方向，且各自包含了原有 p 个向量在该方向上的最多信息。在这里，分别称 F_1，F_2，$\cdots F_p$ 为第 1，F_1，F_2，F_3，F_4，F_5，F_6，F_7 为第 2，$\cdots$，第 p 个主成分。当 F_{k+1}，F_{k+2}，$\cdots$，F_p 的方差之和很小时，F_1，F_2，$\cdots$，$F_p(k<p)$ 等 k 个主成分就可以基本上反映出原变量 X_1，X_2，$\cdots$，X_p 所含的有关信息。

（二）主成分分析方法评估可持续发展水平的步骤

应用主成分分析方法评估可持续发展水平应遵循如下步骤：

1. 根据可持续发展理论及客观实际情况，按可持续发展指标体系整理原始数据。

记向量 $E = (E_1, E_2, \cdots, E_{P1})$，$R = (R_1, R_2, \cdots, R_{P2})$，$G = (G_1, G_2, \cdots, G_{P3})$，$S = (S_1, S_2, \cdots, S_{P4})$，$P = (P_1, P_2, \cdots, P_{P5})$，$T = (T_1, T_2, \cdots, T_{P6})$，$U = (U_1, U_2, \cdots, U_{P7})$ 分别为经济子系统、资源子系统、环境子系统、社会子系统、人口子系统、科教子系统、制度子系统具体指标所组成的向量。

2. 以 E、R、G、S、P、T、U 为基础，分别采用主成分分析法评估各系统的发展水平。令 F_1，F_2，F_3，F_4，F_5，F_6，F_7 分别代表经济、资源、环境、社会、人口、科教和制度七个系统的发展水平。由于这七个子系统的发展水平确定方法完全相同，所以仅以经济子系统为例来讨论。

第一步，对原始数据进行标准化处理。由于可持续发展指标通常都是有度量单位的，由这些指标的观测数据所计算的协方差矩阵或相关矩阵必然要受到指标量纲的影响，不同的量纲和数量级将得到不同的协方差矩阵或相关矩阵。所以，为了避免计算结果受指标量纲和数量级的影响，保证其客观性和科学性，在进行其他运算之前，必须对原始数据进行标准化处理。其标准化计算公式为：

$\chi_{ij} = \dfrac{X_{ij} - \overline{X_j}}{S_j}$，式中$\chi_{ij}$代表标准化后的数据；$X_{ij}$为原始数据；$X_j$为第$j$个指标平均数，$S_j$为标准差。

第二步，计算标准化后的P_i各指标的两两相关矩阵。

$$R_{ij} = \begin{vmatrix} 1 & R_{12} & \cdots & R_{1pj} \\ R_{21} & 1 & \cdots & R_{2pj} \\ \cdots & \cdots & \cdots & \cdots \\ R_{p11} & R_{p12} & \cdots & 1 \end{vmatrix}$$

式中，$R_{ij} = R_{ji}$。

第三步，计算相关矩阵R的特征根λ_i和特征向量h_j。通常采用雅可比方法计算，由于计算过程较复杂的计算机程序，就不详述这种方法了。R的特征根为：$\lambda_1 \geq \lambda_2 \geq \cdots \lambda_{pj} \geq 0$，相应的标准正交特征向量为$h_1$，$h_2$，$\cdots$，$h_p$，其中$h_i = (h_{i1}, h_{i2}, \cdots, h_{ipj})$，$(i = 1, 2, \cdots, p_i)$。

第四步，计算各主成分的方差贡献率∂_j及累计贡献率$\sum\limits_{j=1}^{k} \partial_j$。主成分$F_j^i$的方差贡献率$\partial_j$为$F_j^i$的方差在总方差$Var(F_j^i)$中的比重，即第$j$个主成分所得取的原$P_i$个变量的信息在全部信息中的比重；累计贡献率$\sum\limits_{j=1}^{k} \partial_j$则是前$k$个主成分提取信息累计量在信息总量中的比重。

第五步，选取主成分个数。$\sum \partial_j$为前k个主成分从原P_i个变量中提取的信息量。若该信息量已达到全部信息量的绝大部分（通常大于85%），可以认为，前k个主成分已基本反映了原变量的主要信息；故取前k个主成分已足以说明问题，后P_{i-k}个主成分可以省略掉。所得主成分为：

$$F_1^1 = h_{11}X_1 + h_{12}X_2 + \cdots + h_{kp1}X_{p1}$$
$$F_2^1 = h_{21}X_1 + h_{22}X_2 + \cdots + h_{kp1}X_{p1}$$
$$F_k^1 = h_{k1}X_1 + h_{k2}X_2 + \cdots + h_{kp1}X_{p1}$$

在这k个主成分中，F_1^1是一切线性组合中方差最大者，即反映原有指标的信息最多，故称之为第一主成分。它在评价研究对象时所起的作用应最大。$F_2^1 \cdots F_k^1$ 作用递减，重要性依次减轻。

最后，计算主成分的得分并计算综合得分，以表明经济子系统的综合发展水平。

将标准化的数据 X_{i1}，X_{i2}，$\cdots$，X_{ip1}（$i = 1$，2，$\cdots$，n）分别代入上式可得各评价对象的各个主成分得分，然后在此基础上，根据下式计算综合得分：$F^1 = \sum_{j=1}^{k} \partial_j F_j^1$。

可见，F^i 是以各主成分的方差贡献率为权数，P_i 个主成分得分的加权平均数。该综合得分越高，说明该样本的经济子系统的可持续发展水平越高；反之，则越低。值得注意的是，各样本综合得分有负有正，综合得分值为正，说明高于平均水平；综合得分值为 0 时是平均水平；综合得分为负，说明低于平均水平。

在经济子系统、资源子系统、环境子系统、社会子系统、人口子系统、科技子系统、制度子系统的可持续发展水平基础上，计算可持续发展水平。其公式为：

$$F = \sum_{i=1}^{7} W_i F^i$$

式中，F 为可持续发展水平；W 为第 i 个子系统在可持续发展评估中的重要程度，且要求 $\sum_{i=1}^{7} W_i = 1$；F^i 为第 i 个子系统可持续发展水平。

四、可持续发展集成化指数

（一）人类发展指数（HDI）

1. 人类发展指数内涵。人类发展指数（Human Development Index，HDI）是由联合国开发计划署（UNDP）在《1990 年人类发展报告》（HDR 1990）中提出的，用来衡量世界各国经济社会发展水平，它是对传统的 GDP 指标的挑战。HDI 从健康长寿的生活（用出生时预期寿命指标来表示）、获取知识

（用平均受教育年限和预期受教育年限来表征）以及体面的生活水平（用人均 GNI 来表示）三个维度来反映一个国家的人类发展水平。把以上指标按照一定的计算方法，得到一个复合指数，公布在当年的《人类发展报告》中。自 1990 年以来，HDI 在指导发展中国家发展战略的制定方面发挥了重要作用。人类发展指数综合反映了世界各国的卫生与健康水平、教育水平、经济和生活水平，能较全面地反映社会和经济的发展。自 1990 年以来。联合国开发计划署每年都发布世界各国的人文发展指数，极大地影响了世界各国的可持续发展评价指标。

2. 人类发展指数的计算。HDI 考虑以下四个因素进行标准化：出生时的预期寿命，25 岁及以上成人接受教育的平均年限，学龄青年的预期年限，以及人均国民总收入。四个因素结合起来创建出三个指数，每个指标的值在 0 ~ 1 之间。

计算 HDI 时的指标阈值范围如表 5 - 3 所示。

表 5 - 3　　　　　　　　　　HDI 指标表阈值范围

指标	最大值	最小值
预期寿命（年）	83.2	20
平均受教育年限（年）	13.2	0
预期受教育年限（年）	20.6	0
综合知识指数	0.951	0
人均 GNI	108211	163

资料来源：2010 年人类发展报告。

HDI 的具体计算方法如下：

（1）平均预期寿命（LEI）：

$$LEI = \frac{出生时预期寿命 - 20}{83.2 - 20}$$

（2）教育指数（EI）：

$$EI = \frac{\sqrt{\dfrac{教育平均年限}{13.2} \times \dfrac{预期教育年限}{20.6}}}{0.951}$$

（3）*GNI* 指数（用美元衡量）：

$$GNI = \frac{\log(GNP) - \log(163)}{\log(108211) - \log(163)}$$

（4）人类发展指数的终值就可以按照这三个指标的几何平均值计算：

$$HDI = \sqrt[3]{LEI \times EI \times GNI}$$

人类发展指数从动态上对人类发展状况进行了反映，揭示了一个国家的优先发展事项，为世界各国尤其是发展中国家制定发展政策提供了一定依据，从而有助于挖掘一国经济发展的潜力。通过分解人文发展指数，可以发现社会发展中的薄弱环节，为经济与社会发展提供预警。

（1）人类发展指数的优点：应用较易获得的数据，认为对一个国家福利的全面评价应着眼于人类发展而不仅仅是经济状况，计算较容易，比较方法简单；人类发展指数适用于不同的群体，可通过调整反映收入分配、性别差异、地域分布、少数民族之间的差异。HDI 从测度人文发展水平入手，反映一个社会的进步程度，为人们评价社会发展提供了一种新的思路。

（2）人类发展指数的缺点：首先，人类发展指数只选择预期寿命、成人识字率和实际人均 GDP 三个指标来评价一国的发展水平，而这三个指标只与健康、教育和生活水平有关，无法全面反映一国人文发展水平。其次，在计算方法上，存在一些技术问题。最后，HDI 值的大小易受极大值和极小值的影响。因为 HDI 是采用将实际值与理想值和最小值联系起来的方式，来评价相对发展水平的。所以，当理想值或最小值发生变化时，即使一国的三个指标值不变，其 HDI 值也可能发生变化。

（二）可持续经济福利指数

1. 可持续经济福利指数内涵。近年来，人们已经逐步认识到使用 GDP 作为福利量度的局限，尤其是在考虑环境保护与可持续性的时候。GDP 仅是货币量的加总，它无法区分开能够增加福利的经济行为（如在休闲、食物或者在衣着上的花费）和其他行为（如环境污染）等不同形式的经济行为。污染明显地对总的福利状况有不良影响，但却能增加 GDP，这显然是不合理的。

可持续经济福利指数（Index of Sustainable Economic Welfare，ISEW）是对社会政治测量方法更为深入的研究，由达莱和考勃提出，它从个人消费开始，增加非防护性支出和资产构成，扣除防护支出、环境损害费用和自然资产折旧，并反映社会分配的不公平。

2. 可持续经济福利指数计算。根据可持续发展的理论，ISEW 按如下公式计算，以度量城市的可持续经济福利水平：

$$ISEW = C_p + E_{nod} + F_c - E_d - C_{ed} - D_{nc}$$

式中，$ISEW$ 为可持续经济福利指数；C_p 为个人消费；E_{nod} 为非防护性支出；F_c 为资产构成；E_d 为防护支出；C_{ed} 为环境损害费用；D_{nc} 为自然资产折旧。

ISEW 通过加权的私人消费添加或者扣减了 20 余个构成该指数的因子，具体核算框架如表 5 - 4 所示，相应栏目中标有（＋）或者（－），涉及栏目共 25 项。

表 5 - 4　　　　　　　　　　ISEW 核算框架

序号	项目	序号	项目	序号	项目
A	消费者支出	I	通勤交通费用（－）	Q	臭氧层消耗的成本（－）
B	分配不公平指数	J	非伤亡交通事故损失（－）	R	长期环境损害的成本（－）
C	加权个人消费（＋）（A/B）	K	耕地损失（－）	S	资源损耗（－）
D	家庭劳动力的估算值（＋）	L	水土流失（－）	T	城市化成本（－）
E	街道和高速公路的服务（＋）	M	湿地损失（－）	U	净资本增加（＋）
F	健康和教育的公共支出（＋）	N	水污染成本（－）	V	净外债（－）
G	消费者耐用品差异（＋）	O	空气污染的成本（－）	W	ISEW 总值
H	对健康和教育的个人防护支出（－）	P	噪声污染的成本（－）	X	人均 ISEW 值

（1）增加福利的因子。

第一，加权个人消费。用个人消费除以"分配不公平系数"而得。加权个人消费值加减其他各项经济贡献或负担后，所得数值方可构成 ISEW。分配收入不公平系数从"基尼系数"演化而来。

第二，家务劳动的价值。社会上的许多重要工作（如照看小孩、维修家用设备、志愿者的劳动等）都是在家庭和城市社区中完成的。传统的 GDP 并不包括这些劳动所产生的价值；而 ISEW 则将其补充进去，办法就是以假定雇用他人来完成这些工作所需的市场费用作为这些劳动的价值。

第三，健康与教育方面的公共支出。除了用于健康、教育、道路和高速公路建设等领域外，还具有防护性的作用。很多重要的公共支出，如公众住宅、文化、娱乐休闲等都被忽视了。在公共支出中，一个重要的影响因素就是健康与教育的公共支出。总的健康支出的一半对福利有贡献，可以加入 IESW 中；教育支出的一半是为了提高自身的工作能力，也应加入 IESW 中。

第四，耐用消费品等家庭资产和公共基础设施的服务价值。GDP 将一些主要耐用消费品（如汽车、冰箱）的服务价值同购买时的支出混在一起；而 ISEW 则将其区分，把这些资产的购买开支作为成本予以扣除，而其随后所提供的服务价值则作为效益，两者的差值即为消费者耐用品差异。

第五，净资本投资。净资本的增长可看作是未来消费的来源，需要计入消费中。它表明了用于补偿人口与劳动力增加的资本存量变化，也反映了经济增长的可持续性。净资本存量的增长通过净资本存量置换成本的变化来计算，并考虑劳动力的变化。其方法如下：

$$NGG = \Delta K - C_R$$

$$C_R = \frac{\Delta L}{L} K_{-1}$$

$$\Delta K = K - K_{-1}$$

$$\Delta L = L - L_{-1}$$

式中，NGG 为净资本增长；ΔK 为资本存量变化量；C_R 为劳动所需资本；ΔL 为劳动力变化量；L 为劳动力；K 为资本存量；K_{-1} 为前一年的资本存量。净资本增长即为新的资本存量减去资本需求，而资本需求可通过劳动力变化的滚动平均得到。为了减少波动的影响，在数据可得的情况下，采用 5 年的滚动平均值。

（2）降低福利的因子。

第一，资源损耗与生态环境的恶化。ISEW 中须扣除资源损耗与生态恶化所带来的损失，主要包括以下四个方面：一是经济活动中原油和煤炭等不可再生资源的消耗；二是耕地和湿地减少的损失；三是水土流失所造成的生产力下降的损失；四是生态服务价值下降带来的损失。采用"净价格法"来计算自然资源的损耗，即采用类似于计算固定资产折旧的方法来计算自然资源的折旧。这需要建立实物账户，针对不同自然资源进行记录，并根据其净价格（利润减去边际生产成本）来计算折旧。

第二，环境污染 ISEW 中须扣除空气、水和噪声污染的成本，作为衡量当前污染对人体健康和环境的损害。本研究对环境污染损失采用三个主要步骤来估算：第一步，通过相关发病情况的调研和病理学机理，调研不同环境污染水平下污染物浓度同居民的死亡率和发病率或物质损失之间的关系；第二步，用上述结果建立函数关系式估算实物损失量；第三步，将实物损失量货币化。在第一步中，一般都需要通过医疗保健方面的大样本调查和对照分析，以此来确定环境质量或污染物浓度的变化同各种疾病的发病率之间的关系，建立相应的"剂量 - 反应关系式"；然后，考察特定地区的污染物浓度水平、变化趋势和环境质量，根据上述剂量 - 反应关系来计算各种疾病发病率的变化和相应的实物损失量；第三步，根据环境经济学方法（如人力资本法和支付意愿法）对实物损失量进行货币化。

第三，长期的环境破坏。ISEW 将某些特殊能源的消费以及臭氧层破坏的损失当作成本予以扣除。气候变化和对于放射性废物的管理，是化石燃料和核能利用所带来的两种长期的环境成本。这包括 CO_2 域外影响的损失和放射性废弃物长期管理的费用；氯氟碳（CFCs，氟利昂）导致的臭氧层破坏。

第四，防护性开支。居民为保护生命和财产免受侵害需要开支，GDP 将这些费用作为增加的财富。例如，发生交通事故所需的医疗费用和修理费用；上下班的通勤交通费用；家庭为控制污染所需的开支，以及家庭为健康和教育的防护性开支等。ISEW 则将这些防护性开支当作成本而不是收益，需要从经济福利中扣去。

第五，城市化的成本。城市化产生了许多外部成本（如房价上涨，交通费用等），故将个人用于住宅的消费支出中的一部分作为城市化影响造成的成本而从福利中扣除。

第六，外债。外债反映了经济发展能力上的依赖程度。扣除净外债的目的是谋求较准确地量度国家或地区的长期自我发展能力。

第三节　绿色国民经济核算指标体系

在理解了可持续发展评估的基础上，本节将重点介绍绿色国民经济的核算。绿色国民经济是将环境因素纳入经济评估的重要手段，能够更加全面地反映经济发展和资源、环境之间的互动关系。

一、调整的国民经济核算体系

（一）现行国民经济指标体系存在的弊端

从环境角度来看，当前国民经济（GDP）核算未能全面反映经济活动所付出的代价，其中包括自然资源耗减和环境污染这两个方面的代价，而这些对于经济可持续发展和居民生活质量是至关重要的。研究表明，现行 GDP 指标缺陷可以归结为以下三个方面：

1. GDP 衡量的是经济过程中通过交易的产品与服务之增加值总和，而在交易过程中是增加社会财富还是减少社会财富，它并不能加以辨识，结果 GDP 将"好的""坏的"产出一视同仁地算在经济指标之中。因此，应当从 GDP 中别除减少社会财富的"虚数部分"。

2. 从自然资源角度看，没有考虑资源的质量下降和资源的枯竭等问题，其结果是高估了当期经济生产活动所创造的价值。所以，通常是一个国家或地区的自然资源消耗越多，其 GDP 规模越大，增长也就越快。

3. 从环境角度看，将产生环境污染的经济活动的收益计入 GDP 之中，即现行 GDP 核算没有扣减环境污染的代价和环境保护的投资支出，这就从两个方面增大了 GDP。上述表明，现行 GDP 只反映了经济活动为社会创造着财富的"正面效应"，没有客观反映在这一过程中所造成的"负面效应"。

因此，需要修正 GDP 核算方法，在借鉴国际经验的基础上，建立包括自然资源耗减和环境污染核算的绿色 GDP 核算体系，有利于对政府、地方和企业的经济活动进行合理引导，从而完善现行国民经济核算体系。

（二）绿色 GDP 核算体系的建立

从 20 世纪 70 年代开始，联合国、世界银行等国际机构，试图将环境问题纳入当前正在修订的国民账户体系中，以建立经过环境调整的国内生产净值（EDP）和经过环境调整的净国内收入（EDI）统计体系。绿色国民经济核算相对传统核算有很多优点，有利于客观地评价经济发展，有利于制定经济与环境协调发展的政策，有利于环境保护和资源的合理利用，有利于经济的可持续发展等。

目前，已有一个试用性的框架问世，称为"经过环境调查的经济账户体系（SEEA）"，即在 GDP 中扣除由于经济增长造成自然资源消耗和生态环境破坏的直接经济损失以及为恢复生态平衡、挽回资源损失而必须支付的经济投资，初步形成了环境与经济综合核算体系，因而也被称为"绿色国民账户"，即绿色 GDP。

绿色 GDP 从人类社会生产活动与可持续发展的角度，计量了生产活动的最终成果，不仅考虑了经济成本投入要素，也以同样的重要性考虑了自然资源要素和环境成本投入；既考虑了经济生产要素的分配与最终消费与资本形成，也考虑了自然要素的分配与"非生产资本"等自然资本的积累。如此，更加客观地反映了最终生产成果的完整代价或成本，实现可持续发展。

二、绿色 GDP 核算的主要内容及表现形式

（一）绿色 GDP 核算的主要内容

绿色 GDP 核算包括：自然资源核算、环境核算、经济与资源环境综合核算。资源环境实物量核算是建立绿色 GDP 核算体系的重要基础和前提。资源环境价值量核算是建立绿色国民经济核算体系的关键。只有将资源环境经济价值纳入国民经济核算，才能正确反映资源对经济的潜在支撑力和环境容纳度，反映资源环境与经济之间相互依赖、相互制约的有机联系。绿色 GDP 核算的主要

内容如图 5 - 8 所示。

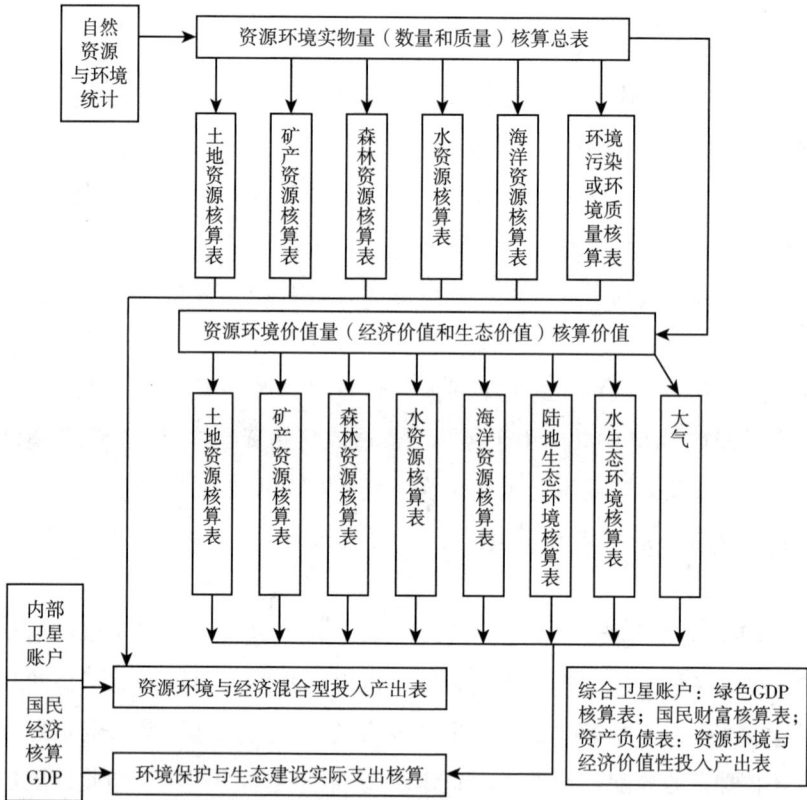

图 5 - 8　中国绿色 GDP 核算体系

（二）绿色 GDP 核算的表现形式

1. 内部卫星账户。描述现行国民经济核算中所有和资源环境有关的流量指标和存量资产，并重视对资源环境的使用、保护与改善的支出核算（产品、自然资源、生态投入、残余物）。

2. 外部卫星账户。通过实物量核算、混合量核算与价值量核算的有机结合，使外部卫星账户涵盖所有自然资源和环境状况及其变化，从实物量、经济价值和生态价值不同角度反映自然因素的状况。

3. 绿色 GDP 核算。从耗减、防御支出、退化三个不同角度增加了资源耗减成本、环境降级成本对经济流量的调整，扩展国民经济核算体系，即增加产品生产和最终需求对自然资源的使用；由于污染等因素对环境质量的影响。

4. 国民财富核算。在可持续发展中，强调了人造资产、自然资源与环境、人力资本的重要性。

三、绿色 GDP 核算的统计和计算方法

绿色 GDP 核算的目的是把经济活动的自然资源消耗成本和环境成本从 GDP 中予以扣除，进行调整，得出一组以绿色国内生产总值为中心的综合性指标，为社会经济与环境协调发展服务。因此，与计算 GDP 一样，绿色 GDP 核算也有三种方法。

（一）生产法

生产法从生产角度看，绿色 GDP 是国内生产净值扣除报告期生产过程对自然环境资源的利用价值的差额。其中，生产过程中对自然环境资源的利用大体包括两种：一是资源耗减，即各种直接投入生产过程的自然资源在报告期的消耗量；二是环境退化，指经济过程对环境的过度使用使环境质量遭到损害降级。如果某些经济活动具有恢复环境质量的功能，则可作为生产过程对自然环境资源利用价值的抵减项目处理。绿色 GDP 生产法计算公式如下：

$$GGDP = GDP - CFC - U_{np} = NDP - U_{np}$$

式中，$GGDP$ 为绿色 GDP；CFC 为固定资本消耗；U_{np} 为生产过程对自然环境资源的利用价值；NDP 为国内生产净值。

（二）支出法

从使用角度看，绿色 GDP 是国内生产净值加上经济资产中非生产自然资产的积累并扣除环境资产的减少量。经济资产中非生产资产的积累，是转移至经济使用的环境资产与经济资产中非生产自然资产的耗减和退化之和共同形成的环境资产减少。支出法即是根据生态国内产出的最终使用结果进行计算的，从

产品最终使用角度看，是消费、净出口和所有资产上的净投资之和，公式为：

$$GGDP = C + (I - EC) + NX$$

式中，$GGDP$ 为绿色 GDP；C 为最终消费；I 为资本形成总额；EC 为环境成本；$(I - EC)$ 为经环境成本扣减的资本形成；NX 为净出口。

（三）收入法

收入法即劳动者报酬、生产税净额和营业盈余之和扣除环境投入之后的余值，公式为：

$$GGDP = W + NT + CFC + (M - EC)$$

式中，$GGDP$ 为绿色 GDP；W 为劳动报酬；NT 为生产税净额；CFC 为固定资本消耗；M 为营业盈余；EC 为环境成本；$(M - EC)$ 为经环境成本扣减的营业盈余。

在实践过程中，由于统计资料的限制，以及现行核算体制的不完善，全面且系统地来核算绿色 GDP 仍需时日。因此，本文对绿色 GDP 核算的计算方法是从现行 GDP 中扣除环境污染损失部分之后的最终成果。环境污染损失是指在核算年度内，按照相应的核算方法，核算已经投资建设防治环境污染设施而损失的价值和已经发生污染而未治理但应该治理的各项测算费用之和。具体扣除项目账户如下：

（1）自然资源损耗：水资源、耕地资源、矿产资源和其他资源；

（2）环境污染损失：污水治理费用、废气治理费用、固体废物治理费用、噪声治理费用、其他治理费用。

四、绿色 GDP 指标体系的架构

绿色 GDP 指标体系是由各种相互联系的指标群所构成的整体，用以反映绿色 GDP 社会经济、自然生态环境等各方面相互依赖和相互制约的关系。绿色 GDP 指标体系从自然资产和生态环境、社会经济等方面进行架构。

（一）反映自然资产方面的指标

一国自然资产的多少体现了该国的财富，自然资产主要包括矿产资源、土地资源、水资源、森林资源等一些资源。自然资产又分为可再生自然资产和不可再生自然资产。反映自然资产状况可设计自然资产的耗减速度、自然资产使用量和自然资产循环利用率等指标。

1. 自然资产的耗减速度。该指标反映生产和非生产的作用而使自然资产减少的速度。其计算公式如下：

$$V = \frac{N_{ic}}{N_0}$$

式中，V 为自然资产的耗减速度；N_{ic} 为报告期自然资产耗减的量；N_0 为期初自然资产拥有量。

2. 自然资产使用量。该指标反映自然因素和人类因素对自然资产的利用量。其计算公式如下：

$$N_u = N_0 - N_{1s}$$

式中，N_u 为自然资产使用量；N_0 为期初自然资产拥有量；N_{1s} 为期末自然资产剩余量。

自然资产使用量，也可用非生产自然资产使用率反映，它是非生产自然资产使用量占总的自然资产的比重，其计算公式如下：

$$R_{np} = \frac{N_{npu}}{N_u}$$

式中，R_{np} 为非生产自然资产使用率；N_{npu} 为报告期内非生产自然资产使用量；N_u 为同期自然资产使用总量。

3. 自然资产循环利用率。可持续发展倡导循环经济，实现自然资产的重复使用，这既减少了环境污染，又节约了资源。自然资产利用的情况用自然资产循环利用率来反映，该指标的计算公式如下：

$$R_{ru} = \frac{N_{ru}}{N_u}$$

式中，R_{ru} 为自然资产循环利用率；N_{ru} 为报告期被重复利用的自然资产；N_u 为同期自然资产利用总量。

比如矿产资源回采率，它是截至报告期矿产资源的回采量与期末矿产资源量之比，反映矿产资源回采或再利用的程度。

（二）反映生态环境方面的指标

生态成本已成为影响中国社会经济发展的重要因素，目前生态污染损害却多数不计入成本。中国的人口密度是世界平均值的 3 倍，国土严重超载；人均自然资源是世界平均值的约 1/2，其中人均水资源量只有 2500 立方米，是世界人均水量的 1/4；单位产值的矿产资源消耗与能源消耗是世界平均值的 3 倍；单位产值的废物排放量是世界平均值的 6 倍；单位面积的污水负荷量是世界平均数的 16 倍多。如果考虑环境的成本因素，我国的绿色 GDP 增长是负数。因此，有必要从生态环境方面构建绿色 GDP 指标体系。

1. 反映环境状况的指标。环境是指影响人类生存和发展的各种天然的和经过人工改造的自然因素的总和。包括大气、水、海洋、土地、矿藏、森林、草原、野生生物、自然遗迹、人文遗迹、自然保护区、风景名胜区、城市和乡村等。环境的变更对人类的生存发展有很大的影响，必须纳入绿色 GDP 指标体系。

（1）城市绿化达标率。城市绿化达标率是指一定时期内绿化达标的城市数量与城市总数量之比。

（2）年污染损失价值量。年污染损失价值量是指在一年内由于环境污染而造成的各方面损失量使其货币化表现出来的价值。其计算公式如下：

$$VL_p = L_p \times MV$$

式中，VL_p 为年污染损失价值量；L_p 为由于污染而造成的损失量；MV 为其单位货币价值。

（3）未处理各类污染源的年排放量与自然净化比率。未处理各类污染源的年排放量与自然净化比率是未处理各类污染源的年排放量与自然净化量之比，它反映环境污染的速度。

（4）环境污染程度。环境污染程度是某环境要素已污染的面积与该环境要素总面积之比，它反映环境污染的广度。

（5）单位产值环境污染比率。该指标是指生产单位产值所带来的环境污染量，其公式如下：

$$R_{op} = \frac{O}{V_{op}}$$

式中，R_{op} 为单位产值环境污染比率；O 为单位产值；V_{op} 为生产该单位产值所产生的环境污染价值量。

2. 反映环境保护费用的指标。环境保护费用是反映一定时期的环境保护投入的总规模或总水平，指标主要有：

（1）环保直接成本。环保直接成本是指直接投入于环境保护的费用，如治理水域污染、大气污染、森林污染等投入的人财物。

（2）环保辅助成本。环保辅助成本是指生产一些环保需要的物质而增加的生产成本。

（3）环境管理费。环境管理费是指为维护环境现状，防止人类或其他事物对环境破坏而付出的费用，如发宣传环保意识的传单、为阻止人类或气候条件破坏生态保护区而投入的成本等。

（4）环保营业外支出。环保营业外支出是指由于环境污染原因引发的诸如一些疾病、瘟疫而发生的费用。

3. 反映环境收益的指标。

（1）各类污染处理后的收益率。污染处理后的收益率是指处理后的污染所获得的收益量与污染再利用所发生的支出之比。

（2）资源优化利用产生的经济效益。资源优化利用产生的经济效益是资源优化利用量与资源优化利用所产生的单位价值量的乘积。

（3）非生产自然资产向人类免费提供的环境服务收益率。非生产自然资产向人类免费提供的环境服务收益率是非生产自然资产向人类免费提供的环境服务量与其单位货币价值量的乘积。

（4）职业病、公害病、地方病降低率。环境的改善对人类的身心健康所起的巨大作用，也是一种产出，只不过这种产出是无形的、隐性的，其计算公式如下：

$$\begin{matrix} 职业病、公害病、 \\ 地方病降低率 \end{matrix} = \begin{matrix} 期内职业病、公害病、 \\ 地方病减少人数 \end{matrix} \Big/ \begin{matrix} 基期职业病、公害病、 \\ 地方病减少人数 \end{matrix}$$

（三）反映社会经济方面的指标

绿色 GDP 评估体系的建立就是为了更好地反映社会经济的可持续发展，这方面的指标主要有：

1. 人口变动指数。人口变动指数是指报告期内人口的变动量。人口变动指数包括人口自然增长率和人口净迁率。

（1）人口自然增长率。人口自然增长率是指报告期人口自然增加数与平均人口数之比，其计算公式如下：

$$r = \frac{B-D}{\overline{P}} \times 1000\text{‰}$$

式中，r 为人口自然增长率；B 为年出生人数；D 为年死亡人数；$\overline{P}$ 为年平均人口数。

（2）人口净迁率。该指标反映人口的流动量，其计算公式如下：

$$m_N = m_i - m_e = \frac{IM - EM}{\overline{P}} \times 100\%$$

式中，m_i 为迁入率；m_e 为迁出率；IM 为该时期迁入人口数；EM 为该时期迁入人口数；$\overline{P}$ 为一定时期平均人口数。

2. 人均资源。人均资源是指报告期内资源总量与该期人口总数之比。

3. 经济可持续发展协调度。经济可持续发展协调度是资源指数与经济指数之比。资源指数如果大于经济数表明国民经济增长的正面效应越高。

4. 生态占用。生态占用反映在已知一定生活质量的人口数量的条件下，人类生活所需的生态空间。这种衡量通过两个指标来体现：

（1）人口特征。因为各国人口特征不同，他们的消费水平是不同的，进而导致对资源的需求量也不相同，如美国是一个消费超级大国，它消费和占用了世界资源的 1/3。

（2）资源禀赋。各国将根据本国资源的多少来决定自己的支出，如日本是一个资源稀缺的国家，日本人对资源的利用就更会精打细算。

5. 环境负荷。环境负荷（L_e）是指在现有的环境状态下，环境所承受的力度。计算公式如下：

$$L_e = P \times GDP_p \times GDP_{pel}$$

式中，L_e 为环境负荷；P 为人口；GDP_p 为人均 GDP；GDP_{pel} 为单位 GDP 环境负荷。

6. 人力资源资本化价值。人力资源资本化是将企业的人力资源支出视为资产，通过合理配置和有效流动，提升其价值并促进企业发展的过程。人力资源资本化价值的计算公式如下：

$$C_{hr} = HR \times M_{phr}$$

式中，C_{hr} 为人力资源资本化价值；HR 为报告期拥有的人力资源量；M_{phr} 为单位人力资源货币化价值。

五、绿色 GDP 核算存在的缺陷

（一）存在技术方面问题

从国内研究进展来看，森林、土地、环境等资源的研究进展很快，并且已经开展了试点工作，而某些重要资源如水资源、矿产资源、生态破坏、污染事故等的核算进展较慢，目前还没有完全成熟的理论和方法，这从整体上制约了绿色 GDP 核算及其纳入国民经济核算体系的进程。实行绿色 GDP 核算存在许多重大技术难题，这也是绿色 GDP 核算从理论走向实践面临的最大挑战。

（1）自然资产的产权界定及市场定价较为困难。自然资产指所有自然形成的，在一定的经济、技术条件下可以被开发利用，以提高人们生活福利水平和生存能力并同时具有某种"稀缺性"的实物性资产，如：空气、土地、水体、森林、矿产、海洋、野生动植物等。自然资产分为生产性自然资产和非生产性自然资产，其中，所有权已经界定，所有者能够有效控制并可从中获得预期经济收益的自然资源称为生产性自然资产；不属于任何具体单位，或即使属于某个具体的单位但不在其有效控制下，或不经过生产活动也具有经济价值的自然资产，称为非生产性自然资产。但实际情况是许多自然资产同时具有生产性和非生产性资产的属性。因此，其产权界定非常困难。作为价值量估算基础的一些实物量数据缺乏可靠性，特别是对于环境降级的实物量测算就更加难以把握；对于环境降级的不同的估价技术，如成本法和损害法，会产生不同的结果。对于估价某一类环境资产及其提供的服务的损失（如生物多样性损失）缺乏令人满意的方法；对于由混合市场和非市场自然资源的估价技术得到的结果，难以进行科学的说明。如何界定自然资源资产产权并为其合理定价，一直是绿色GDP核算研究领域的一个主要难点。

（2）环境成本的计量较难处理。环境成本计量是绿色GDP核算的基础。所谓环境成本是指某一主体在其可持续发展过程中，因进行经济活动或其他活动而造成的资源耗减成本、环境降级成本以及为管理其活动对环境造成的影响而支出的防治成本总和。实现环境成本计量的困难主要来源于环境成本的时间因素和空间因素。环境成本的时间因素是指从时间上看，环境损失和生态破坏往往不是均衡的，资源环境的损失与经济发展不是同步的。比如，工业发展引发的生态破坏和健康损失，是污染发生之后逐渐显现的，有的需要几年甚至十几年才被发现，其成本核算很难分摊到哪一年。环境污染的空间因素是指环境污染所包含的因子范围。由于环境污染损失的多因性，很难对某一污染物所造成损失的因子考虑周全。比如，对水污染损失成本的量化，有毒污水排到河里使渔业受损失，人们饮用水导致生病、精神上受损失以及迫使人们到很远的地方去寻找新的饮用水源，这些损失都应计入水污染损失成本。在实际中，对这些成本的量化很难考虑全面。

（二）经济与资源核算研究的综合性差

我国开展自然资源核算、环境统计核算及纳入国民经济核算体系的研究成果和内容较分散，基本分类标准与统计核算口径不一，统计数据基础尚不具备。计算绿色GDP必须把经济统计数据与环境数据进行汇总。事实上，SNA账户中的经济数据比较完善，但环境数据还不能满足SEEA账户的需要。有的环境数据与经济数据分类标准不一致，无法直接使用，而协调整理的成本与难度极大；有的环境数据很难通过调查获得，如水、森林和生物资源等。借鉴的理论与方法不同，核算数据差异较大，数据之间缺乏有机联系，使其分析应用的使用价值受到影响。核算基础差主要体现在经济、资源、环境数据统计质量差、调查间隔长、总量数据多而结构数据少、缺少基本资源产品价格资料和环境保护与治理成本资料等。由于管理体制与运行机制的影响，使得各类数据分别掌握在各自主管部门之手，缺乏权威部门的协调与规划。因此现有数据、资料共享困难。虽然绿色 GDP 核算从理论上能够提供一个国家经济和环境功能的综合测算以及一个国家增长的可持续性的指标体系，但它也存在一些明显的不足。首先，SEEA 中提出的一些参照性测算方法也具有很多假设因素，不能完全反映实际情况。其次，这一单独的指标无法综合衡量和全面反映经济发展各个领域的情况，不能为决策者提供全面有效的参考依据。最后，计算出的绿色 GDP 与历史数据基本上不具有可比性，无法进行长期比较和趋势分析。

（三）绿色核算制度缺乏

1. 资源环境法规不完善。随着资源环境问题日益受到国际社会的重视，但有些法规、政策在绿色 GDP 核算或环境成本核算方面的规定较少。比如，绿色 GDP 核算制度的推行政策；绿色 GDP 核算的方法、范围规定；环境成本的分类、扣除标准规定；绿色 GDP 的环境会计制度、环境审计制度等。

2. 统计法规不完善。资源环境统计工作部门协调机制还不健全，应成立由统计、环境、水利、能源、城建、科技、国土资源、矿产、林业、农业、地震、民政等部门参加的资源环境统计协调委员会，制订有利于绿色 GDP 核算的环境统计规划、统计制度和统计标准，由各部门分工协作组织实施。

3. 评价标准不完善。对复杂的绿色 GDP 核算体系构建研究，有必要将复杂的问题划分成比较简单的部分而加以逐步解决，同时建立评价和评审的标准，并注意科学理论价值、应用前景和应用效果等方面。

第四节　人口、资源与环境指标体系框架

在前面讨论了可持续发展和绿色 GDP 核算的基础上，本节将把这些内容整

合到一个更加全面的人口、资源与环境指标体系中。这一框架有助于从整体上把握各个要素的动态变化，为实现经济与环境的和谐提供科学依据。

一、人口、资源与环境子体系

人口、资源与环境指标体系主要包括三个子体系：人口子体系、资源子体系、环境子体系，还包括三者的相互联系所形成的经济子体系、社会子体系等体系。利用这套指标体系，首先，可以掌握人口、资源与环境的现状和动态。其次，可以分析三者之间的关系。最后，资源与环境密不可分，合理利用资源与优化环境是相辅相成的。因而在这套指标体系中，有些指标既是资源指标，又是环境指标。这些指标表明，只要人类合理利用资源，就会保护环境，而超过一定的度，则会破坏环境。

（一）人口子体系

表 5-5 介绍了人口指标体系。

表 5-5　　　　　　　　　　　　人口指标子体系

一级指标	二级指标	三级指标
人口数量与人口分布	人口数量	平均人口数
	人口分布	人口密度；农业人口和非农业人口；城市人口与农村人口
人口社会构成和经济构成	人口社会构成	文化教育程度构成；行业构成
	人口经济构成	劳动力统计和劳动生产率；就业率和失业率；收入和消费指标；生活质量统计
人口出生和死亡	人口出生	总和生育率
	人口再生产	生育更替水平
	人口死亡	人口死亡率；婴儿死亡率
人口流迁和增长	人口流迁	人口流动；人口迁移
	人口增长	人口增长率；人口发展速度

（二）资源子体系

表5－6介绍了资源综合评价指标体系。

表5－6　　　　　　　　　　　　　　　　资源指标体系

一级指标	二级指标	三级指标	四级指标
土地资源	土地数量统计指标	人均耕地面积	
	土地利用指标	土地利用率	垦殖指数；森林覆盖率；草原载畜量；土地建设利用率
		土地集约经营程度	复种指数
		土地利用经济效果	单位耕地面积产量或产值；土地产出率
水资源	水资源利用统计指标	水资源利用总量	可利用水资源量；用水量
		水资源利用强度	用水系数
			人均生活用水量
		水资源利用效率	水资源总量利用率
	水力资源强度统计	可开发水力资源	
气候资源	降水	年平均降水量	
	光能	日照时数	
	风能	有效风能密度	
	热量	地球表面热量平衡方程式	
		潮汐能	
矿产资源	矿产资源数量统计	储量	人均矿产资源占有量；采储比
	矿产资源利用统计	矿产资源费	人均矿石消费量；对外依存度
		矿产资源经济评价	租金法
生物资源	生物资源的分布	分布面积	
	多样性统计指标	生物的种数	
	林木	林木数量	森林覆盖面积
			木材蓄积量
		林木利用	森林采伐强度；森林资源利用率
	海域生物资源	海洋渔业资源	渔获量

（三）环境子体系

表 5 – 7 介绍了环境指标体系。

表 5 – 7 环境指标体系

一级指标	二级指标	三级指标	具体指标
基础环境状态统计指标	自然状况	国土空间	陆域特征；海域特征；岛屿系统
		气候特征	热量指标；水分指标；气候带分布；光照状况
		地形地貌	山地特征；水文网络
	土壤环境	土壤质量	—
	水环境	供水与用水情况	供水总量；地表水源供水量；地下水源供水量；其他水源供水量；用水总量；农业用水；工业用水量；重复利用水率；生活用水；生态环境补水
		水质量统计	内陆水环境质量；海洋环境质量；水质量指数
	大气环境	大气环境污染物	二氧化硫（SO_2）；二氧化氮（NO_2）；一氧化碳（CO）；臭氧（O_3）；颗粒物（PM_{10} 和 $PM_{2.5}$）；总悬浮颗粒物（TSP）；氮氧化物（NOx）；铅（Pb）；苯并［a］芘（BaP）
	自然生态	自然保护区	自然保护区个数；核心保护区比例
		土地类型	—
		森林状况	森林面积；人工林面积；森林覆盖率；造林面积
	城市环境	道路长度	—
		供水	排水管道长度；供水总量；供水普及率；城市污水处理能力
		供气	供气管道长度；供气总量；燃气普及率
		供热	城市供热能力；城市供热总量；城市供热管道长度
		生活垃圾处理	生活垃圾清运量；生活垃圾无害化处理率
		城市绿地	城市绿地面积；公园绿地
	农村环境		累计使用卫生公厕户数

续表

一级指标	二级指标	三级指标	具体指标
环境灾害	自然灾害	旱涝灾害	灾害等级；旱涝指数；受灾面积；成灾面积；成灾率；灾害造成的经济损失；灾区伤亡人数
		台风与海啸灾害	风速；海浪高度；台风海啸持续时间；台风海啸影响范围；灾害造成的经济损失；灾区伤亡人数
		火山爆发与地震灾害	地震强度；受灾地区距离震源中心区的距离；受灾面积；灾害造成的经济损失
		森林火灾	森林火灾等级；受灾面积；火灾蔓延率；烧毁林木的总量；火灾造成的经济损失；灾区伤亡人数
	人为灾害	水土流失	水蚀面积；土壤流失总量；水土流失强度；水土流失经济损失
		草场退化	草场面积退化率；草场产草量的减少率
		病虫害	受灾面积；成灾面积；成灾率；农作物减产量
	次生灾害统计指标	—	—
环境污染	工业污染	工业废水排放量	—
		工业废气指标	—
		废气中污染物排放量	—
	农业污染	种植业	化肥污染指标；秸秆污染物产生量
		水产养殖业	COD 污染负荷；氮磷排放量
		畜牧业	畜禽养殖污染物产生量
	城镇生活污染	生活污水排放量	城镇生活污水排放量
		生活污染物	人均日垃圾产生量
		城市空气污染	空气质量指数
	环境噪声污染	声压级；等效连续声级；最大声级；昼夜等效声级；昼夜加权等效声级	
	碳排放	二氧化碳排放量；碳强度；碳排放量增速；碳足迹；碳中和；碳排放配额；碳排放的减排潜力；碳排放强度的变化	

一级指标	二级指标	三级指标	具体指标
极端气候	极端气温		极端高温天数；极端低温天数；热浪持续时间指数；年极端最高温度；年极端最低温度；极端高温频率；极端低温频率；温度波动指数；热夜天数；寒夜天数
	干旱风险	干旱风险指数	
	热浪	热浪导致的死亡人数	
	洪水风险	洪水风险程度	
	气候脆弱性	气候脆弱性指数	
	经济损失	因气候相关事件导致的经济损失	

二、人口、资源与环境指标体系构建的原则

1. 科学性原则。指标体系一定要建立在科学基础上，指标概念必须明确，能够度量和反映区域复合系统结构和功能的现状，预测未来的发展趋势。

2. 全面性原则。指标体系必须能够全面地反映可持续发展的各个方面，既要有反映经济、社会、人口、环境、资源、科技各系统发展的指标，又要有反映以上各系统之间相互协调的指标。

3. 动态性原则。可持续发展既是一个目标．又是一个过程，在一定时期应保持相对的稳定性．这就决定了指标体系应具有动态性。动态指标综合反映可持续发展的趋势和现状特点。

4. 可比性原则。指标尽可能采用国际上通用的名称、概念与计算方法，做到与其他国家或国际组织制定的可持续发展指标具有可比性；同时，也要考虑与我国历史资料的可比性问题。

5. 效率性原则。系统开发及其使用在数据和信息利用方面无须化过多的时间和成本。在统计上无法量化或数据不易获得的指标可不列入指标体系，如思想道德、社会制度等。

6. 可操作性原则。指标的设置要尽可能利用现有统计资料。指标要具有可测性，易于量化，在实际调查评价中，指标数据易于通过统计资料整理、抽样

调查，或典型调查，或直接从有关部门（科研部门和技术部门）获得。实用的指标体系应易于被使用者所理解和接受，易于操作。

7. 相对独立性原则。描述区域复合系统发展状况的指标往往存在指标间信息的重叠，因此在选择指标时，应尽可能选择具有相对独立性的指标，从而增加评价的准确性和科学性。

8. 主成分性原则。在完备性的基础上，指标体系力求简洁，尽量选择那些有代表性的综合指标和主要指标。

9. 一般性原则。在指标选取的过程中，不能忽略基础性指标，该类指标是对某地区人口、资源与环境状况的一般度量。所构建的综合指标体系在具有一般性的前提下才能广泛适用于不同的国家和地区，从而实现可比性。

三、人口、资源与环境指标体系构建的步骤

构建人口、资源与环境综合指标体系是个庞杂的工程，在实际操作过程中往往需要综合考虑多种因素，其基本步骤如下所示：

1. 确定该指标体系构建的原则、方法及目标，形成指标体系构建的基本框架和具体实施方案；

2. 基于科学性、完备性、可得性、代表性等原则选取各个层次指标及综合指标；

3. 对初步选取的指标进行处理，主要包括指标标准化、指标赋权重、指标合成；

4. 可参照相关综合指标体系构建的理论，并在具体实践过程中不断修正，最终形成广泛认可并具有应用性的人口、资源与环境综合指标体系。

四、人口、资源与环境指标体系框架

正如人口、资源与环境经济学不是人口经济学、资源经济学和环境经济学的简单加总，而是利用经济学的基本原理和方法来揭示、分析人口经济过程以

及自然资源和环境的基本规模和辩证关系，内容不仅覆盖人口经济学、资源经济学和环境经济学中的内容，也包括研究人口、资源与环境协调发展的可持续发展经济学的内容。人口、资源与环境统计指标也不是人口统计指标、资源统计指标与环境统计指标的简单加总，而是覆盖人口、资源与环境统计指标之外，包括三者之间相互关系、协调发展的综合指标。

（一）框架构建思路

构建人口、资源与环境综合指标体系的基本框架时，首先要明确构建这一框架的目标，以及依据何种逻辑将各个层次的指标囊括到这一框架当中。在基本框架搭建完成之后，才能够进行下一步的工作。

自 1987 年在《我们共同的未来》中提出"可持续发展"的理念以来，人类社会和资源环境的协调发展越来越受到人们的重视。人口、资源与环境从来不是孤立的，而是一个紧密联系的整体。可持续发展鼓励经济增长，并以资源的永续利用和良好的生态环境为标志，其目标是谋求社会的全面进步。因此，可将"可持续发展"作为构建人口、资源与环境综合指标体系框架围绕的一个目标和内在逻辑。在这一目标下，综合指标体系的构建要反映可持续发展过程中各要素的协调状态。

曾嵘等（2000）提出，可以通过划分内部层、关联层和调控层来构建人口、资源与环境的综合指标体系框架。内部层包括人口子系统、资源子系统、环境子系统和经济子系统；关联层包括人口与经济、资源与经济、环境与经济、经济与经济四部分；调控层则是从人口、资源、环境和经济子系统当中选择政府部门便于进行宏观调控的相关指标。

（二）指标选取方法

指标的选取要基于科学性、全面性、可比性、一般性等原则，要实现这些原则主要有以下方法对指标进行筛选。

1. 频度统计法。频度统计法是指对目前已有的相关研究报告、论文进行频度统计，选择那些使用频度比较高的指标，这在一定程度上实现了一般性原则。

但这样确定的指标具有较大随意性，且要求用于频度统计的论文、报告等具有较高的质量。

2. 理论分析法。理论分析法是对人口、资源与环境协调发展的内涵、特征进行综合分析，选择那些重要的发展特征指标。使用该方法可以实现指标选取的科学性、全面性原则，但可能忽略可操作性原则。

3. 专家咨询法。专家咨询法是在初步提出评价指标的基础上征询有关专家的意见，对指标进行调整。专家虽然相对于其他人员对指标选取有更深厚的知识基础及更透彻的理解，但仍然具有一定的主观性，不同专家对于指标选取的看法不一定相同。

（三）人口、资源、环境与经济协调发展分析与评价指标体系

指标体系的建立目的不仅在于反映可持续发展过程中各要素的协调状态，更重要的是通过系统分析的方法，对重要指标进行预测、优化，为各层次的决策者提供定量化的决策依据。我们试图从系统论的思想出发，依据指标体系的制定原则，结合系统分析的模型体系结构，构造出人口、资源、环境与经济协调发展分析与评价指标体系的基本结构，如图 5-9 所示。

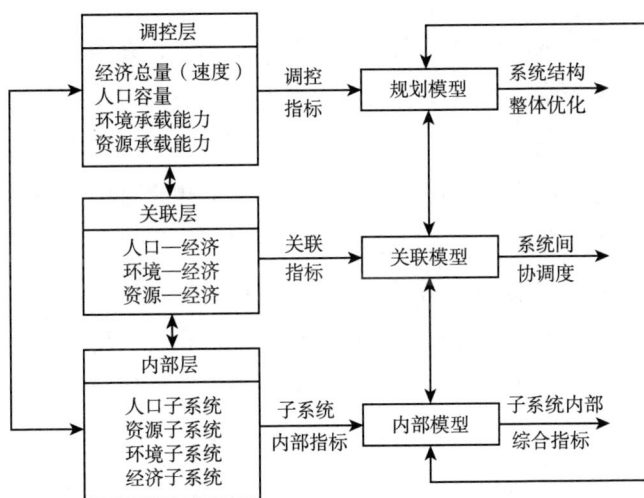

图 5-9 人口、资源、环境与经济协调发展分析与评价指标体系结构—模型结构

1. 内部层。内部层指标主要是用来描述人口、资源、环境及经济各子系统内部关系及其与外界环境的相互作用。每个子系统均包含一定量的指标群，主要是衡量各子系统内部的协调发展水平、协调发展能力。并通过构造系统内部模型来反映各子系统的综合能力，如建立人口子系统的人口模型确定人口指数综合指标，建立资源利用模型反映系统资源利用率，用各种经济模型得出各种综合经济指标等。

表5-8给出了人口、资源、环境与经济各子系统内部的指标体系。从中可以看出，内部层指标一般由各种统计数据组成，数量较多，它们主要是从各个角度全面地反映子系统的内部特征和联系。从定量角度可分为以下两类：一类是描述性指标，用于反映实际的状况或条件，如人均 GNP、人口密度等；另一类是规范性指标，是度量实际状况与参照状况之间的差距，如 GNP 增长率、人口出生率等。但是，其中也存在一些综合性指标，如大气污染指数、水污染指数等。

在曾嵘等（2000）建立的人口、资源与环境综合指标体系框架的基础上，本文选取各子系统内部层指标的思路如下：

（1）人口子系统的指标构成应该反映人口的数量、质量以及结构三方面特征。第一，人口数量强调规模，广义上既包括人口绝对量，还包括人口相对量，因此采用人口数量、人口密度等人口数量指标。第二，在人口质量方面，我们认为，用平均预期寿命、大专以上文化程度人口占总人口比例作为分别衡量人口身体素质、人口文化科学素质的基础性指标更为合适。第三，人口结构是反映一定地区、一定时点人口总体内部各种不同质的规定性的数量比例关系，故用人口性别比、平均年龄表示人口结构特征。

（2）资源子系统指标由资源条件指标与资源利用指标两部分构成。第一，资源条件指标反映自然资源存量，包括人均耕地面积、人均林地面积等基础性指标。第二，资源利用指标反映资源开发利用程度，包括矿产资源合理开发利用"三率"以及各类自然资源利用率等基础性指标。

（3）环境子系统指标由环境污染指标、环境治理指标和环境质量指标三部分构成。第一，环境污染指标反映了由于生产、生活等人类活动导致的环境破坏程度，包括大气污染指数、水污染指数、固体废弃物排放年排放增长率。第二，环境治理指标反映对废水、废气、固体废弃物、噪声等污染物的治理程度与治理效果，包括废气净化处理率、一年中大气质量良好天数、污水处理达标率、污水回用率、工业固废综合利用率、影响度下降百分率等。第三，环境质量指标用于对环境状况进行整体评价，包括环境质量指数和生态环境指数等综合性指标。

（4）经济子系统指标由经济总量指标、经济结构指标和经济效益指标三部分构成。第一，经济总量指标反映一国或地区在一定时期内的生产活动成果，主要与国民生产总值有关，包括 GDP 总量、人均 GDP 以及 GDP 增长率。第二，经济结构指标反映国民经济中不同产业部门的构成和比例关系，如三次产业结构、第三产业产值年增长率、轻重工业比例、高新技术产业占工业产值比例等。第三，经济效益指标对经济表现进行评估，如全员劳动生产率反映活劳动的使用效益；资金利用率反映资金运用的使用效益；固定资产产值率反映固定资产的利用效果等。各子系统内部指标见表 5－8。

表 5－8　　　　　　　　　　各子系统内部指标

		子系统	一级指标	二级指标
人口、资源与环境综合指标体系	内部指标层	人口子系统	人口数量指标	人口数（人）
				人口密度（人/平方公里）
				人口自然增长率（%）
				人口出生率（%）
				人口迁移率（%）
			人口质量指标	大专以上文化程度人口占总人口比例（%）
				平均预期寿命（人年数）
			人口结构指标	人口性别比
				平均年龄（岁）
		资源子系统	资源条件指标	人均耕地面积（m²/人）
				人均林地面积（m²/人）
				人均水资源量（m³/人）
				人均矿产资源占有量（t/人）

续表

子系统	一级指标	二级指标
资源子系统	资源利用指标	能源生产量/能源消耗量（%）
		开采回采率、选矿回收率、综合利用率＊（%）
		水资源利用率（%）
		土地资源利用率（元/亩）
		森林资源开发率（%）
环境子系统	环境污染指标	大气污染指数
		水污染指数
		固体废弃物排放年排放增长率（%）
		市区噪声平均值（分贝）
	环境治理指标	废气净化处理率（%）
		一年中大气质量良好天数（天）
		污水处理达标率（%）
		污水回用率（%）
		工业固体废弃物综合利用率（%）
		垃圾无害化处理率（%）
		响度下降百分率＊＊（%）
		绿化覆盖率（%）
	环境质量指标	环境质量指数
		生态环境状况指数
经济子系统	经济总量指标	人均GDP（元/人）
		GDP总量（元）
		GDP增长率（%）
	经济结构指标	三次产业结构（%）
		第三产业产值年增长率（%）
		轻重工业比例（%）
		高新技术产业占工业产值比例（%）
	经济效益指标	全员劳动生产率（%）
		工业全员劳动生产率（%）
		农业全员劳动生产率（%）
		资金利税率（%）
		固定资产产值率（%）
		每百元总投资新增GNP（元）

注：＊矿产资源合理开发利用"三率"指标是指矿山开采回采率、选矿回收率和综合利用率等三项指标，是评价矿山企业开发利用矿产资源效果的主要指标。＊＊响度下降百分率是指噪声治理前后的响度之差与治理前的噪声响度之比，可以用来衡量噪声治理的效果。

2. 关联层。这层指标主要是描述不同子系统的因素间的相互关系，主要是反映各系统之间的协调度。这层的指标有些是与内部层的指标相同的；有些则需重新选取，使各子系统的关联作用能充分显示出来。通过这些指标，可以构造各子系统之间的关联模型，如用环境 - 经济模型、资源 - 经济模型、人口 - 经济模型等，描述人口、资源与环境等要素与经济发展之间的约束与协调关系。

为了能清楚地确定关联层指标，图 5 - 10 简要地反映了各子系统之间存在的主要联系。

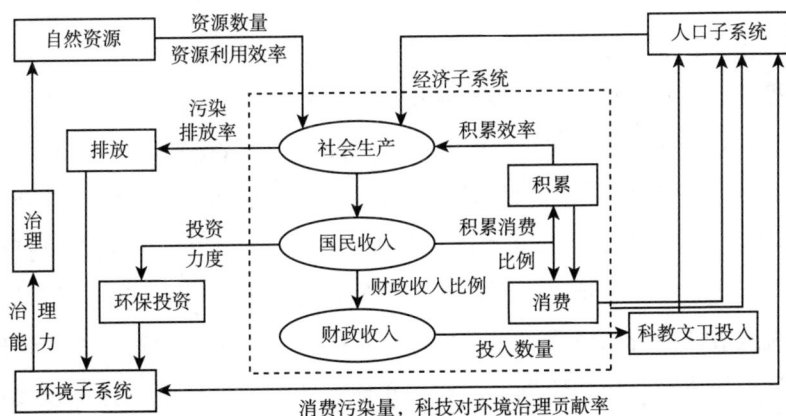

图 5 - 10　各子系统之间的联系

同时，以经济为中心，考察经济子系统与其余子系统的关系，设计出相应的指标，如表 5 - 9 所示。

表 5 - 9		关联层具体指标
	相关联系	具体表示指标
人口—经济	人力资源投入	劳动力数量
	劳动力技术水平	万名职工拥有科技人员数
	科技能力	科技对经济贡献率
	资金占用	科教投入占财政收入比率
资源—经济	可利用资源数量	可利用的水资源、土地资源、能源量
	资源利用效率	土地利用率，万元产值耗水、万元产值耗能量

	相关联系	具体表示指标
环境—经济	污染排放	废气、废水、固体废物排放量，城市噪声
	污染治理	废气、废水、固体废物治理率
	资金占用	环境保护投资占 GDP 比率
经济—经济	积累	资金积累占 GDP 比率
		生产性积累效果
	消费	消费基金比例
	财政收入	财政收入占 GDP 比率

在上述关联层指标中，有些是上层指标或上层指标通过模型的综合（如人口综合指数指标）；有些需构造新的指标（如科技对经济贡献率）。此外，以上是简化了的联系指标，在实际建模过程中应根据具体问题加以完善和改进。

3. 调控层。由于人类社会活动的参与，协调发展实质上是一个复杂系统自组织/组织合作的过程，人类可以通过决策—选择不同的发展模式对可持续发展过程进行干预，这种干预具有双向调控作用，它可能促进系统的协调发展，也可能延缓或破坏系统的协调发展。指标体系的最终目标是为决策者和管理者进行宏观调控提供定量化的依据。因此，在体系的最上层构造一些调控目标，并根据这些目标建立系统总规划模型，使系统在这些调控目标（多目标）的约束下，人口、资源、环境和经济之间达到一种理想的优化组合状态，以便在空间结构、时间过程、整体效应、协同性方面，使区域的能流、物流、信息流达到合理流动和分配，从而提高可持续协调发展能力。

为了有利于政府各部门的宏观调控，可以在人口、资源、环境和经济子系统选择一些关键性的宏观指标，在这些指标指导下，进行总体规划和优化。人口子系统可选取城市可容纳人口总量或人口增长率等指标；资源子系统可选取资源承载力指标，进一步地，可将资源价值化，将消耗资源的代价纳入国民经济核算体系中；环境子系统可选取环境承载力指标，同时，也可测算环境损失，将其纳入国民经济核算体系中；经济子系统可以经济总量（GDP 总量）或增长率指标为调控对象。这些调控指标应根据调控部门需要而制定，并且可以再将一些调控指标细分，以使调控目标更明确。如经济子系统就可将调控目标分为保持经济总量以一定速度增长、优化产业结构、达到一定经济效益等更微观的调控指标。

（四）指标处理

为了对某一地区的人口、资源与环境状况进行综合评价，进而便于对比分析，需要在已有综合指标体系的基础上集中指标处理。主要有指标标准化、指标赋权重与指标合成三部分内容。

1. 指标标准化。指标标准化指对不同量纲的指标进行无量纲化处理，使得不同量纲的指标可以进行比较分析和计算。假设各个指标之间的水平相差很大，此时直接使用原始指标进行分析时，数值较大的指标，在评价模型中的绝对作用就会显得较为突出和重要；而数值较小的指标，其作用则可能就会显得微不足道。因此，为了统一比较的标准，保证结果的可靠性，我们在分析数据之前，需要对原始变量进行一定的处理，即数据的标准化处理，消除不同指标之间因属性不同而带来的影响，从而使结果更具有可比性。

具体来说，常用的指标标准化方法主要有：除指标均值、减指标均值除自身、减指标均值除标准差、减最小值除最大最小值值差等。

2. 指标赋权重。权重可用于衡量单项指标在整体评价中的相对重要程度，权重赋予是否科学决定了指标体系的科学性和可应用性。目前，主要的权重赋予方法有专家咨询法、主成分分析法、层次分析法（AHP）和因子分析法等。

专家咨询法和 AHP 层次分析法属于主观赋权法。主观赋权法是指采取定性的方式，由专业人士通过打分、评分等方式以个人主观经验对不同指标进行赋权的一类方法。一般指标数据得分越高，相应权重越大。其局限性在于，不同专家看法可能不一致，导致存在一定程度的主观随意性。层次分析法（AHP）是一种定性和定量结合的计算权重的研究方法，采用两两比较的方法，建立矩阵，利用了数字大小的相对性，数字越大越重要权重会越高的原理，最终计算得到每个因素的重要性，比较适合解决难以用定量方法应对的问题。

由于主观赋权法在赋权方面的主观性和随意性，人们开始转向用客观的方法进行权重计算。客观赋权法是一种定量分析方法，它基于指标数据信息，通过建立一定的数理推导计算出权重系数。但客观赋权法也存在自身的缺点，比如仅以数据说话，忽视了决策者的知识与经验等主观偏好信息，把指标的重要性同等化，有时会出现权重系数不合理的现象。客观赋权法中的主成分分析法和因子分析法，在确定权重时利用了数据降维处理原理，主要利用特征根、方差解释率、载荷系数进行权重计算。其中主成分分析法在前文可持续发展测算中有十分具体的阐述。

此外，为消除主观赋权法和客观赋权法的缺陷，第三类赋权法——组合赋权法应运而生。组合赋权法能在一定程度上减少了主观随意性影响，同时也综合考虑到了决策者对属性的偏好，使决策结果更加可靠。

3. 指标合成。指标合成是人口、资源与环境指标体系计算必不可少的一部分。常用的指标合成方法有总和、加权总和、算术平均、加权算术平均、几何平均、主成分分析法和回归分析等。其中，加权总和和回归分析法是最常用的指标合成方法之一。加权总和是通过将每个单一指标的值乘以相应的权重，然后求和得到最终的合成指标值；而回归法是通过建立回归模型，将多个指标作为自变量，合成指标作为因变量，通过回归分析确定权重。

五、人口、资源与环境均衡

人口、资源与环境均衡是指在一定时间和空间范围内，人口规模、资源利用和环境保护之间达到动态平衡的状态。人口、资源与环境均衡是实现可持续发展的核心目标。通过量化资源承载力、人口需求、环境容量和污染排放，可以科学评估系统状态并制定针对性政策。实际应用中需结合本地数据特征，动态调整模型参数，以实现长期均衡。

（一）均衡公式

为了描述人口、资源、环境、经济之间的均衡关系，同时给出各个变量的相互作用，以及均衡状态的条件。构建均衡公式如下：

$$\begin{cases} GDP(t) = P \times C \times \alpha - D(P,C,\alpha) \\ R(t+1) = R(t) - C \times P + s(E(t),R(t)) \geqslant R(t) \\ E(t+1) = E(t) - D(P,C,\alpha) + \beta(E(t),\alpha) \geqslant E(t) \end{cases}$$

$$GDP(t+1) \geqslant GDP(t) \quad （或者在特定情况下允许增长放缓）$$

式中，P 为人口数量；$R(t)$ 为资源可用量在时间 t 可进一步分为可再生资源 $R_{renewable}$ 和非可再生资源 $R_{nonrenewable}$；$E(t)$ 为环境承载力在时间 t；$GDP(t)$ 为国内生产总值在时间 t；C 为人均资源消耗量；α 为技术进步系数，反映技术对资源利用效率和污染控制的提升；$D(P,C,\alpha)$ 为经济活动对环境的污染损失，依赖于人口、资源消耗以及技术水平；$s(E,R)$ 为资源再生量，依赖于环境状况和资源类型；$\beta(E,\alpha)$ 为环境恢复能力，依赖于环境状况和技术进步。

（二）公式解析

1. 经济增长公式：

$$GDP(t) = P \times C \times \alpha - D(P,C,\alpha)$$

式中，经济活动通过人口（P）、人均资源消耗（C）与技术进步（α）体现；D 为因经济活动产生的环境损失，$D(P,C,\alpha)$ 为污染损失，D 是一个依赖于人口、消耗量和技术进步水平的函数；技术的进步可以减少单位生产的污染，即 α 增加将有助于降低 D。

2. 资源动态方程：

$$R(t+1) = R(t) - C \times P + s(E(t),R(t)) \geqslant R(t)$$

式中，$R(t)$ 为资源的当前存量；C 为人均资源消耗；P 为人口；$s(E,R)$ 为资源再生量，资源再生量取决于环境状况和资源类型，如森林恢复需要良好的环境对于非可再生资源，S 基本为零，而对于可再生资源，S 可能依赖环境和管理方式。

3. 环境承载力方程：

$$E(t+1) = E(t) - D(P,C,\alpha) + \beta(E(t),\alpha) \geqslant E(t)$$

式中，环境承载力 E 受经济活动引起的污染损失 D 和环境恢复能力 β 的影响；

$\beta(E, \alpha)$ 为环境恢复能力，取决于环境的现状 E，以及技术水平 α；政策、环保措施和技术进步有助于提高环境恢复能力。

4. 均衡条件：

$$GDP(t+1) \geqslant GDP(t)$$

式中，通常要求 GDP 维持增长或至少不降低。然而，出于环境保护和资源管理的考虑，允许在特定情况下经济增速放缓，以便更好地平衡环境与资源。

（三）政策启示

1. 提升技术水平。技术进步是实现可持续发展的关键因素之一。政府和企业应加大对科技研发的投入，鼓励企业采用清洁生产技术，提高资源利用效率，降低单位生产对环境的影响。同时，要加强技术创新的制度保障，推动绿色技术的研发和推广，如节能环保设备、智能制造、碳捕集与封存技术等。此外，强化资源回收体系建设，提高废弃物的回收利用率，推动废弃资源的循环再利用，减少对原生资源的依赖。

2. 改善资源管理与可持续利用。科学合理的资源管理是保障经济发展与生态保护并行的重要手段。政策上应推行精细化资源管理，优化资源开发利用方式，促进资源的高效配置与利用。具体措施包括：推广节水灌溉、高效农业种植模式，提高农业资源利用效率；推动节能减排技术在工业生产中的广泛应用，减少能源消耗；发展循环经济模式，鼓励产业链上下游协同发展，减少资源浪费；加强不可再生资源的开发管理，合理控制开采速度，同时大力发展可再生能源，如风能、太阳能、生物质能等，以减少对传统化石能源的依赖。

3. 增强环境的自我恢复能力。环境的自我恢复能力是生态系统维持稳定的重要机制。政府应出台政策，加强生态保护与修复工程，提升自然生态系统的自我调节能力。例如，植树造林，增加森林覆盖率，提高森林碳汇能力，同时改善土壤质量，减少水土流失；湿地保护，恢复和扩大湿地面积，增强水源涵养功能，改善生物多样性；水源地保护，建立严格的水资源保护区制度，防止污染物进入水源地，确保水质安全；污染治理技术应用，推广先进的污水处理、大气污染治理、固体废弃物处理技术，提高环境承载力，减少污染对生态系统的影响。

参考文献

［1］北京市科学技术委员会．可持续发展（词语释义）［M］．北京：学苑出版社，1997．

［2］波雅尔斯基，舒舍林．人口统计学［M］．北京：统计出版社，1956．

［3］曹利军．可持续发展评价理论与方法［M］．北京：科学出版社，1999．

［4］陈浩．自然与经济［M］．北京：中国环境出版社，2022．

［5］地质部地质辞典办公室．地质辞典（五）：地质普查勘探技术方法分册［M］．北京：地质出版社，1982．

［6］高敏雪，许健，周景博．资源环境统计［M］．北京：中国统计出版社，2004．

［7］黄维德．现代人力资源开发与管理概论［M］．上海：华东理工大学出版社，1998．

［8］解三明．绿色 GDP 的内涵和统计方法［M］．北京：中国计划出版社，2005．

［9］连亦同．自然资源评价利用概论［M］．北京：中国人民大学出版社，1987．

［10］刘成武，杨志武，方中权，等．自然资源概论［M］．北京：科学出版社，1999．

［11］刘长茂．人口结构学［M］．北京：中国人口出版社，1991．

［12］刘洪康，吴忠观．人口手册［M］．成都：西南财经大学出版社，1988．

［13］刘思华．可持续发展经济学［M］．武汉：湖北人民出版社，1999．

［14］刘铮．人口统计学［M］．北京：中国人民大学出版社，1981．

［15］刘铮．人口学辞典［M］．北京：人民出版社，1983.

［16］陆红生，潘文殊，蒋琳．土地统计学［M］．南京：江苏科学技术出版社，1989.

［17］马瀛通．人口统计分析学［M］．北京：红旗出版社，1986.

［18］彼得·R. 柯克斯．人口学［M］．上海：上海译文出版社，1984.

［19］普雷斯顿，霍伊维兰，吉特略．人口统计学——人口过程的测量与建模［M］．北京：社会科学文献出版社，2012.

［20］钱阔，陈绍志．自然资源资产化管理［M］．北京：经济管理出版社，1996.

［21］宋健．人口统计学［M］．北京：中国人民大学出版社，2019.

［22］孙鸿烈．中国资源科学百科全书［M］．北京：中国大百科全书出版社，2001.

［23］王克强，赵凯，刘红梅．资源与环境经济学［M］．上海：复旦大学出版社，2015.

［24］王玉平．矿产资源人口承载力研究［M］．北京：中国环境出版社，1998.

［25］武吉华．自然资源评价基础［M］．北京：北京师范大学出版社，1999.

［26］吴志华．人力资源开发与管理［M］．北京：高等教育出版社，2004.

［27］杨云彦，陈浩．人口、资源与环境经济学（第二版）［M］．武汉：湖北人民出版社，2011.

［28］尹豪．人口学导论［M］．北京：中国人口出版社，2006.

［29］袁方．社会统计学［M］．北京：中国统计出版社，1998.

［30］张明欣，吴元福．环境统计入门［M］．重庆：科学技术文献出版社重庆分社，1984.

［31］中国人民大学统计系．人口统计学（高等院校试用教材）［M］．北京：中国人民大学出版社，1981.

［32］中国人民大学统计系．统计学讲义［M］．北京：中国人民大学出版社，1962.

［33］周永康．资源与环境知识读本［M］．北京：地质出版社，2000.

［34］朱启贵．可持续发展评估［M］．上海：上海财经大学出版社，1999.

[35] 蔡昉. 人口转变、人口红利与刘易斯转折点 [J]. 经济研究, 2010, 45 (4): 4 – 13.

[36] 陈正. 全面小康社会的人口评价指标体系探讨 [J]. 经济师, 2004 (9): 271 – 272.

[37] 杜世卫. 全面、协调、可持续的人口发展观研究 [J]. 经济研究参考, 2005 (57): 35 – 44.

[38] 葛振华, 陈从喜, 苏宇, 等. 新形势下自然资源统计指标体系构建研究 [J]. 国土资源情报, 2021 (1): 13 – 19.

[39] 胡桂华, 漆莉, 迟璐婕. 人口普查中遗漏人口数的估计 [J]. 数量经济技术经济研究, 2022, 39 (1): 132 – 153.

[40] 蒋远营. 基于年龄移算法的人口预测 [J]. 统计与决策, 2012 (13): 82 – 84.

[41] 李彩丽, 毛森森. 浅析人口普查档案对社会经济发展的影响 [J]. 企业科技与发展, 2021 (10): 175 – 177.

[42] 李成, 米红. 中国 1982 年后人口普查和抽样调查中死亡漏报的估计——基于 Bayesian 分层回归模型 [J]. 人口研究, 2022, 46 (1): 19 – 36.

[43] 立见辰雄. 矿产资源研究 [J]. 地质新闻, 1986 (11).

[44] 李南, 孙福滨. 死亡漏报新估计方法的推广及影响死亡漏报的因素分析 [J]. 人口研究, 1996 (5): 70 – 74.

[45] 刘小平. 对几个常用的人口统计指标的思考 [J]. 山东电大学报, 2000 (1): 18 – 20.

[46] 陆杰华. 国家治理视域下优化人口发展战略的若干思考 [J]. 人口与经济, 2023 (1): 17 – 25.

[47] 罗淳. 关于人口年龄组的重新划分及其蕴意 [J]. 人口研究, 2017, 41 (5): 16 – 25.

[48] 马红旗, 陈仲常. 我国人口发展的指标体系建设及综合评价 [J]. 南方人口, 2012, 27 (3): 3 – 12.

[49] 王军平. 构建与资源环境相协调的人口指标体系 [J]. 人口与计划生育, 2009 (9): 24 – 26.

［50］王维志．人口学基本知识讲座——第六讲 人口统计基本知识（续）［J］．人口与经济，1981（4）：49－55．

［51］王玉平．矿产资源人口承载力研究［J］．中国人口·资源与环境，1998（3）：22－25．

［52］王永诚．人口密度浅析［J］．中学地理教学参考，1996（Z2）：33．

［53］吴玑端．人口再生产统计指标体系［J］．中国经济问题，1982（6）：39－43．

［54］武强，徐向阳，梁英，等．汉江中游襄阳段水量供需测算与生态补偿研究［J］．人民长江，2024：1－9．

［55］肖前柳，胡海晨．地理信息系统在国土资源管理中的应用探究［J］．科技资讯，2022，20（22）：1－4．

［56］谢延．如何运用人口总量统计指标［J］．统计科学与实践，2011（8）：63．

［57］颜凤芹．关于建立人口质量考核指标体系的若干设想［J］．山西统计，1994（2）：15－17．

［58］杨凤．对人口自然属性的探究［J］．济南大学学报（社会科学版），2011，21（2）：83－86．

［59］杨世忠，郭梦竹，吕艳娜．论我国编制自然资源资产负债表的四种核算模式［J］．中国国土资源经济，2024：1－16．

［60］郁明华．"十二五"江苏省人口发展统计指标体系研究［J］．统计科学与实践，2010（3）：21－23．

［61］张志强，程国栋，徐中民．可持续发展评估指标、方法及应用研究［J］．冰川冻土，2002（4）：344－360．

［62］周炎炎，王学义．中国人口发展监测指标体系构建及应用研究［J］．北京社会科学，2014（5）：93－101．

［63］朱丰杰．地理信息系统在土地资源管理中的应用研究［J］．中国管理信息化，2022，25（10）：201－203．

［64］安志燕．城市土地价格空间分布格局及其影响因素分析［D］．太原：太原理工大学，2014．

［65］杨凯迪.碳中和背景下森林碳汇影子价格测算及省域生态补偿分析［D］.济南：山东财经大学，2024.

［66］赵晓波.中国全要素土地利用效率计量分析［D］.沈阳：辽宁大学，2013.

［67］郑墨言.自然资源资产负债表编制：框架、设计与应用［D］.济南：山东财经大学，2024.

［68］中华人民共和国国务院.土地管理法实施条例［S］.2021.

［69］自然资源部办公厅.土地统计调查制度［S］.2019.

［70］联合国矿产资源定义和术语专家小组.矿产资源的国际分类系统，1979.

［71］美国矿业局和地调所.矿产资源和储量分类原则，1976.

［72］苏联国家矿产储量委员会.固体矿产储量和预测资源的分类，1981.

［73］国土资源部.矿产资源分类纲目，1994.

［74］丁进.人才概念的发展和"国际化人才"的定义［C］.中国领导人才的开发与管理——2010领导人才论坛论文集.北京：人民出版社，2010：96-101.

后　记

　　人口统计学、资源统计学、环境统计学，构成人口、资源与环境统计学各个研究领域的具体内容。人口、资源与环境统计学应该不是这些学科的简单拼盘，而是从人口、资源与环境经济系统整体出发，服务于人口、资源与环境经济的理论实践研究和宏观管理；着眼于该系统各分支统计在统计中的地位、作用和特点；阐述其在描述整个系统发展面貌方面相应的统计指标和指标体系。各分支统计主要服务于部门管理，着眼于从某个较小的领域来描述、分析系统现象的数量表现和数量关系，是系统整体统计的基础。人口、资源与环境统计学目的是基于经济发展目标建立人口、资源与环境综合指标体系。广义的人口、资源与环境统计学内容非常宽泛，本书侧重于狭义的人口、资源与环境统计学，主要是根据在人口、资源与环境经济学学科体系定位基本要求；研究确定和说明人口、资源与环境统计指标，建立人口、资源与环境指标体系；内容控制相对狭窄，还必须依托基础统计学的理论与方法的外部支撑，未来将按照统计学的系统性要求，结合人口、资源与环境经济学的学科发展需要进行扩展。

　　人口、资源与环境统计学正处于产生和形成过程中，本书编写不免存在问题和不足，今后会努力修正和补充发展。欢迎提出批评和修改建议。